Setzt sich Chinas Aufstieg unaufhaltsam fort? Wie gestalten sich die Beziehungen zu USA, Indien, Japan und Russland? Und wie wirkt sich der Boom Chinas auf Deutschland und Europa aus?

Als langjähriger Kenner Chinas und Augenzeuge der Veränderungen in diesem Land liefert Kurt Seinitz eine spannende Lektüre, die uns das Reich der Mitte nahebringt. Dabei schließt er sich der verbreiteten China-Euphorie nicht uneingeschränkt an, sondern benennt auch Probleme, die das Land bei seinem Aufstieg bremsen können.

Kurt Seinitz ist Leiter der Abteilung für internationale Politik der ›Kronen Zeitung‹ in Wien. Schwerpunktmäßig befasst er sich mit der wirtschaftlichen Entwicklung Asiens und deren Auswirkungen.

Kurt Seinitz

Vorsicht China!

Wie das Reich der Mitte unser
Leben verändert

Deutscher Taschenbuch Verlag

Aktualisierte und erweiterte Ausgabe
März 2008
Deutscher Taschenbuch Verlag GmbH Co. KG,
München
www.dtv.de
© 2006 ecowin Verlag der TopAkademie GmbH, Salzburg
Umschlagkonzept: Balk & Brumshagen
Umschlagfoto: Juergen Stumpe
Satz: Greiner & Reichel, Köln
Druck und Bindung: Druckerei C.H. Beck, Nördlingen
Gedruckt auf säurefreiem, chlorfrei gebleichtem Papier
Printed in Germany · ISBN 978-3-423-34466-1

Einleitung

Wussten Sie,

dass China mit 1,3 Milliarden Einwohnern 21 Prozent der Bevölkerung der Welt aufweist, aber nur 7 Prozent der landwirtschaftlichen Nutzfläche der Welt? Erst mit steigendem Lebensstandard setzten in den Achtzigerjahren Importe ein; seit 2003 ist China Netto-Importeur. China wird bald der größte Agrarimporteur der Welt sein.

dass jedem Chinesen nur knapp die Hälfte an Süßwasser zur Verfügung steht wie allen Erdenbewohnern im Durchschnitt?

dass China mit 1,4 Billionen Dollar die größten Fremdwährungsreserven (20 Prozent der Welt und jede Minute plus 1 Mio. Dollar) angehäuft hat (statistisch 1.100 Dollar pro Chinese) und mit dem Erwerb von 430 Milliarden Dollar an US-Staatsschuldverschreibungen die defizitäre Außenhandelsbilanz der USA abstützt?

dass in China jedes Jahr zwei AKW und jede Woche drei Kohlekraftwerke in Betrieb gehen?

dass es in China 80.000 Shopping-Malls gibt – fünfzehn Jahre nach der ersten?

dass 150 Millionen Wanderarbeiter das neue China mit seinen 150 Millionenstädten (davon 20 Megacitys mit je über 10 Mio. Einwohnern) aufbauen – für Arbeit um jeden Preis?

dass weitere 300 Millionen Chinesen – Industrienomaden – ihr Glück in den Städten suchen werden?

dass Chongqing im Inneren Chinas der größte städtische Ballungsraum der Welt ist mit 34 Millionen Einwohnern – und funktioniert?

dass in der Stadt Datang die Hälfte aller Strümpfe und Socken der Welt erzeugt werden?

dass allein zum Frühlingsneujahrsfest 2007 30 Milliarden SMS-Texte über 600 Millionen Mobiltelefone (das ist mehr als die Einwohnerzahl der EU) versandt wurden – monatlich plus 6 Millionen Kunden? Jährlich werden 450 Mio. Mobiltelefone produziert, davon 350 Mio. exportiert.

dass schon ein Drittel der Ex- und Importe Hightechprodukte sind – auch auf diesem Gebiet schon mit (seit 1999 verhundertfachtem) Exportüberschuss?

dass die Hälfte des riesigen Handelsbilanzdefizits der USA gegenüber China von den 50.000 US-Firmen stammt, die in China produzieren lassen?

dass in China 680 Menschen bei Autounfällen sterben – täglich (USA: 115)?

dass in China mehr Menschen Englisch als Zweitsprache sprechen als in den USA als Muttersprache?

dass Chinesisch bald das Englische als vorherrschende Computersprache überrundet?

dass 900.000 Taiwanesen auf dem Festland leben, deren 40.000 Betriebe direkt oder indirekt 6 Millionen Chinesen Arbeitsplätze bieten – und damit einen Beitrag zur Stabilität in China leisten? China ist Taiwans größter Kunde.

dass China der größte IT-Hardware-Exporteur in die USA ist? Davon stammen 60 Prozent aus taiwanesischen Betrieben, die auf dem Festland produzieren.

dass in China das Lohnniveau ein Elftel des unseren beträgt – steigend?

dass kein Land mehr Studenten ins Ausland schickt – 600.000 bisher? In den USA stellen Chinesen das größte Kontingent an ausländischen Studenten.

dass in Chinas Wirtschaft heute 1.100 Mrd. Dollar ausländisches Geld steckt; das meiste aus Asien (von Auslands-Chinesen)?

dass das „kommunistische" China mit dem größten Börsengang der Geschichte, dem Verkauf von 15 Prozent der Staatsbank ICBC für 22 Mrd. Dollar, auch Privatisierungsweltmeister ist?

dass das „kommunistische" China 350.000 Dollar-Millionäre hat, davon 16 Dollar-Milliardäre im Jahre 2007?

dass Chinas Handelsvolumen (Ex- und Import) 2007 die magische Zahl von 2 Billionen Dollar überschritten hat und die Wirtschaftsleistung 3 Billionen Dollar ansteuert?

dass China Deutschland als drittgrößte Wirtschaftsmacht verdrängt hat?

dass China Deutschland als die zweitgrößte Exportnation der Welt überholt hat und 2008 die USA als weltgrößte Exportnation überholt – ebenso als Umweltsünder der Welt?

dass in China schon jedes vierte Auto der Welt produziert wird? Deutschland wurde 2007 vom dritten Platz verdrängt (Japan Nr. 1, USA Nr. 2). In keinem anderen Land der Welt wächst die Zahl der Autos schneller.

dass China der größte Konsument von Gold ist?

dass in China jährlich 5,6 Milliarden illegale DVDs hergestellt werden?

dass für jährlich 45 Milliarden Essstäbchen 25 Millionen Bäume gefällt werden?

dass China pro Jahr 10 Milliarden Paar Schuhe erzeugt – zu 3 Dollar pro Paar?

dass das U-Bahn-Netz unter Chinas Städten auf 1.700 Kilometer erweitert werden soll?

Inhaltsverzeichnis

Umschreibung der chinesischen Laute:

Es wurde die in der Volksrepublik China übliche „Pinyin"-Umschrift gewählt.

Grundlage ist die englische Aussprache mit Abweichungen wie:

„q" klingt ähnlich wie „tsh"
„x" klingt ähnlich wie „chsh"
„c" klingt ähnlich wie „ts"
„zh" klingt ähnlich wie „dsch"
„u" klingt nach y, j, q, x wie „ü"

ferner:

„Beijing" für „Peking"
„Guangzhou" für „Kanton"

Die ethnische Bezeichnung der Chinesen lautet „Han". Daneben gibt es in China 55 Minderheitenvölker mit zusammen 8,4 Prozent (das sind 110 Millionen) der Gesamtbevölkerung.

Die offizielle Sprache heißt „Putonghua" und unterscheidet sich stark von anderen Idiomen in Südchina und Taiwan.

Die Schriftzeichen sind seit Mao vereinfacht, während in Hongkong, Taiwan, Singapur und unter Auslandschinesen die alten Schriftzeichen gebräuchlich sind.

Vorwort

„China ist ein schlafender Riese. Lasst ihn schlafen, denn wenn
er erwacht, wird er die Welt in Staunen versetzen."

Napoleon auf Sankt Helena,
aus den Aufzeichnungen seines Leibarztes O'Meara.

„Wacht auf!"

Sun Yat-sen, Gründer der chinesischen Republik, 1912

Der Riese erhebt sich und entfaltet seine Kräfte. In der Welt erheben sich besorgte Stimmen. Eine Weltmacht kehrt zurück. Was hat China mit seiner neu gewonnenen Macht vor? In das Staunen mischt sich Unbehagen. China hat sich wie kein anderes Land die Globalisierung zunutze gemacht. Der Globalisierungsdruck verändert unser Leben. China stürmt auf die Weltbühne und fordert die USA zum globalen Duell. Asiens Aufstieg verändert die Welt. Das „asiatische Jahrhundert" signalisiert eine Epochenwende.

Wird China die neue Supermacht oder ist es ein Riese auf tönernen Füßen? In der größten Diktatur der Welt häuft sich sozialer und politischer Sprengstoff. Was ist gefährlicher für die Welt: Ein wirtschaftlich übererfolgreiches China mit Großmachtehrgeiz, oder ein politisch gescheitertes China, das in chaotische Turbulenzen stürzt? Ein China, dessen Wirtschaftswachstum die Weltkonjunktur am Leben hält, oder ein China, dessen Umweltverseuchung die Welt bedroht? Bleibt China wirklich der Sieger im globalen Standortwettbewerb der Weltwirtschaft?

Der Riese entfaltet junge, überschäumende Kräfte, die er oft noch nicht zu zügeln weiß. Doch er folgt auch alten, rätselhaften Traditionen. Die Welt ist jedenfalls mit einem China-Faktor konfrontiert, der Vorsicht geboten erscheinen lässt. Dieses Buch soll aufzeigen, weshalb sich China so verhält, wie es sich verhält. Dieses Buch ist ein Reise- und Erfahrungsbericht über drei Jahrzehnte aus dem Reich der Mitte und der Welt des neuen Asien.

Vorsicht China

I. Höher! Schneller! Stärker!

A) Asiens Sprung in die Zukunft

Der Computer, auf welchem dieses Buch geschrieben wurde: made in China. Die elektronische Banküberweisung: made in India über die Banken-Terminals in Bangalore. Der Preis an der Tankstelle: made in Asia durch den Erdöldurst des aufstrebenden Kontinents.

Haben wir die ganze Tragweite dieser Entwicklung und ihre Folgen wirklich schon voll erfasst? Asien startet durch.

Erst waren es die südostasiatischen „Tiger"-Staaten, die in der Weltwirtschaft auf sich aufmerksam machten. Heute sind es die Schwergewichte China und Indien, die voll durchstarten. Die Textilinvasion aus China ist heute nicht mehr die wirklich entscheidende Herausforderung. Es sind dies der „Life Science Park" in Beijing oder „Biopolis", der biomedizinische Campus in Singapur, wo das Weltzentrum der Pharmaindustrie entstehen soll; ergänzt durch „Life Xchange" und „One-North" (bedeutet: einen Grad nördlich des Äquators) für Gentechnik- und Klonproduktion. Oder es ist dies die neue Hybrid-Technologie aus Japan, welche die Autos der Zukunft zu liefern begonnen hat.

Werden wir von Asien abgehängt? Wächst uns China über den Kopf? Dort haben sie wirtschaftliche Zuwachsraten, von denen wir bei uns heute nur noch träumen können, und Hunderte Millionen Asiaten sind hungrig auf unsere Jobs.

Freilich: Wer Armut sucht, wird in den asiatischen Wirtschaftswunderländern auch heute noch Armut finden. Es geht aber um die unheimliche Dynamik der Aufholjagd. Staaten wie Südkorea, Taiwan, Malaysia liegen jedenfalls schon jetzt über dem Niveau mehrerer EU-Staaten; ganz zu schweigen von Asiens ältestem Wirtschafts-„Tiger": Japan. Hongkong und Singapur haben ihre ehemalige Kolonialmacht Großbritannien überflügelt.

Die neue Epoche ist nicht nur am äußeren Erscheinungsbild des asiatischen Kontinents zu erkennen, die Veränderung spielt sich vor allem in den Köpfen der Menschen ab. Plötzlich ist ihnen der Knopf aufgegangen. Die Generation von Gummi-sandalen-Soldaten gebar Astronauten, die Generation von Analphabeten gebar Champions einer lernbesessenen Wissensgesellschaft. „Ich habe während der Kulturrevolution nachts unter der Bettdecke mit der Taschenlampe Fachbücher aus dem Westen gelesen", erinnert sich heute in Shanghai ein Erfolgsmanager.

Aus Wissen erwächst (Wirtschafts-)Macht. Wenn die chinesische Zentralbank mit ihren größten Devisenreserven der Welt (eine Verfünffachung seit 2000 auf 1.400 Milliarden Dollar) hustet, bekommt der US-Dollar eine Lungenentzündung, denn die USA können sich ihr horrendes Handelsbilanz- und Budgetdefizit nur so lange leisten, wie China US-Schuldscheine kauft. Die Zentralbank hält schon 430 Milliarden Dollar US-Staatsanleihen. Falls China nur ein Zehntel davon auf den Börsenmarkt würfe, würde ein finanzielles Erdbeben die USA und die Weltwirtschaft erschüttern.

„Anschnallen und tief Luft holen", empfiehlt im US-Kongress, wo sich Sinophobie breitmacht, ein Senator seinen Landsleuten, „sie stehlen unsere Jobs, schlucken uns das Erdöl weg und bedrohen unsere Demokratie." Im Heimatstaat des Senators ging gerade die Schuhindustrie pleite. Ähnlich Japan: Das Nissan-Autowerk musste Produktionspausen einlegen, weil China auf dem Weltmarkt den ganzen Spezialstahl aufgekauft hatte. Der Vize-Chef von Shanghais „Autocity", Zhu Ningning, steigert sich in ehrgeizige Rekordfantasien: „Wir bauen in 3 Jahren, wozu Detroit 100 Jahre benötigte."

Was ist die Antriebskraft eines solchen Aufbruchs, des Sprungs in die Zukunft? Was geht in den Köpfen der Menschen vor? Was ist geschehen, dass ein Staat, der früher Inbegriff von

Hunger und Elend war, plötzlich auf der Überholspur Gas gibt? Sie sind ja regelrecht modernisierungswütig geworden.

Asiens Jugendliche unterscheiden sich heute kaum noch von ihren Altersgenossen im Westen. (Westliche Ernährungsweise macht sie auch größer.) Sie eifern dem globalen Lebensstil, dem American way of life nach. Doch sollten wir uns ja nicht täuschen lassen: Ihre asiatische Seele wollen sie nicht verlieren. Sie wollen dem Westen ein asiatisches Zukunftsmodell entgegenstellen.

Das Wort „Zukunftsangst" ist hier fremd (trotz enormer Umweltzerstörung und neuartiger Epidemien). Optimismus ist angesagt, denn China und seine asiatischen Nachbarn sind die großen Gewinner der Globalisierung. Singapur war der Pionier gewesen, der die Chancen erkannt und verstanden hatte, die Globalisierungsrevolution auf dem Gebiet der Kommunikation, der Verbilligung der Transportwege und des grenzenlosen Lohnkostenwettbewerbs zu nutzen.

Höher und immer höher hinaus: Wenn alle paar Jahre ein neues „höchstes Gebäude der Welt" fertiggestellt wird, so steht es in Asien. Ebenso hat ein Wettbauen von Autobahnen eingesetzt. Das Weltbild des neuen asiatischen Bürgers weicht maßgeblich von jenem der „alten" Welt ab: In Asien wird heute über Chancen gesprochen, in Europa über Risiken.

Solche Sorgen würden sich Europas Politiker von heute wünschen: Chinas Führung hat alle Hände voll zu tun, die Konjunkturüberhitzung wegen der Gefahr einer „harten Landung" zu bremsen. Der Direktor des staatlichen Forschungsinstituts „China Center for Economic Studies", Zhang Jun, orakelte 2004: „Es ist, als ob die ganze Wirtschaft mit Gas aufgeblasen ist. Irgendwann könnte ein Funke den Ballon zur Explosion bringen."

Das asiatische Wirtschaftswunder entstand durch die Exporterfolge zur Befriedigung des Konsumhungers unserer (wie lange noch?) Wohlstandsgesellschaft. Dann folgte der Mut, die eigene Wirtschaft ständig umzustrukturieren (weil die Löhne stiegen), damit auch höherwertige Segmente des Weltmarkts erobert werden können.

Der Schwerpunkt der Welt verlagert sich mit zunehmender Geschwindigkeit nach Asien, wo 2050 auch zwei Drittel der Menschheit leben werden. US-Außenminister John Hay hatte zu Beginn des 20. Jahrhunderts prognostiziert: „Das Mittelmeer ist das Meer der Vergangenheit, der Atlantik das Meer der Gegenwart und der Pazifik das Meer der Zukunft." Pazifik mag zwar stimmen, aber die Prognose griff zu kurz. Das 21. Jahrhundert wird kein zweites US-amerikanisches Jahrhundert, sondern mutmaßlich ein (neues) chinesisches; und wenn es kein chinesisches wird, dann ein asiatisches, und wenn es kein asiatisches wird, dann ein pazifisches. In den hochfunktionellen Metropolen entlang der Küstenregionen des Pazifiks leben 2 Milliarden Menschen, ein Drittel der Menschheit.

Jedenfalls wird die ewige Litanei auf EU-Gipfeltreffen, aus Europa den wettbewerbsfähigsten Wirtschaftsraum der Welt zu machen, wohl ewige Litanei bleiben. Im Jahre 1820 hatte Asien 60 Prozent der Weltwirtschaftsleistung erbracht, davon China die Hälfte, Indien ein Drittel. 1950 war Asien auf 20 Prozent gefallen, davon China ein Fünftel. 2006 war Asien auf 40 Prozent gestiegen, davon China ein Viertel. 2025 würde Asien wieder die historische Größenordnung von 60 Prozent erreicht haben – mit China in Führung. „Die Geschwindigkeit des wirtschaftlichen und sozialen Wandels in Asien ist rasanter und dramatischer als in jeder anderen Epoche oder Region der Welt", schreibt Karl Pilny in *Das asiatische Jahrhundert*.

Der Zufall wollte es, dass 1988 auf einem Inlandflug in China neben dem Autor dieses Buches ein Jung-Manager im Wörterbuch Deutsch büffelte. Seine chinesische Firma hatte ihn mit dem Einsatz in Deutschland beauftragt. Zur gleichen Zeit beklagte die Deutsche Gesellschaft für Asienkunde Kürzungen im Universitätsbereich, die mit dem Argument erfolgt waren, Sinologie sei „zu exotisch".

2004 schwärmte Formel-1-Zampano Bernie Ecclestone nach dem Mega-Event des ersten Grand Prix von Shanghai: „Ich habe das Gefühl, Asien wird im kommenden Jahrzehnt die Welt regieren. Viele Westler haben noch gar nicht wahrgenommen, was sich hier abspielt."

Gute Nacht, Europa? Aufwachen!

B) Wird die Welt chinesisch?

„Wie lässt sich der Riese, von dem Napoleon gesprochen hat, bändigen, wie lässt sich der Drache zähmen? Die Antwort ist einfach: gar nicht!"

Prof. Eberhard Sandschneider,
Direktor des Forschungsinstituts der
Deutschen Gesellschaft für Auswärtige Politik

Asiens Wirtschaftswunder ist ein chinesisches. Dessen Motor sind auch die 60 Millionen Auslands-Chinesen, darunter die chinesischen Volksgruppen und Minderheiten in der südostasiatischen Nachbarschaft (Spitzname: Bamboo-Network): So zählt Malaysia einen Bevölkerungsanteil von 27 Prozent Chinesen, die 60 Prozent der gesamtstaatlichen Wirtschaftsleistung erbringen; Thailand 10 Prozent mit 70 Prozent; Indonesien 4 Prozent mit 60 Prozent; Vietnam nur noch 1 Prozent und 20 Prozent der Wirtschaftsleistung.

China und der Fleiß der Chinesen schlagen heute alle Rekorde an Dynamik. „Jeder Chinese arbeitet für zwei", heißt es, „und was in zwei Tagen erledigt werden kann, wird in einem Tag erledigt." Es ist ein Aufstieg im Zeitraffer-Tempo, wie ihn die Welt noch nie gesehen hat. Einen solchen Erfolg wollen die Kapitalisten aus aller Welt nicht versäumen. China und die anderen asiatischen Wirtschaftswunderzonen zogen 2005 170 Mrd. Dollar ausländische Investitionen an: Das „engere" China (ohne Hongkong) 83 Mrd. Dollar (plus 22 Mrd. aus dem weltgrößten Börsengang, den 15 Prozent der Staatsbank ICBC), Hongkong 35 Mrd., Singapur 33 Mrd. 19 Konzerne Chinas stehen in den Top-500 der Welt; 2002 waren es 11. Im Jahr 2007 fanden sich schon 3 China-Konzerne unter den 10 profitabelsten der Welt: ICBC und Petrochina auf Platz 3 und 4 hinter Exxon und General Electrie sowie Chinamobile hinter Microsoft auf Platz 6. Chinas vier große Staatsbanken hielten allerdings noch 250 Mrd. Dollar an faulen Krediten, meist aus der Stützung maroder Staatsbetriebe und Prestigeprojekten mächtiger Staatsfunktionäre. Chinas Regierung hat seit 1999 400 Mrd. Dollar in die Staatsbanken gepumpt, um sie für einen Börsengang fit zu trimmen (Banker-Jargon: „Die Braut schön machen"). Kritische Experten erinnert die „China-Rallye" an das seinerzeitige Platzen der japanischen „Blase". Japans Wirtschaft war 1990 an den faulen Krediten seiner regierungsfrommen Banken erstickt und in die 15-jährige Stagnation verfallen. Für den Historiker Paul Kennedy ist das Comeback Chinas überhaupt einzigartig, weil erstmals eine ehemalige Weltmacht die Rückkehr zu neuer Weltmachtrolle ansteuert. Frühere Imperien waren ein für alle Mal aus der Weltgeschichte verschwunden.

Die Welt hat den chinesischen Koloss in der Geschichte nie als „normalen" Faktor wahrgenommen, sondern in emotionellen Extremen. Das Weltbild über das Reich der Mitte schwankte zwischen Schwärmerei und Verachtung. China wurde mal mystifiziert, mal dämonisiert. Heute steigert sich die China-Reflexion von Staunen über Unbehagen und Misstrauen zu Angst: Will China die Welt chinesisch machen? „Die Haltung der Chinesen ist: Jetzt sind wir dran!", sagte Werner Heer, Chef der Firma „Dürrkopp Adler", die 2005 von einem chinesischen Textilmaschinen-Hersteller übernommen wurde, dem Nachrichtenmagazin *Focus*.

„Alarmstufe gelb!", ruft eine Schlagzeile, „Wird die Welt chinesisch?", fragt die deutsche Wochenzeitung *Die Zeit*. Die Sorgen über die Gewichtsverschiebung globalen Ausmaßes sind begründet, doch das Schock-Empfinden hätte vermieden werden können, hätte die Welt früher auf den Wirbelsturm reagiert, der sich in Asien zusammenbraute. Der China-Faktor kam nicht über Nacht. Die, die wir seit 30 Jahren China und

Asien bereisen, wunderten uns schon die längste Zeit über zuweilen erstaunliche Ignoranz im Westen. Ignoranz ist ein Symptom erstarrter Zivilisationen – siehe altes China. 1982 suchte der US-Wirtschaftswissenschaftler Mancur Olson in *The Rise and Decline of Nations* die Ursachen, weshalb sich ein Land plötzlich in einen wirtschaftlichen Dynamo verwandelt, warum Deutschland und Japan nach ihrer Niederlage im Zweiten Weltkrieg ein Wirtschaftswunder erlebten, andere Länder aber in „Beständigkeit ohne Fortschritt" verharren. Eine These Olsons, die Nicholas Kristoff in *China erwacht!* zitiert, lautet: Staaten, deren Wirtschafts- und Gesellschaftsstruktur in etablierten Sonderinteressen gefangen ist, verkalken. Diese Sonderinteressen blockieren schmerzhafte Veränderungen, weil Neuerungen den bisherigen Zustand bedrohen. In manchen Fällen sei ein Krieg notwendig – und dann vor allem eine Niederlage –, damit die tief verwurzelten Strukturen aufgebrochen werden und reiner Tisch für einen Neuanfang geschaffen wird. Im zerstörten Japan und Deutschland lagen nach dem Krieg die Lebensadern bloß, sodass Arbeitskräfte und Kapital einer effizienten Verwendung zufließen konnten – bis allmählich neue Sonderinteressen wirksam wurden. Im Fall des alten China war das gesamte Land infolge Verkalkung fast vollständig paralysiert. Nachfolgende Kriege und Revolutionen, zuletzt Maos verheerende Kulturrevolution, brachen die überkommenen Strukturen vollständig auf: Weg frei für die Kompletterneuerung!

Das renommierte britische wirtschaftspolitische Journal *The Economist* titelte Mitte 2005 „How China runs the World Economy" und kommt zu dem Schluss: „Immer mehr globale Wirtschaftsentscheidungen werden in Beijing und nicht in Washington getroffen. Die Spielregeln werden von Chinas Führung bestimmt." Jeffrey E. Garten, Dekan der Yale School of Management, warnt: „Es droht eine regelrechte Abhängig-

keit von der Produktionsmacht China." Südkoreas Wirtschafts-
und Finanzminister Jin Nyum klagte am 30. Oktober 2001 in
der *South China Morningpost,* Hongkong: „China hat sich in
die Werkstatt der Welt verwandelt, die alles an Produktionskapazität aufsaugt wie ein schwarzes Loch." Erste chinesische
Firmen gründen schon Zweigniederlassungen in anderen asiatischen Ländern wie Thailand, Myanmar, Bangladesch oder
Indonesien, weil sie dort billiger (!) produzieren können. Chinesische (Staats-)Banken errichten durch verlockende Billig-
kredite in Asien (unter der dortigen einflussreichen chinesischen Business Community) ein Netzwerk von Abnehmern
chinesischer Produkte. Der chinesische Renminbi-Yuan wird in
Südostasien bald den Dollar als Leitwährung ablösen. Alles zusammen verschafft Einfluss und Geltung. Da kommt Japan
nicht mehr mit. Das bullige Vordringen chinesischer Konzerne
behindert übrigens in südasiatischen Staaten die dort schon
angelaufenen Bemühungen zur Anhebung der sozialen Arbeit-
nehmerstandards.

Chinas Sturm auf die Weltmärkte hat gerade erst begonnen.
Im Jahr 2006 kletterte Chinas Wirtschaftswachstum auf das 12-
Jahres-Hoch von 11,1 Prozent, der Handelsbilanzüberschuss
verdreifachte sich auf 102 Milliarden Dollar, wichtigster Handelspartner blieb die EU, knapp gefolgt von den USA und Japan. Schon jetzt steht der Außenhandelsanteil von Chinas
Volkswirtschaft bei rekordverdächtigen 65 Prozent (in den USA
und der EU sowie Japan je 25 Prozent), während er 1981 noch
bei 15 Prozent gelegen hat. Die Folgen wird jeder von uns spüren, sei es als Konsument, sei es als Arbeitnehmer. Ausreichen-
de neue Jobs entstehen nur noch in China und anderen asiatischen „Tiger"-Staaten.

Ende 2005 leistete sich China einen Kraftakt besonderer Art:
Die Regierung bestellte auf einen Schlag 70 der neuesten Boe-
ing-Jets für 4 Milliarden Dollar und 150 der neuesten Airbus-

Jets für 10 Milliarden Dollar. Deshalb wird die Umschichtung des Exports auf „intelligente" Produkte, wie Informationstechnologie, zur entwicklungspolitischen Notwendigkeit und China klettert jährlich eine Stufe höher: 2003 überholte es auf diesem Sektor die EU, 2004 Japan, 2005 Deutschland, 2006 die USA. So wurden in China 2006 mit 100 Mio. die meisten Computer der Welt produziert, davon gingen 60 Mio. in den Export. Und spätestens im nächsten Jahrzehnt will China die letzten zwei noch bestehenden „Löcher" zur Erlangung des Status eines komplett entwickelten Landes schließen: die Produktion von Großraumflugzeugen, wie sie derzeit nur Boeing und Airbus auf dem Weltmarkt anbieten, sowie die Produktion von Hochgeschwindigkeitszügen mit einer Geschwindigkeit bis zu 500 Stundenkilometern. China hat mittlerweile Deutschland als drittgrößte Weltwirtschaft überholt.

Der China-Faktor schillert in vielen Facetten. Die Licht- und Schattenseiten sind: Billigwarenschwemme; Arbeitsplatzkonkurrenz; größter Devisenhalter der Welt (gemeinsam mit Hongkong); zweitgrößter Empfänger (nach den USA) ausländischer Investitionen (1,3 Milliarden Dollar wöchentlich, kumulierte Gesamtsumme 1000 Milliarden, zwei Drittel der Exporte stammen von Unternehmen mit ausländischem Kapital); Seuchenherd der Welt; weltgrößte Diktatur; Hinrichtungsweltmeister; Machtpoker mit Japan; Machtduell mit den USA – „ein Kampf um die Welt von morgen", wie das Nachrichtenmagazin *Der Spiegel* dieses Ringen bezeichnete. Die *Financial Times* war sich schon am 7. Dezember 2004 gewiss, dass „die Weltwirtschaft bereits nach Chinas Pfeife tanzt". Der chinesische Staats- und Parteichef Hu Jintao nahm auf dem G-8-Gipfel 2003 erstmals die Rolle des Dialogpartners ein. Ohne die konstruktive Mitwirkung Chinas ist keine globale Herausforderung mehr zu bewältigen – vom vorbeugenden Seuchenschutz, der Umwelt- und Klimapolitik bis zur Bekämpfung des internationalen Terrorismus. „Geburt einer Weltmacht" titelte der deutsche *Spiegel* im Oktober 2004.

„Welches China hätten Sie denn gerne?", stellt der deutsche China-Spezialist Prof. Eberhard Sandschneider in einem Artikel in der Zeitung *Die Welt* die Frage an die Leser. „Darf es vielleicht China als ‚Supermacht' sein? Nichts leichter als das … Oder doch lieber ‚China vor dem Zusammenbruch'? Auch das ist nicht schwer … Oder ziehen Sie das Bild von China als ‚High-Tech-Macht' vor? Kein Problem … Kann man China schließlich noch als ‚Entwicklungsland' sehen? Selbstverständlich ist auch das möglich … China ist alles zusammen. China ist ein Land voller Widersprüche, die sich alle auf scheinbar wundersame Weise in einem labilen Gleichgewicht halten."

Das Reich der Mitte, heute das Reich der Widersprüche, bleibt trotz seiner Öffnung gegenüber der Welt rätselhaft, was die Einschätzung seiner Absichten und Erfolgsaussichten betrifft. Chinas Sprung in die Zukunft: ein Sprung ins Ungewisse? Die einzige Gewissheit über China ist die Ungewissheit. Die einzige Gewissheit für uns ist, dass wir auf das, was aus China auf uns zukommt, völlig unzureichend gewappnet sind.

Es wird spannend – und *wir* werden uns *sehr* anstrengen müssen.

Vorsicht China!

II. Die Chinesen kommen!

A) Wie es begann – Ein Blick zurück

Die Wandlung Chinas in einem, historisch gemessen, Zeitraum eines Blitzlichts kann wahrscheinlich in ihrer ganzen Dramatik nur ein Zeitzeuge erfassen, der das riesige Land erstmals vor 36 Jahren erlebt hatte. Blättern wir in den Tagebuchaufzeichnungen zurück zum Herbst 1972: Nixon war im Frühjahr gelandet, die Kulturrevolution lag in Agonie, der Konflikt mit der Sowjetunion hatte sich zu Grenzkämpfen gesteigert, Mao Zedong fürchtete jene (sowjetische) Atombombe, die er noch ein Jahrzehnt zuvor als „Papiertiger" verharmlost hatte.

Chinas Regierung lud nach dem Nixon-Besuch als Fortsetzung der Wende zum Westen eine Journalistengruppe aus dem neutralen Österreich zu einer dreiwöchigen Reise durch China. Landung in Beijing. Auf der löchrigen Straße vom Flughafen in die Hauptstadt holpern unsere zwei klapprigen Regierungsautos ganz allein inmitten von Schwärmen von Radfahrern in ihrer blauen Drillichkluft zum Stadtzentrum. Unterkunft im alten „Peking"-Hotel – so historisch, dass am Schreibtisch noch ein Tintenfass in Verwendung stand. Es wird Nacht – so abgrundtief finster, wie man sich heute keine chinesische Stadt mehr vorstellen kann. Kaum aus Langeweile eingeschlafen, entsteht große Aufregung: Ministerpräsident Zhou Enlai lässt zum (dreistündigen!) Interview rufen – um Mitternacht. Eiliger, stolpernder Marsch über den Tiananmen-Platz zur Großen Halle des Volkes. Den Weg durch die Finsternis lotst das schwache Licht über dem Eingangstor der Halle. Und am Tor wartet schon Zhou Enlai: „Ich leide an Schlaflosigkeit. Mir genügen morgens ein paar Stunden", entschuldigt sich der Regierungschef von 800 Millionen Menschen eines krisengeschüttelten Riesenreichs. Der feingliedrige, bedächtige Polit-Manager und loyale, aber distanzierte Weggefährte Maos war in seinen von Krebskrankheit gezeichneten letzten Jahren vollauf damit beschäftigt, Maos Fehler zu korrigieren und China aus dem Abgrund der Kulturrevolution und der Selbstisolation zurück in die Welt zu holen – eigentlich eine Herkulesarbeit. Zhous Stärke war sein Hausverstand.

Das in seiner Offenheit und Selbstironie kaum noch zu überbietende Gespräch („Ich sage alles geradeheraus. Deshalb bin ich jetzt auch nicht mehr Außenminister.") entfaltet sich an selbstkritischen Betrachtungen Zhou Enlais, was es heißt, ein Millionen-Land zu regieren, in welchem Menschen noch den Pflug ziehen müssen, und dessen erste Sorge die Sicherung der stets gefährdeten Ernährungsbasis ist, gebe es doch in China jedes Jahr irgendwo Naturkatastrophen. Der Regierungschef scheut sich nicht, ausführlich darzulegen, dass der Mangel an Düngemitteln zur intensiven Verwertung von Menschenkot zwinge: „Aus diesen Gründen bin ich der Meinung, dass dieses riesige Land bis in die Achtzigerjahre keine wirkliche wirtschaftliche und politische Kraft sein wird."

Dann kommt Zhou Enlai auf sein Lieblingsgebiet, die Außenpolitik, zu sprechen. Er drängt auf ein rasches Ende des Vietnamkrieges, weil dieser nur noch der Sowjetunion nütze, und schon in den Koreakrieg sei China von der Sowjetunion unter falschen Vorwänden hineingedrängt worden. „Stalin hat uns hereingelegt", taten sich hier Abgründe kommunistischer Bruderfeindschaft auf.

Richtungsweisend für Chinas zielorientiertes Denken in Politik und Wirtschaft ist Zhou Enlais anekdotenhafte Antwort auf die Frage, weshalb er sich so viel Zeit für Vertreter aus einem kleinen, fernen Land wie Österreich nimmt: „Nein, das stimmt nicht. Wir sind sogar Nachbarn!", kontert er sofort. …??? „Weshalb? Weil wir den gleichen Nachbarn haben." …??? „Wen? Sowjetische Truppen an unseren Grenzen!"

Am nächsten Tag wurden uns die unterirdischen Atombunkeranlagen unter Beijing gezeigt. Der Eingang lag südlich des

Tiananmen-Platzes und war ein Abstieg hinter der Verkaufsbude eines Textilgeschäfts. Die Tunnels mit damals noch Lazaretteinrichtungen sind heute Teil des U-Bahn-Systems. Außerhalb der Hauptstadt besuchten wir eine der sogenannten „Kaderschulen“: ein Euphemismus für Arbeitslager als den Zwangsinstrumenten der Kulturrevolution zur Gehirnwäsche: Alle geistigen Arbeiter mussten bei karger Bauernnahrung monatelang landwirtschaftliche Arbeit leisten und dabei die Mao-Bibel studieren und rezitieren. Gespräch mit einem Kaufhausdirektor, der gerade einen Schweinestall ausmistet: „Ach, wie bin ich dankbar, körperliche Arbeit leisten zu dürfen, um ganz eng mit der Arbeiter- und Bauernklasse verbunden zu sein. Ich bereue meine frühere Arroganz. Das Studium der Werke des Vorsitzenden Mao hat die schlechten Winde aus meinem Kopf vertrieben. Dank des Vorsitzenden Mao bin ich ein brauchbares Werkzeug der Volksmacht geworden.“

Das waren die Jahre, in denen das Versorgungssystem in China zusammenbrach, Schulen und Universitäten geschlossen blieben, in Shanghai im ehemals berühmten „Cathay“-Hotel der Staub und Schmutz zentimeterhoch langen, abends die Fledermäuse durch die leeren Straßen flogen und im Hafen von Shanghai Schiffe dümpelten, die man nur als größten Schrotthaufen Asiens bezeichnen konnte. Im chinesischen Sowjet-Flugzeug aus den Fünfzigerjahren goss die Stewardess im Mao-Drillich den Tee aus Großmutters verbeulter Blechkanne dem Passagier auf die Knie. Dazu gab es einen verschrumpelten Apfel als Menü. Im Landesinneren wurde der Reis gedroschen, indem man ihn auf die Straße streute und die Lastautos darüberfahren ließ.

Endstation dieser ersten China-Reise war an der Grenze zu Hongkong ein Fischerdorf namens Shenzhen – heute glitzernde 11-Millionen-Metropole des Wirtschaftswunders an der Grenze zu Hongkong.

B) Den Westen mit seinen Waffen schlagen

„Wer Chinas Führung beurteilen will, muss alles vergessen, was
er jemals über kommunistische Parteiführungen gelernt hat."

Prof. Eberhard Sandschneider,
Direktor des Forschungsinstituts der
Deutschen Gesellschaft für Auswärtige Politik

Mao Zedong sah sich als erster marxistischer Kaiser von China. Das zeigte sich nicht nur in den der Kaisertradition gleichen Ikonen während der Kulturrevolution, sondern auch in Maos Rehabilitierung des wegen seiner totalitären Gewaltexzesse bei Chinas Eliten gar nicht so populären ersten Kaisers und Reichseinigers Qin Shi Huang Di (das ist der mit der Tonfiguren-Armee). So verzeichnet das Tagungsprotokoll einer internen Parteiversammlung folgende Aussage Maos: „Was war denn so schrecklich an Qin Shi Huang? Er hat nur 460 Gelehrte exekutiert. Dazu habe ich schon gewissen Demokraten entgegengehalten: Ihr glaubt, ihr könnt uns beleidigen, wenn ihr uns als Qin bezeichnet. Aber ihr irrt. Wir haben Qin hundertfach übertroffen! Ihr bezeichnet uns als Despoten. Wir bekennen uns gern zu diesen Eigenschaften. Wir bedauern nur, dass ihr derart hinter der Wahrheit zurückbleibt, dass wir eure Vorwürfe ergänzen müssen! (Lachen unter den Zuhörern)." Chinas Kaiser neigten in ihrer Allmacht dazu, die Bodenhaftung zu verlieren. Qin Shi Huang Di war es auch deshalb nicht gegönnt, eine Dynastie zu errichten.

In Mao Zedongs Vision war die Zerstörung des Alten wichtiger gewesen als der Aufbau des Neuen: „Eine Revolution ist kein Gastmahl … kein Deckchensticken … Die Revolution ist ein Akt der Gewalt." (*Worte des Vorsitzenden Mao Tse-tung*).

Maos „großer Sprung vorwärts" und erst recht seine „Kulturrevolution" endeten im nationalen Desaster. Millionen zahlten den Preis für gescheiterte Ideale. Als der ewige Revolutionär 1976 starb, lagen China und erst recht die Kommunistische Partei ausgeblutet am Boden. Das Regime war bankrott, zumal die Chinesen in Hongkong, Taiwan und Singapur längst schon den besseren Weg zum Erfolg gewiesen hatten. Also holten die ratlosen Führer in Beijing Maos Gegenspieler und Verfemten der Kulturrevolution, Deng Xiaoping, damals schon 72, aus der politischen Wüste zurück. Der geniale Pragmatiker riss das Ruder mit dem Mut der Verzweiflung herum, indem er China 1979 epochal umpolte: von jahrhundertelang nach innen gewandter Nabelschau zur radikalen Öffnung hinaus zur Welt.

Deng Xiaopings Vision war eine völlig andere als jene Maos, nämlich: vom kapitalistischen Klassenfeind lernen! Den Westen mit seinen eigenen Waffen schlagen! Dengs Parolen, wie „Die Wahrheit in den Tatsachen suchen" (‚shishi qiushi‘), „Es kommt nicht darauf an, ob eine Katze schwarz oder weiß ist, solange sie Mäuse fängt", „Reich sein ist schön und ruhmreich. Die Reichen sollen den Armen zeigen, wie man reich wird", trafen zwei Fliegen auf einen Schlag: China stark machen und dem KP-Regime das Überleben sichern. Ein Volk, das jedes Jahr einen (relativen) Wohlstandszuwachs verspürt mit der Hoffnung auf noch mehr, lässt die politische Führung zumindest vorübergehend in Ruhe. In Europa hieß es früher: Volle Bäuche revoltieren nicht.

Den Studenten auf dem Tiananmen-Platz, denen 1989 Brot allein zu wenig war, bewies Deng Xiaoping, dass politische Toleranz in seinen Visionen keinen Stellenwert hatte: Alles, was die Position der Partei stärkt, ist erlaubt; alles, was die Position der Partei schwächt, ist verboten. Das gilt bis heute, und Dengs blutiges Exempel hat seine Wirkung bis heute nicht verfehlt, nämlich das „Angebot" an das Volk: Wenn ihr uns in Ruhe lasst, lassen wir euch in Ruhe (auch fürchtete Deng Xiaoping als Opfer der Kulturrevolution nichts so sehr wie das Chaos) …

Für Karl Marx war der Kommunismus die Explosion aller schöpferischen Kräfte des Menschen gewesen. Deng hingegen schaffte die Explosion aller kapitalistischen Talente des chinesischen Volkes. Chinas großer Umbruch nahm seinen Lauf. Der Kommunismus wurde auf den Sankt Nimmerleinstag verschoben. Deng Xiaoping 1985: „Karl Marx schaut vom Himmel zu, was wir hier anstellen. Er ist damit vielleicht nicht einverstanden. Deshalb bin ich auf einem Ohr taub."

Schon zwölf Jahre vorher, 1973, hatte sich Deng Xiaoping, damals kurz Vize-Premier zwischen zwei Verbannungen, in einem Gespräch mit Professor Gerd Kaminski aus Wien mutig zu Chinas eigenem Weg bekannt: „Der Export von Ideologie wird keinen Erfolg erzielen. Marx und Engels haben niemals gesagt, sie wollten Ideologie nach China exportieren. Gesellschaftssysteme und Lebensbedingungen werden von den Völkern selbst gewählt. Die Chinesen haben selbst die Voraussetzungen geschaffen. Wären diese Voraussetzungen nicht gewesen, würde auch kein Kommunismus in China existieren."

Deng Xiaopings epochale Erfolgsbilanz: Noch nie in der Welt wurden in so wenigen Jahren wie seit 1980 in China 400 Millionen Menschen, also ein Drittel der Bevölkerung, aus ärgster Armut befreit. Bei Menschenrechtsdiskussionen mit chinesischen Führern, wie zum Beispiel bei dem Interview des Autors dieses Buches mit dem letzten chinesischen Staats- und Parteichef Jiang Zemin, muss man immer auf diese Antwort gefasst sein.

Das neue China des Deng Xiaoping ist jenes Land geworden, das die wirksamste Methode gefunden hat, mit fremdem Geld und dem Know-how westlicher Multis seine eigene Position zu stärken. Dengs Dogma: Wir öffnen uns der Welt, aber zu unseren Bedingungen. Heute erwirtschaften 500.000 Unternehmen mit ausländischem Kapital(-anteil) ein Drittel der industriellen Produktion, beschäftigen 11 Prozent der Erwerbstätigen, tragen 21 Prozent zum Steueraufkommen bei und leisteten 2004 zwei

Drittel der Exporte aus China. (Ihr Anteil am chinesischen Markt betrug allerdings nur 13 Prozent.) Um die bei uns viel diskutierten Lohnnebenkosten muss sich der Investor in China keine Sorgen machen, und es gibt viele Steuertricks.

Nachdem Deng Xiaoping innerhalb der Partei die sogenannte „Was-immer"-Fraktion („Was immer Mao sagt, ist richtig") überwunden hatte, war sein erster Reform-Streich die Befreiung der Landwirtschaft. Die Umwandlung der Volkskommunen in private Dauerpacht zündete eine Explosion der Produktion. (Ab den Neunzigerjahren geriet der Landwirtschaftssektor allerdings ins Hintertreffen, weil er mit der industriellen Turbo-Wirtschaft nicht mehr mithalten konnte.)

Dengs zweiter Streich war die Schaffung der Sonderwirtschaftszonen für ausländisches Kapital. Diese haben sich zu Exportmaschinen entwickelt, wie sie die Welt noch nicht gesehen hat. So wurde die erste große Sonderwirtschaftszone, das von Deng 1980 an der Grenze zu Hongkong gegründete Shenzhen (heute 11 Millionen Einwohner, viele Wanderarbeiter und Chinas modernste Wirtschaftsmetropole), zum eigentlichen Denkmal und Vermächtnis des großen Reform-Patriarchen.

Auf dem Weg von Shenzhen nach Guangzhou (Kanton) liegt Dongguan (5 Millionen, davon 2 Millionen Wanderarbeiter). Die Industriemetropole zählt 20.000 Fabriken. Der Asien-Chef von IBM spottete: „Wenn es auf der Autobahn von Dongguan nach Hongkong zu einem Stau kommt, gerät der Computernachschub der Welt ins Stocken."

Hongkong – Shenzhen – Dongguan – Guangzhou bilden das sogenannte „Perlfluss-Delta": 50 Millionen Menschen, 500.000 Fabriken, Exportwarenaufkommen binnen 5 Jahren auf jährlich 350 Milliarden Dollar verdoppelt. Diese Region hat für die Welt die Bedeutungsnachfolge des industriellen Mittelengland des 19. Jahrhunderts oder des Ruhrgebiets des 20. Jahrhunderts angetreten. Kein anderes Entwicklungsland als China zieht so viele ausländische Investitionen an. Wer möchte schon die Chance versäumen, am größten Wirtschaftsboom der Welt teilzuhaben. Als Erstes kam das Kapital der Auslandschinesen – ein Vertrauensbeweis in die Stabilität des KP-Regimes.

Dengs dritter Streich war Putong, Chinas Manhattan und Finanzzentrum. 4 Millionen Wanderarbeiter errichteten mit einfachsten Mitteln die Finanzpaläste. Wenn man vor 20 Jahren von Shanghais historischer Flussuferpromenade „Bund" zur Halbinsel Putong hinüberblickte, sah man nichts als Äcker und heruntergekommene Industriebaracken, die einst Symbol für chinesisches Proletarierelend gewesen waren. Heute kann man in Putong vom höchsten Gebäude Chinas (420 Meter) den Blick zurückwerfen auf den „Bund" in Liliput-Format und dahinter den Großraum Shanghai mit 8.000 Hochhäusern (Gebäude mit über 20 Stockwerken, viele mit Pagodendächern), Stadtautobahnen und eine nächtliche Neon-Kulisse, die (wenn sie nicht gerade wegen Energieengpässen abgeschaltet ist) New York in den Schatten stellt.

Shanghai ist die größte Baustelle der Welt, und in den letzten zehn Jahren wurden hier von Millionen Wanderarbeitern in Tag- und Nachtschichten mehr Wolkenkratzer hochgezogen als im gesamten Rest der Welt. Die Stadt erstickt im Autoverkehr, der selbst die Prognosen chinesischer Stadtplaner völlig über den Haufen geworfen hat, obwohl Zulassungsgenehmigungen auf schon umgerechnet 4.500 US-Dollar erhöht worden sind und zwölfspurige Autobahnen durch die Stadt gefräst wurden. Die 2 Millionen Autos von heute waren erst für 2020 geplant gewesen. Nummerntafeln werden versteigert, und eine besondere Nummernkombination, die Glück und Reichtum verspricht, hat sich einer, der es sich leisten kann, 1 Million Euro kosten lassen. Als diese Stadt der einst 9 Millionen Fahrradfahrer im Jahre 2004 Fahrräder von den Autostraßen verbannte (eine wirkliche chinesische Kulturrevolution!), gab es einen

Aufschrei des Protests. Heute regt sich keiner mehr auf, denn man will ja schließlich überleben.

Shanghai ist der sogenannte „Kopf des Drachens", Chinas Schaufenster (gar Blendwerk?) zur Welt mit teuren nationalen Prestigeinvestitionen. Die China-Expertin Radha Chadha der „Chadha Strategy Consulting" in Hongkong analysiert: „China liebt das Große. Es liebt Eindruck zu erwecken." „Macht durch Ausstrahlung" war seit jeher das Herrschaftsinstrument des Reiches der Mitte gewesen. So ist die Chinesische Mauer – in China „Große Mauer" genannt – natürlich die größte Mauer der Welt. Der chinesische Kaiser-Kanal ist natürlich der längste Kanal der Welt (für Olympia 2008 wird dessen historischer Hafen in Beijing aufgemöbelt). Sieben der größten Mega-Shopping-Malls der Welt entstehen natürlich in China. Olympia 2008 soll natürlich alles übertreffen, was es bisher an olympischen Mega-Ereignissen gab. Die Expo 2010 in Shanghai soll natürlich alles in den Schatten stellen, was es bisher an Weltausstellungen gab. Der pharaonische Drei-Schluchten-Damm am Yangze ist natürlich das heute größte Bauwerk der Welt („Neue Große Mauer"), Shanghai soll natürlich die Metropole der Welt werden. All diese Rekordleistungen ist sich das Reich der Mitte schuldig, damit die staunende Welt das künftige Zentrum der Welt erkennt.

Solche Beeindruckungs-Szenarien hat Japan, das Land der introvertierten Bonsai-Kultur, keine, und Pearl Harbor hatte sich als Fehlversuch erwiesen. Eine der unbestrittensten Stärken Chinas, so ein englischer China-Manager in der Zeitschrift *Brand Eins*, ist die Kunst der Selbstdarstellung. Die Chinesen hätten ein großes Talent, ihre Stärken zu zeigen und ihre Schwächen zu verbergen.

Ausländische Staatsführer werden in Beijing im Reigen empfangen wie einst, so könnte man sich bei diesem Klinkenputzen erinnert fühlen, die Tributats-Prinzen bei ihrer Aufwartung am

Kaiserhof, und sie werden beim Buhlen um Wirtschaftsaufträge vor der Unterschrift eindringlich von Chinas Sicht der Welt in Kenntnis gesetzt. Die Überzeugungsarbeit erfolgt auch in entgegengesetzter Richtung: Im Zeichen der Öffnungspolitik sind Chinas Führer in der ganzen Welt unterwegs.

Chinas Gewicht ist seine Masse, (noch) nicht der Lebensstandard. Chinas Kraft ist seine Dynamik. Was Mao Zedong 1960 nicht gelungen war, gelang seinem kritischen Erben Deng Xiaoping: Chinas „großer Sprung vorwärts". In den Neunzigerjahren gab es im Westen eine erste Vorahnung, die damals noch als Scherz formuliert war: „Der Kalte Krieg ist vorbei – und gewonnen haben die Chinesen."

In der Pro-Kopf-Aufholjagd wird China laut Berechnungen des Chinesischen Staatsrates 2020 ein Pro-Kopf-Jahreseinkommen von 3.000 Dollar und im Jahre 2050 den Weltdurchschnitt erreichen. Damit wäre das erste große nationale Ziel erreicht. Für das Pro-Kopf-Einholen der USA müssten sich die Chinesen noch bis 2075 gedulden.

In der Kaufkraft pro Kopf gemessen, steht China heute auf der Stufe von Südkorea 1985, Taiwan 1981 und Japan 1965. Lineare Fortschreibungen von Aufwärtstrends haben allerdings ihre Tücken: Politikern ist es noch immer gelungen, die schönsten Berechnungen von Fachleuten über den Haufen zu werfen. Der langjährige Siemens-Chef und China-Veteran Heinrich von Pierer rät zur Vorsicht bei Hochrechnungen in die Zukunft: „Wenn man so rechnete, wäre meine kleine Enkeltochter, die zehn Zentimeter pro Jahr wächst, 2050 über fünf Meter groß."

Heute reichen jedenfalls die Schlagworte nicht mehr aus, um die Entwicklungsrekorde zu erfassen. China hat sich, historisch gesehen, über Nacht in die Moderne katapultiert. China verändert sich nicht nur selbst – es verändert die Welt.

C) In die Welt ausschwärmen!

1) Revanche für das Zeitalter der Demütigungen?

„For Chinas government the expansion of Chinese companies overseas is part of a broader push to expand the countries influence."

China Daily am 25. Mai 2006 in verblüffender Offenheit

China hat ein langes Gedächtnis. Seine Kraftanstrengung wird von nationalem Ehrgeiz getrieben. Es erstaunt den Autor immer wieder, wie tief doch immer noch die Ressentiments aus der Ära der Demütigung sitzen. An der Hochschule für Fremdsprachen in Beijing erhitzte sich ein Student in der Diskussion dem Autor gegenüber: „300 Jahre lang habt ihr im Westen uns Chinesen für modernisierungsunfähig erklärt. Ihr habt davon gut gelebt, und wir haben es fast schon selbst geglaubt. Jetzt zeigen wir euch, was in uns Chinesen steckt!"

Die Verletzungen der chinesischen Seele sind noch nicht verheilt. Professor Gerd Kaminski, Wien, beleuchtet dazu in seinem Buch *50 Jahre Volksrepublik China* den Hintergrund von Franz Lehárs Welterfolgs-Operette „Land des Lächelns", der es auch aus westlichem Blickwinkel erlaubt zu begreifen, wie viel früher das Leben eines Chinesen gegolten hatte: „Die Autoren des Librettos stellten chinesischen Despotismus der abendländischen freien Lebensart gegenüber. Es dürfte nicht allgemein bekannt sein, dass das Libretto auf wahren Begebenheiten beruht, das heißt auf einer Vermengung der Geschichte zweier europäisch-chinesischer Ehen. Schauplatz der einen war Paris, und für die zweite war es Wien. In Paris ehelichte eine Französin den chinesischen Gesandten, welcher – so wie in der Operette – tatsächlich mehrere Frauen hatte. In Wien heiratete die Tochter eines kleinen Eisenbahnbeamten den Ersten Sekretär der chinesischen Gesandtschaft. Die frisch angetraute Ehefrau musste von Hongkong aus einen Küstendampfer nehmen, um nach Fuzhou, ihrer neuen Heimatstadt, zu gelangen. Dem britischen Kapitän fiel das ungewöhnliche Paar auf. Als er hörte, es handle sich um den Ehemann einer Europäerin, fand er das ‚shocking‘ und bot sich an, den peinlichen Gemahl nächtlings über Bord zu werfen. Dieses stammt nicht aus chinesischen Propagandaschriften, sondern aus den Tagebüchern österreichischer Marineoffiziere."

Nach historisch schmerzlichen Erfahrungen will China heute ganz oben in der Welt mitmischen und von ausländischen Experten unabhängig werden. Beim Startschuss der Reformära hieß Beijings Devise für das ausländische Kapital: Know-how gegen Marktzugang, das heißt Technologietransfer durch Pflicht zur Verlegung der Wertschöpfungskette nach China („local content rules"). Viele ausländische Firmen ließen sich, geblendet von dem scheinbar grenzenlosen Marktpotenzial, regelrecht erpressen. Die andere Art von Technologietransfer erfolgte durch 600.000 chinesische Auslandsstudenten. Viele Rückkehrer wurden Firmengründer. Jetzt ist das Know-how im Land, und nun sollen chinesische Firmen selbst in den Markt vordringen, entsprechend der neuen Devise: Den Heimatmarkt (zurück-)erobern und dann in die Welt ausschwärmen!

Verschwörungstheoretiker mutmaßen in dieser going-out-strategy einen „Masterplan für einen wirtschaftlichen Eroberungsfeldzug". Chinesische Firmen kauften 2006 mit Investitionskapital von 57 Milliarden Dollar (jährlich zweistellige Zuwachsraten) 11.000 Firmen auf. Die globale Einkaufstour kommt erst richtig in Fahrt. 2007 schon plus 128 Prozent. Erhebliches internationales Aufsehen und ideologisches Erstaunen löste Chinas Führung 2007 aus, als sie 3 Mrd. Dollar aus den Währungsreserven in einem der größten kapitalistischen „Heuschreckenfonds" der USA anlegte.

Ein Schmuckstück in der Trophäensammlung war 2005 die britische Traditionsmarke „Rover". Dort hatten in den Siebzigerjahren maoistische Betriebsräte („shop stewards") den Betrieb in Grund und Boden gestreikt. Jetzt zogen Maos kapitalistische „Enkel" aus dem Reich der Mitte als neue Besitzer ein, um die Konkursmasse von „Rover" zu übernehmen. Das Autowerk wurde nach Shanghai „verpflanzt". Ende Oktober 2006 rollte dann der erste China-Rover vom Band.

Hinter dem Schlucken von „Rover" steckt die Methode, klangvolle, aber schwächelnde Namen im Westen billig aufzukaufen. Wirtschaftsexperten sind skeptisch, ob die Verschmelzung von westlicher und fernöstlicher Firmenmentalität so leicht von Erfolg gekrönt sein wird, hatten sich doch schon die Japaner in Hollywood oder Manhattan blutige Nasen geholt. Außerdem zählt das Sanieren maroder Unternehmen zu den wohl schwierigsten Managementaufgaben – besonders für chinesische Anfänger. So spottete Larry Lang, General Manager der „Wireless"-Group in Hongkong: „Ein Haufen hektischer Leute kauft ein gescheitertes Unternehmen. Wie soll denn das funktionieren?" China wird auf seinem „Langen Marsch" in die Welt noch viel Lehrgeld zahlen müssen.

Der chinesische Parade-Unternehmer Li Dongsheng, der vor 20 Jahren mit einem Kredit von 600 Dollar den Großkonzern „TCI" gegründet hatte, ist nach der Übernahme des abgewirtschafteten französischen TV-Riesen „Schneider-Thomson", dem ersten großen Auslands-Coups eines chinesischen Unternehmens, schwer in die roten Zahlen geraten. Er klagt: „In China sind Mitarbeiter sehr motiviert. Sie stecken voller Energie. Sie kümmern sich stärker um das Wohl ihres Unternehmens. Wir mussten lernen, dass man in Europa und den USA stärker zwischen Arbeit und Privatem unterscheidet. Die Sanierung von Thomson ist wegen der kulturellen Unterschiede schwieriger, als wir dachten."

Laut einer Studie der Unternehmensberatung „Boston Consulting Group" (BCG) sind Chinesen mit der Übernahme westlicher Firmen oft überfordert: „Je mehr Integrationsleistung nötig ist, desto schlechter schneiden die chinesischen Käufer ab." Enttäuschung auch auf „westlicher" Seite bei Firmen, die sich von chinesischen Rettern frischen Wind aus dem Reich der Mitte erhoffen: Die komplett verschiedene Unternehmenskultur scheitert schon an Begriffen wie Tarifvertrag oder Teilzeit, welche Bosse aus China nicht verstehen, geschweige denn den Umgang mit freien Gewerkschaften.

Und wie geht es einem jungen chinesischen Manager, der einen aufgekauften deutschen Betrieb wieder flottmachen soll? Liu Zhengrong (37!) kennt Deutschland als Student (wo er sich das Geld als Kellner in China-Restaurants verdiente). Heute leitet er Lanxess, einen von Bayer abgestoßenen Chemieableger mit 18.000 Arbeitnehmern. „Verhandeln mit den Gewerkschaften war eine interessante Erfahrung", rekapituliert er mit asiatischer Höflichkeit das viermonatige Ringen um den Jobabbau von tausend Mitarbeitern, „viel Bürokratie und erstarrte Strukturen auf Kosten der Effizienz. Ich habe versucht, die Leute zu überzeugen, dass neues Denken Platz greifen muss. Ein bisschen China würde Deutschland nicht schaden. Dabei steht Deutschland ohnehin besser da als Frankreich. Aber es gibt auch Aspekte, die wir von der deutschen Unternehmenskultur lernen können: den Respekt vor den Arbeitskräften oder die Transparenz der Entscheidungen. Die Deutschen lernen zu viel Theorie, wir zu wenig".

Auf dem chinesischen Markt selbst ist ein gnadenloser Verdrängungswettbewerb und Preiskampf ausgebrochen, auch und besonders unter chinesischen Herstellern. Erstes Opfer: die westlichen Autoproduzenten in China. Zweites Opfer: die westlichen Mobiltelefonhersteller in China. In China kann nur bestehen, wer alle paar Monate ein neues Modell auf den Markt wirft. So musste Siemens seine Mobiltelefonsparte aufgeben und an den taiwanesischen Newcomer „BenQ" abgeben. Dessen Firmengründer Lee Kuen-yao kommentiert mitfühlend: „Die europäische Industrie hat in schnell wachsenden Bereichen an Wettbewerbsfähigkeit eingebüßt. Sie ist zu wenig flexibel. Das liegt daran, dass ihre Menschen mehr auf Lebensqualität achten als auf Wettbewerb. Wir Asiaten waren dagegen lange daran gewöhnt, nichts zu besitzen. Deshalb nutzen wir jede Gelegenheit und sind bereit, uns ständig an neue Bedingungen anzupassen." Kaum ein Jahr nach der Übernahme von Siemens schickte BenQ den deutschen Produktionsstandort der Mobiltelefone in den Konkurs; angeblich entgegen arbeitsplatzsichernden Absprachen mit den Siemens-Verkäufern. Kein Markt ist größer als der chinesische, aber auch kein Markt ist härter. Die lokalen Wettbewerber werden immer zahlreicher. Wer zu langsam ist, den bestraft der chinesische Markt. An Europa schätzen Chinesen laut Umfrage Gemütlichkeit und Kultur.

Wer einen Generalstab für Chinas wirtschaftlichen Eroberungsfeldzug sucht, der findet ihn auf dem Gebiet der Politik in der mächtigen „National Development and Reform Commission", die mit Circular-Anweisungen (www.en.ndrc.gov.cn/policyrelease) die strategischen Signale aussendet, sowie auf dem Gebiet der Wirtschaft in der Akademie der Wissenschaften. Jawohl: Offiziere, wie der Gründer des Technologiekonzerns Huawei, oder Wissenschaftler, wie der Gründer des Computerkonzerns Lenovo, werden Unternehmer. Der Staat bleibt da wie dort einflussreicher Mitbesitzer hinter der privatkapitalistischen Fassade. Chinas Führung wünscht sich Forscher mit Unternehmerqualitäten, ähnlich wie ein Thomas Alva Edison geholfen hat, die USA groß zu machen. Als 2005 ein chinesischer Erdöl-Riese in die Übernahmeschlacht um eine US-Ölbohrfirma einstieg, schlug der US-Kongress nationalen Sicherheitsalarm: Das habe mit freier Wirtschaft nichts zu tun, denn solche Entscheidungen werden in China nicht von der Wirtschaft, sondern vom Staat getroffen!

Die Strategen des Weltmarkt-Newcomers China haben hochfliegende Pläne. China will von der „Werkbank der Welt" zur High-Tech-Schmiede der Welt aufsteigen, ja IT-Weltmarktführer werden; von der Welt-Fabrik zum Welt-Labor. So sollen bis 2010 die 50 tüchtigsten China-Firmen aufgepäppelt und für den Weltmarkt fit gemacht werden: Global Players von morgen – made in China. Die Namen der „Nobodys" sind im Westen noch kein Begriff, aber der Westen wird sie bald kennenlernen (müssen). In die Forbes-Liste der 500 Top-Global-Player sind in den letzten Jahren 19 von ihnen eingezogen. Sie werden – so Wolfgang Hirn in *Herausforderung China* – aggressiver und mächtiger sein als Sony oder Samsung. Auch das Lachen über China-Autos, wie einst über die ersten japanischen und koreanischen Autos, dürfte der maroden westlichen Autoindustrie bald vergehen. China überholte 2006 Deutschland als den drittgrößten Autobauer.

Und das nächste Ehrgeiz-Ziel wird auch schon angepeilt: der Aufbau einer Flugzeugindustrie. In zehn bis fünfzehn Jahre will China am Weltmarkt als Konkurrent von Boeing und Airbus auftreten. Die Staatsführung ist der Antreiber durch gewaltige Modernisierungsinvestitionen in die öffentliche Infrastruktur. Industrielle Fabriken werden durch akademische Denkfabriken ergänzt. China rückte 2006 zur drittgrößten Volkswirtschaft (nach den USA und Japan) und zur drittgrößten Handelsmacht der Welt (nach den USA und Japan) vor. Alle paar Jahre klettert es einen Rang weiter. Die Welt hat noch niemals eine so große, so schnell wachsende Macht gesehen. Unter Ökonomen laufen Wetten: Wann überholt die chinesische Volkswirtschaft wen auf welchem Gebiet? „Chinas Wachstum wird dem Ausland gegenüber unfreundlicher werden", warnt T. J.

Bond, China-Analyst der Investbank Merill Lynch. „Das Land wird künftig deutlich weniger einführen, der Investitionsboom klingt ab. China wird nicht mehr nur billig liefern, sondern als Anbieter und Konkurrent auf unseren Märkten auftreten." Am besten weiß es aber sicherlich Singapurs Staatsgründer Lee Kuan Yew, der Deng Xiaopings Freund und Vorbild gewesen war: „Das Ausmaß, in welchem China die Welt aus dem Gleichgewicht bringt, ist so gewaltig, dass die Welt binnen 30 bis 40 Jahren eine neue Balance finden muss. Man kann nicht so tun, als sei China einfach nur ein weiterer Mitspieler. Es ist der größte Mitspieler in der Geschichte der Menschheit", sagte er in einem *Spiegel*-Interview.

2) China kauft deutschen Flughafen

Im Mai 2007 schrieb ein unbekannter chinesischer Selfmade-Millionär Geschichte: Er kaufte einen deutschen Flughafen. Damit übernahm erstmals ein Investor aus China einen kompletten europäischen Flughafen: Parchim-Mecklenburg um 100 Mio. Euro.

Herr Pang Yuliang, Vorsitzender des Fernfrachtunternehmens LinkGlobal traf eine strategische Entscheidung. Parchim verfügt als ehemaliger sowjetischer Militärflugplatz mit 3.000 Metern über die längste Start- und Landebahn Deutschlands. Der „chinesisch" gewordene Provinzflughafen besitzt zudem eine 24-Stunden-Betriebsgenehmigung. Hier auf dem verkehrsgünstig zu den Metropolen Berlin und Hamburg gelegenen Flughafen können dicke chinesische Frachtflugzeuge ihre Waren anlanden. Der Flugplatz kann außerdem zum Zentralverteiler für Frachtflüge zu allen EU-Flughäfen ausgebaut werden. Der chinesische Unternehmer will von hier aus auch Passagiere, Touristen, nach China fliegen.

Die Logistikfirma LinkGlobal organisiert weltweit Flug- und Schiffsfracht von und nach China. In Parchim plant das Unternehmen auch Hallen für die Endfertigung chinesischer Produkte.

D) Vom Kommunismus zum Konsumismus

„Im China von heute ist nicht mehr das Kapital *von Karl Marx,
sondern das Kapital ausländischer Investoren der Leitfaden."*

Henry Kissinger

Massenauflauf auf Beijings Platz des Himmlischen Friedens.
Eine Protestaktion? Nein, „Zehn Jahre Ferrari in China", Auf-
fahrt der chinesischen Ferrari-Besitzer. „China ist rot", Ferrari-
rot. Volkspolizei schützt die Kapitalisten vor der Zudringlich-
keit der autonärrischen Gaffer.

Festbankett der Ferrari-Besitzer in der Großen Halle des Volkes, wo normalerweise auf KP-Tagungen aus Tausenden Kehlen
die „Kommunistische Internationale" geschmettert wird. Dann
Aufbruch zur Konvoifahrt zur Großen Mauer. Man blinkt links,
lässt Mao aber im Schneewittchen-Sarg seines Mausoleums
links liegen und biegt rechts ab. Eine Ferrari-Fahrerin auf die
Frage, was Mao wohl zu dem Spektakel sagen würde: „Mao
wäre stolz. Schließlich sind wir Chinesen."

Szenenwechsel zum „normalen" Alltag in Beijing 2005: Verkehrsstau total. Auf der achtspurigen Changan-Avenue im
Herzen der Hauptstadt schiebt sich die Blechlawine nur im
Schritttempo voran. Chinesischen Statistiken zufolge ist die
durchschnittliche Verkehrsgeschwindigkeit Beijings in den
letzten zehn Jahren von 46 auf 7 Stundenkilometer gesunken.
40 Prozent der Verkehrsteilnehmer stehen täglich auf dem Weg
zur Arbeit eine Stunde im Stau. Zu den 3 Millionen Autos in
der Hauptstadt – ein Viertel davon kam allein in den letzten
zwei Jahren dazu – kommen täglich tausend hinzu. In Planung
ist der siebte Autobahnring um die Hauptstadt. Der Großraum
von Beijing hat mehr Autobahnkilometer als ganz Russland.

Radfahrer sind zur gefährdeten Spezies geworden: Ein Milli-
ardenvolk steigt von zwei auf vier Räder um. China ist nach

Ansicht des Chefs von Ford-China, David Thomas, spätestens 2015 der größte Automarkt der Welt und hat schon jetzt hinter den USA das zweitgrößte Autobahnnetz der Welt. Ätzender Kommentar eines Kritikers der autosüchtigen Chinesen: „China mag bald alles haben, außer Frischluft."

Mit dem Auto fährt man in gigantische Shopping Malls. Motto: Shoppen bis zum Umfallen. In Dongguan eröffnet 2006 die weltrekordverdächtige Konsumtempelanlage „South China Mall" ihre Pforten, größer als das US-Verteidigungsministerium Pentagon, der größte Bürokomplex der Welt (www.southchinamall.com.cn). In dieser Mischung aus Disney Land und Las Vegas mit zwei Fünf-Sterne-Hotels weist ein 30 Meter hohes Replikat des Arc de Triomphe den Weg in das Konsumparadies für täglich 80.000 Kunden. Eine Gondelfahrt über den „Canal Grande" soll laut Werbung auch den Chinesen „das Einkaufen zur Freude machen". Der Erbauer, Tong Rui, Vizechef des „Sanyan Yinhui Investment & Development"-Riesen, über die Unternehmensstrategie: „Wir wollen Bahnbrechendes schaffen. Wir wollen Spuren in der Geschichte hinterlassen."

Im letzten Jahrzehnt haben mehr Chinesen Millionenvermögen gemacht als Amerikaner: 3 Millionen. In Chinas boomender Gründerzeit suchen korrupte Funktionäre mit ihrer Millionenbeute das Weite – im Ausland sind sie kaum zu greifen – oder verspielen öffentliche Gelder in Macau – und werden exekutiert. Ein Todesurteil „auf Bewährung" bekam in einem der bislang größten Bankenskandale der Vize der Bank of China, Liu Jinbao, der 3 Millionen Dollar abgezweigt hatte. Sein Missmanagement kostete die Regierung überdies 60 Milliarden Dollar aus den 1.400 Milliarden Devisenreserven zum Stopfen der Löcher, die Chinas prominenter Banker hinterlassen hat.

Ex-Minister Tian Fengshan bekam Ende Dezember 2005 „lebenslänglich" für das Kassieren von 4 Millionen Yuan (400.000 Euro) an Schmiergeldern in seiner Zeit als Provinzboss. 7 Millionen Yuan kosteten die Ex-Parlamentschefin der gleichen Provinz eine Todesstrafe „auf Bewährung". Ihr Kollege, der Parteisekretär, kassierte die „Bewährungs"-Todesstrafe wegen 6 Millionen Yuan. Alle drei KP-Größen hatten eine kriminelle Bande gebildet und „ihre" Provinz Heilongjiang regelrecht ausgeplündert. Insgesamt wurden in ganz China im Jahre 2006 fast 100.000 Funktionäre der 70 Millionen KP-Mitglieder aus der Partei ausgeschlossen und diszipliniert; dazu wurden noch 800 Funktionäre der vier großen Staatsbanken bestraft.

2005 hatten sich insgesamt 800 Wirtschaftskriminelle ins Ausland abgesetzt unter Hinterlassung eines Schadens von 9 Mrd. Dollar, 53 wurden vom Ausland ausgeliefert. Besonders peinliche Skandale waren die Aburteilung von Chinas führendem Raketenbauer Li Jianzhong zu lebenslanger Haft wegen Korruption und Unterschlagung von 160 Mio. Yuan (16 Mio. Euro) öffentlicher Gelder, sowie die Absetzung des Vizekommandeurs der Kriegsmarine, Wang Shouye (62), der Opfer der Enthüllungen seiner sitzengelassenen Konkubine geworden war, oder der Sturz des für die Vergabe von Olympiaaufträgen zuständigen Vizebürgermeisters Liu Zhihua.

Einem kleineren politischen Erdbeben entsprach im September 2006 der Sturz des allmächtigen Parteichefs von Shanghai, Chen Liangyu, des mächtigsten Politikers außerhalb Beijings, wegen mutmaßlicher Veruntreuung von umgerechnet 400 Mio. Euro aus öffentlichen Sozial- und Pensionsfonds für illegale Aktivitäten und Bereicherung seiner Familienangehörigen. Wenn in China Korruption auf so hoher Ebene abgehandelt wird – allerdings mit Glacehandschuhen –, dann steckt meistens ein Machtkampf dahinter. Tatsächlich bemüht sich Staats- und Parteichef Hu Jintao um die Entmachtung der sogenannten „Shanghaier Mafia" um seinen Vorgänger Jiang Zemin, die er für gesellschaftspolitische Fehlentwicklungen verantwortlich macht. Die überbordenden Kapitalismusexzesse der „neuen Klasse" sollen eingedämmt werden, da sie stabilitätsgefährdend werden. Shanghai wird künftig mit weniger Extra-Milliarden aus Beijing auskommen müssen …

Der Korruptions-Krebs frisst sich immer tiefer und immer höher in die Machtstrukturen hinein. Am 28. Juni 2007 konnte man in der regierungsnahen *China Daily* eine erstaunliche Statistik lesen, und zwar den Jahresbericht 2006 des Nationalen Rechnungshofes (National Audit Office). Danach wurden aus den Sozialfonds im Land umgerechnet 700 Mio. Euro veruntreut, aus dem Umsiedlungsfonds des Drei-Schluchten-Damms 29 Mio. Euro, aus dem Aufforstungsfonds 13 Mio. Euro und 1,56 Mrd. Euro aus den drei großen Staatsbanken.

Vorläufiger Höhepunkt der Anti-Korruptions-Kampagne war im Juli 2007 die Hinrichtung des Chefs der obersten Arznei- und Lebensmittelsicherheitsbehörde, Zheng Xiaoyu. In einem Anfall von Reue haben 14.000 Funktionäre Schmiergelder in Höhe von 90 Mio. Dollar abgeliefert.

Der chinesische Dissident Zhang Jian, der nach dem Tiananmen-Massaker und vor seiner Flucht jahrelang in der Hauptstadt untergetaucht lebte, schilderte in Wien seine Erlebnisse als Bediensteter im Club Apollo so: „Wir hatten drei Arten von Kunden: Polizisten, Genossen, Schurken. Die gaben mehr aus, als ein chinesischer Bauer in zehn Jahren verdienen kann."

Die alten Aufbauhelden Chinas, die von der neuen Zeit überrollt worden sind, verstecken sich in kleinen Refugien. Im Jingshan-Park hinter der Verbotenen Stadt, dort, wo sich der von einem sozialen Bauernaufstand in die Enge getriebene letzte Ming-Kaiser an einem heute noch deutlich gekennzeichneten Baum erhängt hatte („Tree where emperor hanged himself" – Die stete Erinnerung an das Recht, einem Herrscher das Mandat des Himmels zu entziehen?), versammeln sich sonntagnachmittags alte Kameraden und Kameradinnen zum Abschmettern revolutionärer Nostalgielieder aus der guten alten Zeit; aus einer kärglichen Zeit, als Solidarität noch mehr gegolten hatte als Geldgier.

Vieles, aber lange nicht alles, erinnert im neuen China an die wilden Dreißigerjahre von Shanghai. Ein großer Unterschied: Damals gab es so gut wie keinen Mittelstand. Heute ist ein Mittelstand mitten im Entstehen, und der Mittelstand gilt als Rückgrat einer modernen Gesellschaft. Vorsichtige Schätzungen sprechen von 200 Millionen in China. Professor Zhang Wanli von der Chinesischen Akademie der Sozialwissenschaften berechnet den Mittelstand auf 15 Prozent der Bevölkerung, wenn man das Kriterium eines Monatseinkommens von 5.000 Yuan (500 Euro) als Grundlage nimmt: „Bei einer Verdoppelung auf 30 Prozent wird der Mittelstand zur treibenden Kraft in der Gesellschaft", zitiert ihn *China Daily*. Ein praktischer Indikator ist auch die französische Kaufhauskette „Carrefour". Deren Chef Luc Vandevelde sprach auf dem „Global Forum 2005" in Beijing von 300 Millionen Kunden in China. Das ist immerhin die Größe des US-Marktes und über die Hälfte der EU.

Auf der zweiten Luxusmesse in Shanghai (Eintrittskarte: 60 Euro) wurden goldene Badewannen und andere Prunk- und Protz-Güter für umgerechnet zwei Mrd. Dollar verkauft. Nach Angaben der US-Börsenfirma Goldman Sachs wird China 2015 mit 29 Prozent Konsumanteil an Luxusprodukten der Welt Japan überholen. China steht schon heute mit 12 Prozent und 6 Milliarden Dollar auf Platz 3.600 Millionen Dollar davon geben Chinas 26 Millionen Auslandstouristen aus. Prognosen: 49 Millionen im Jahr 2008, 100 Millionen Auslandstouristen 2020.

E) Von Marx zu Konfuzius

„China ist ein Meer, das alle Wasser salzig macht, die in dieses fließen."

Winston Churchill

Die Stadt Qufu (sprich: „Tschüfu") in der Provinz Shandong ist der chinesische „Vatikan": Geburtsort von Konfuzius. Jeder fünfte Einwohner der Stadt trägt den Namen Kong, Nachfahren in der 75. Generation des Großen Meisters Kong Fu Zi; Tempelanlagen, die nur von der Verbotenen Stadt in Beijing übertroffen werden, und ein heiliger Hain mit seinem Grab inmitten eines Märchenwald-Friedhofs von 100.000 Ruhestätten. Millionen Konfuzianer aus China, Asien und Übersee pilgern jährlich nach Qufu.

Konfuzius ist kein Gott im engeren Sinn, sondern ein Vorbild und der größte Lehrmeister. Grund genug für Mao Zedongs Rote Garden, während der Kulturrevolution seinen Grabstein zu zerstören. Die Trümmer wurden wieder zusammengesetzt beziehungsweise ergänzt; unter anderem mit Hilfe der Genauigkeit alter Darstellungen von Missionaren und China-Reisenden, deren Werke sich in der Österreichischen Nationalbibliothek in Wien befinden. Professor Kong Xianglin, Konfuzius-Beauftragter der Stadt: „Unsere Familie hatte im Kaiserreich die Herzogswürde. Die Palastanlage ist die größte außerhalb der Verbotenen Stadt in Beijing. Wir Chinesen haben seine Lehren in den 2.000 Jahren derart verinnerlicht, dass sie als Verhaltensmuster nicht mehr wegzudenken sind."

Den Höhepunkt der erstaunlichen Konfuzius-Renaissance des „kommunistischen" China erlebte Qufu 1999 anlässlich des 2.550. Geburtstages des Großen Meisters: KP-Größen verneigten sich in einem vom Fernsehen übertragenen Staatsakt vor seiner Verehrungshalle. Und in der Großen Halle des Volkes in

Beijing, vom deutschen Publizisten Herbert Kremp „Tempelanlage des KP-Staates" genannt, wurden bei einem Geburtstagskongress konfuzianische Verhaltensmuster beschworen. Singapurs konfuzianischer Patriarch Lee Kuan Yew war eingeladen, um von ihm zu lernen, wie man autoritäre Politik mit kapitalistischer Dynamik verbindet. Herbert Kremp: „Für die chinesische Parteiführung nimmt die konfuzianische Ethik den Charakter einer rettenden Botschaft an. Sie hat funktionelle Bedeutung. Sie gebietet die hierarchische Ordnung. Der Konfuzianismus enthält einen Katalog von Pflichten, nicht der Rechte, Gemeinsinn statt Eigensinn, Disziplin, Fleiß, Ehrfurcht, Gehorsam. Die Rückbesinnung auf Konfuzius bietet außerdem Anlass, die ruhmreiche Zivilisationsgeschichte Chinas national zu deuten."

Schon 1996 äußerte der Gouverneur der Konfuzius-Provinz Shandong, Li Chunting, in einem Gespräch mit Professor Gerd Kaminski, Wien, erstaunliche Einsichten über die Rehabilitierung des Großen Meisters: „Die Ideen des Konfuzius werden (wieder) Eingang finden im Aufbau einer stabilen staatlichen Struktur und Gesellschaft. Die wirtschaftlichen Erfolge in Südkorea und Singapur sind ein gutes Beispiel für die Nützlichkeit seiner Ideen. Seine Lehren über Harmonie finden Eingang in die modernen Ideen von Solidarität. Alles in allem kann man sagen, dass die Theorien des Konfuzius nützlich sind zur Bewältigung gegenwärtiger Probleme."

Der Neo-Konfuzianismus – das ist nicht jener von Max Weber beschriebene untaugliche höfische Konfuzianismus – ist die Energiequelle für den Wiederaufstieg des Reichs der Mitte und nimmt als Antriebsmotor des „konfuzianischen Kapitalismus" eine ähnliche Rolle ein wie der Protestantismus bei der Entfaltung des westlichen Kapitalismus.

Nichts ist im China von heute toter als Karl Marx. Auch Mao Zedong? Das hätte Konfuzius niemals geduldet, denn Ehrfurcht, wenn auch nicht unkritisch, gebührt auch einem schlechten Vater. Und Mao ist der Gründungsvater des neugeborenen Chinas.

Chinas Führung kann dem großen Pflichtenprediger aus Qufu nur dankbar sein. Für sie ist es ohnehin gar kein so großer Sprung von Marx zu Konfuzius, sind doch sowohl der Kommunismus als auch der Konfuzianismus diesseitsbezogen und ein ideales autoritäres Herrschaftsinstrument: Durchgriffsrecht von oben und Disziplingebot für die unten. Es ist daher auch keine Überraschung, dass die drei kommunistischen Regime in Asien, alle drei im konfuzianischen Kulturkreis, im Gegensatz zu jenen in Europa durch Metamorphose bis heute „überlebt" haben: China, Vietnam, Nordkorea.

Die Chinesen haben überhaupt zu Ideologien und Theologien ein recht pragmatisches, bodenständiges Verhältnis, das sich danach ausrichtet: „Nützen sie was?" So denkt auch der Staat über die individuelle Freiheit: „Ist sie nützlich?" Die konfuzianische Verpflichtung des Einzelnen gegenüber dem Ganzen könnte nicht besser zum Ausdruck kommen als in der Anti-Nikotin-Werbung. Bei uns sagt man: „Rauchen schadet ihrer Gesundheit." Hier heißt es: „Rauchen schadet Ihrer Familie." Das ist der Unterschied zwischen westlichem Individualismus und konfuzianischem Kollektivismus. China erschüttert jedenfalls westliche Theorien, wonach eine moderne Wirtschaftsstruktur nur unter demokratischen Verhältnissen möglich sei.

China hat nicht nur aus fremden Herrschaftsdynastien wie Mongolen und Mandschus „Chinesen" gemacht, sondern immer wieder Ideologien von außen aufgenommen, sie aber unverzüglich sinisiert: Buddhismus, Marxismus. Sie wurden vom Konfuzianismus aufgesogen. Warten wir ab, was China aus dem Kapitalismus machen wird.

F) Lernen! Lernen! Lernen!

„China hat mit dem Papier auch die Bürokratie und den
Beamtenstaat erfunden."

Ausstellungskatalog in London über
frühe chinesische Drucke

Ein wesentlicher Faktor des konfuzianischen Verhaltensmusters in der Gesellschaft ist Lernen und Bildung. Der Philosoph Zhuang Zi überlieferte dazu die wohl treffendste Weisheit: „Willst du auf ein Jahr planen, so pflanze Reis. Willst du auf ein Jahrzehnt planen, so pflanze Bäume. Willst du auf ein Jahrhundert planen, so bilde Menschen." Die andere Seite des konfuzianischen Bildungsideals ist der Albtraum der Prüfungshürden, die Schüler überwinden müssen. Und der Lehrer wird nicht drohen: „Wenn du faul bist, wirst du bestraft", sondern: „Wenn du faul bist, lachen dich die anderen aus." Er appelliert nicht an das Schuld-, sondern an das Schamgefühl. Der Auslesewettbewerb setzt sich bei den Hausaufgaben fort, mit denen Schüler belastet werden. Der China-Spezialist Oskar Weggel zitiert aus einem Bericht der Staatlichen Erziehungskommission, in welchem es selbstkritisch heißt: „Das durchschnittliche Arbeitspensum umfasst: einen Aufsatz von 300 bis 400 Schriftzeichen, das Auswendiglernen eines ganzen Kapitels, ferner die kaligrafische Einübung von 300 Schriftzeichen und die Lösung von 24 Rechenaufgaben; alles in allem braucht man dazu mindestens fünf Stunden."

Hightech und Konfuzius: Chinas hochqualitative akademische Ausbildungsstätten und Forschungsinstitute verbinden alte – konservative – Werte mit Zukunftsorientierung. Hier wird ein Elitedenken gepflegt, das noch vor dreißig Jahren unter Maos Gleichmacherei undenkbar gewesen wäre. Vorbild und Wunschpartner sind die feinsten Eliteinstitutionen in den

USA, sei es das Silicon Valley, sei es die Harvard Business School. Die Tsinghua-Universität in Beijing, oft bezeichnet als das chinesische Massachusetts Institut of Technology, holt sich Top-Professoren aus den USA. Tsinghua-Rektor Chen Guoqing: „Wir wollen Weltklasse sein, und die Welt soll das bemerken." Professor Wu Bangguo von der Shanghaier Fudan-Universität, der ersten modernen Hochschule des Landes: „Erstklassige Universitäten reflektieren mehr und mehr das Gewicht eines Landes." Und es gibt auch schon die erste Privat-Universität, gegründet von Hongkongs reichstem Tycoon, Li Ka-Shing, in Beijing. Dort werden Super-Manager zu Mega-Managern ausgebildet. Rektor Xiang Bing hat eine ehrgeizige Vision: „Wir wollen weit über China hinausreichen." China will aber auch das globale Wissen hereinlassen: Als erste ausländische Alma Mater hat die Universität aus dem britischen Nottingham die Erlaubnis erhalten, in China, und zwar in der Stadt Ningbo, einen Campus einzurichten. Die Studiengebühr beträgt 50.000 Yuan (5.000 Euro). Das ist zwar mehr als zehnmal so teuer wie das Studium an einer chinesischen Universität, aber nur ein Drittel der Studiengebühr für einen Chinesen in Großbritannien.

Ein signifikantes Element des Konfuzianismus ist das 2000 Jahre alte zentrale Prüfungssystem („Gao Kao"). Wenn im Juni die landesweiten Examen anstehen, bricht unter Chinas Eltern und Schülern der Ausnahmezustand aus, denn es geht um die begehrten Plätze an den Hochschulen: 2007 waren es 6 Mio. Studienplätze für 10 Mio. Anwärter. Die besten dürfen sich die Elite-Universitäten aussuchen. In den Tempeln qualmen noch mehr Räucherstäbchen als üblich und in den Apotheken gehen die Beruhigungsmittel aus für den Konkurrenzkampf um die besten Uni-Plätze. Das harte Training beginnt schon im Kindergarten und Vorschulunterricht, wofür auch 150 private Lernfabriken zur Verfügung stehen. Die Kleinen können noch nicht krabbeln, lernen aber schon Schriftzeichen. Nach dem Mittagsschlaf kommt der Zahlenunterricht: Durchzählen bis 199. Die ehrgeizigen Eltern lassen sich das „Härtetraining" bis zu 20 Prozent des Familieneinkommens kosten, denn: „Je mehr der Kleine hier lernt, desto mehr lohnt sich die Investition."

G) Konfuzius und die Globalisierung

„China lebt irgendwo zwischen gestern und übermorgen."
Verwirrter China-Reisender über seine Eindrücke
aus dem Reich der Mitte

Das eurozentristische, westliche Weltbild neigt noch immer dazu, alte asiatische Werte, die einmal in Erstarrung stecken geblieben und daher den abendländischen Werten unterlegen waren, als mangelhaft zukunftstauglich zu bewerten. Dieser These widerspricht vehement der Sinologe Oskar Weggel (*China im Aufbruch, Wie mächtig wird Asien?*) und weiß es trefflich zu belegen: „Gehen westliche Entwicklungs- und Modernisierungstheorien in der Regel von der kreativen Zerstörung des Alten durch das (fortschrittliche) Neue – und damit vom ‚Entweder-oder' – aus, so neigen die gesellschaftsphilosophischen Vorstellungen Chinas eher zur Bevorzugung des ‚Sowohl-als-auch' … Die Zeit verläuft nach chinesischer Tradition nicht geradlinig, sondern zyklisch – vergleichbar dem Rhythmus der Jahreszeiten. Das Vergangene ist also ewige Gegenwart – und wird keineswegs in einer wie immer gearteten Zukunft aufgehoben. … Auch die modische These, dass die Globalisierung letztlich auch ein Ende des chinesischen Wertesystems mit sich bringe, erscheint ziemlich naiv. Kurz- oder mittelfristig mag es zwar nach einem Sieg westlicher, ja amerikanischer Werte aussehen. Langfristig allerdings dürften sich die authentischen Wertesysteme Asiens, vor allem des Konfuzianismus, doch wieder zu Wort melden, und zwar gebieterischer denn je. Man stelle sich eine Zukunftswelt mit 12 bis 15 Milliarden Menschen, eng gewordenen Räumen und knappen Rohstoffen vor. Muss in einer solchen Umgebung die Verherrlichung des Individualismus nicht als Luxusschöpfung erscheinen, deren Tage gezählt sind? Der klassische Konfuzianismus war ein Kind der Not und erteilte als solches Antworten auf die Frage, wie Verteilungs-kämpfe unblutig gelöst und wie Formen dichten Zusammen-rückens möglichst konfliktfrei gestaltet werden können. Im Zeichen abnehmender Möglichkeiten und zunehmender Beengung könnte er sich erneut als Zuflucht und Ratgeber erweisen – und dies paradoxerweise ausgerechnet im Zeichen der Globalisierung."

H) Die Befreiung der Frauen – und retour

*„Ein Mann ist für vier Frauen bemessen, so wie eine
Teekanne für vier Tassen bemessen ist."*

Gu Hongming, chinesischer Literat
vor dem Verbot der Polygamie

Eine nachhaltige Errungenschaft von Mao Zedongs China ist
die Befreiung der Frauen („Was Männer können, können Frau-
en auch"). Das kommt China heute als Verstärkereffekt im Mo-
dernisierungsprozess zugute. In kaum einem anderen asiatischen Staat sind Frauen so intensiv in den wirtschaftlichen und
gesellschaftlichen Prozess integriert wie in China; mit Ausnah-
me vielleicht von Taiwan, hatte sich doch schon Chinas Repu-
blikgründer Sun Yatsen, von welchem die Führung auf Taiwan
ihre Legitimität ableitet, für die Frauenbefreiung eingesetzt.
(Die Ausgrenzung der Frauen etwa durch Diskriminierung im
Bildungswesen ist ein wesentlicher Faktor dafür, weshalb die islamische Welt mit der Moderne und der Globalisierung nicht
zurechtkommt.)

Das Ausmaß der Umwälzungen in China auf dem Weg zur
Gleichberechtigung kann nur ermessen, wer sich die „gebunde-
nen Füße" (durch Verbiegen, Verkrüppeln, Knochenbrechen)
in Erinnerung ruft, die heranwachsenden Kleinkindern uner-
trägliche Schmerzen zufügten und Frauen später zu hilflosen
(Sex-)Sklavinnen machten, die an das Haus gefesselt waren. Bis
Mitte des vorigen Jahrhunderts hatten Frauen keinen An-
spruch auf Besitz und kaum Zugang zu Bildung und bezahlter
Arbeit. Ihre Rolle beschränkte sich auf die der gehorsamen
Tochter, Ehefrau, Mutter und nicht zuletzt Schwiegertochter.
Barbara Kreissl vom Ludwig-Boltzmann-Institut für China-
und Südostasienforschung in Wien nennt das Gebot der „Drei
Gehorsam": vor der Hochzeit gegenüber dem Vater, danach ge-

genüber dem Ehemann und nach dessen Tod gegenüber dem ältesten Sohn. Über die Ausweglosigkeit der Situation gab die Redensart Auskunft: „Wenn ich einen Hahn heirate, so muss ich bei dem Hahn bleiben. Bin ich mit einem Hund verheiratet, so bleibe ich bei dem Hund."

Ernest Alabaster (*Notes and Commentaries on Chinese Criminal Law*) berichtet von einem haarsträubenden Fall von Rechtsverweigerung für Frauen in China Ende des 19. Jahrhunderts: Ein Mann hatte es sich zur Gewohnheit gemacht, Frauen in Serie zu heiraten. Die erste erhängte sich daheim, die zweite ertränkte sich, die dritte knüpfte sich an einem Baum auf. Von den vier Konkubinen, die er sich zusätzlich nahm, blieb nur eine übrig: Die erste prügelte er zu Tode, die zweite zwang er, wegzulaufen, bei der dritten führte er durch Schläge und Brennen mit glühenden Eisen den Tod herbei. Hinsichtlich der einzig übrig gebliebenen Frau und der einzig übrig gebliebenen Konkubine verfuhr er so: Aus der Frau schnitt er Steaks, um seine Tafelfreuden zu bereichern, während er die Konkubine mit glühenden Eisen traktierte. Erst jetzt wurde es den Behörden zu arg und sie erhoben Anklage. Die Erdrosselung von ungehorsamen Töchtern fand hingegen die einmütige Billigung des Gerichts. Verursachten Frauen, wenn auch völlig unabsichtlich, den Tod ihres Mannes, so hatten sie mit der Enthauptung zu rechnen.

Vor diesem Hintergrund war das 1950 von der Regierung eingeführte neue Ehe- und Familienrecht ein Meilenstein: Gleichstellung der Frau, freie Partnerwahl, Verbot von Bigamie, Konkubinen und Kinderehen, gleiches Eigentumsrecht. Es folgten Kampagnen zur Förderung der Teilnahme der Frauen an gesellschaftlichen Produktionsaktivitäten, zur Beseitigung des Analphabetentums und zur Schulung des politischen Bewusstseins. Frauen wurden ermuntert, die Geburtenkontrolle durchzusetzen. Während der Kulturrevolution bekam die Frauenemanzipation eine skurrile Note durch eine jener von Maos Gattin Tschiang Tsching inspirierten sogenannten revolutionären Pekingopern: „Die rote Frauenkompanie".

Seit dem Reformprozess und der Einführung der Marktwirtschaft sehen sich Frauen der gleichen Doppel- und Dreifachbelastung wie in unseren Gesellschaften ausgesetzt: Beruf, Hausfrau und Kindererzieherin. Gleichzeitig entstehen in China aber auch erstmals nichtstaatliche Frauenrechtsorganisationen. Es soll derzeit 5.800 geben. Der Staat versucht bewusst, an der Errungenschaft der hohen Frauenbeschäftigungsquote festzuhalten und deren Gewicht für die zukünftige Entwicklung hervorzuheben.

Nach wie vor kann man in China nicht von *der* Frau sprechen wegen der krassen Unterschiede zwischen Stadt- und Landbevölkerung. In den Städten haben Mädchen Zugang zu mindestens einer achtjährigen Schulbildung, auf dem Land sind 70 Prozent der noch existierenden Analphabeten weiblich. Ein ständig wachsender Strom von Männern, die vom Land in die Stadt gehen, um dort Arbeit zu suchen, führt dazu, dass viele Frauen mit ihren Familien und der gesamten Landarbeit zurückbleiben. Schätzungen zufolge werden heute 70 Prozent der landwirtschaftlichen Arbeit von Frauen durchgeführt. Da die Landwirtschaft in China kaum mechanisiert ist, bedeutet das körperliche Schwerstarbeit. (Die meisten der 200.000 Selbstmorde in China werden unter Bauersfrauen begangen.) Allerdings führt die Abwesenheit der Männer auch zu einer Stärkung der Position der Frauen als Familienmanagerinnen. Auch die Last einer zunehmend alternden Bevölkerung liegt auf den Schultern der Frauen, von denen traditionell jene sozialen Leistungen gefordert werden, bei denen der Staat versagt. So müssen viele Frauen neben Beruf und Haushalt auch noch für die Pflege ihrer Eltern und Schwiegereltern aufkommen.

Seit Beginn der Reformen ist der chinesischen Bevölkerung

große Mobilität gewährt. Während früher ein Aufenthaltsrecht streng kontrolliert worden war, gibt es heute Millionen von Wanderarbeitern, unter denen sich auch viele junge Frauen befinden. Die meisten sind in der Leichtindustrie beschäftigt und schlecht bezahlt, aber allein schon die Möglichkeit, an diese Jobs heranzukommen, wird von den Frauen als große Chance gesehen. Selbst wenn ihr Einkommen gering ist, ist es oft ein Vielfaches dessen, was sie in ihren Dörfern erwirtschaften können. Mit den Reformen hat sich auch eine ländliche Kleinindustrie entwickelt, die ebenfalls für Frauen eine Einkommensquelle bildet. Wie bei uns wird auch in China die „Rückkehr der Frauen an den Herd" (Mutterrolle, Teilzeitarbeit) ein viel diskutiertes neues Schlagwort der Gesellschaftspolitik.

J) Maos „Enkel": Eine Gründergeneration

1) Leistung statt Solidarität

„Zu lernen und das Erlernte immer wieder einzuüben,
ist das nicht wunderbar?"

Konfuzius, *Gespräche* (Lun-yu) I/1

„Von anderen lernen und es dann selbst besser machen."

Zhang Ruimin, Gründungschef des Haier-Konzerns

Die erste Generation Chinas, die unter der roten Fahne geboren worden war, wurde unter Mao Zedong in der Kulturrevolution verheizt: „bestenfalls" ein Jahrzehnt ohne Schule,
schlimmstenfalls bei Schlachten unter Rotgardisten verblutet
oder in entlegenen Landgebieten an Krankheit und Hunger zu-
grunde gegangen. Dennoch wurde es wie durch ein Wunder
keine verlorene Generation, sondern die Generation des chinesischen Entwicklungswunders, weil sie, ähnlich dem Nach-
kriegsdeutschland, durch die härteste aller Schulen hatte gehen
müssen: jene der betrogenen Ideale. Die Ernüchterung gebar
als Antwort ein konsequentes Lebensziel: Aufbau eines neuen,
besseren Landes durch persönliches Erfolgsstreben.

Ein typisches Beispiel für diese Lebenseinstellung ist der
Baulöwe Pan Shi Yi, der supertrendige „Donald Trump" von
Beijing. Seine futuristischen, manche sagen: verrückten Hoch-
haus-Stadtviertel der Hauptstadt, wie „Soho", erregen die internationale Architekturkritik, seine fulminanten Parties für die
Reichen und Schönen widerspiegeln das Lebensgefühl von
Chinas Yuppies. Das unterstreicht Pan Shi Yi mit seiner Lebens-
geschichte: „Ich wurde geboren während der Kulturrevolution
in einem Dorf, wohin meine Eltern als Rechtsabweichler ver-
bannt worden waren. Von meinen Spielkameraden ist mir nur

in Erinnerung, dass sie starben. Ich dachte damals, es wäre eine Krankheit. Später erfuhr ich, dass sie verhungerten. Als die Reformen anfingen, war ich noch ein Kamel, das überallhin folgte. Aber dann habe ich mich selbstständig gemacht. Von dem Tag an wurde ich ein Löwe: unabhängig, frei und angriffslustig." So sieht das Glaubensbekenntnis der Selbstverwirklicher aus: Karriere und Geld statt Politik – ganz nach dem Geschmack der politischen Führung (wie lange noch?).

Ein solches Gründer-Phänomen ist der TV-Ingenieur Li Dongsheng, obwohl er beim Griff nach den Sternen, der Übernahme des maroden französischen TV-Geräteerzeugers Thomson kräftig auf die Nase fiel. Lis Traum, der größte TV-Gerätehersteller der Welt zu sein, endete nach wenigen Jahren in bitterer Ernüchterung. Li musste sich von der europäischen Sparte seines Firmenimperiums wieder trennen, weil er es nicht in die Gewinnzone bringen konnte. TCL war die erste große chinesische Auslandsinvestition gewesen, hatte aber den raschen Siegeszug des Plasma-TV verschlafen.

Als an Li Dongshengs globalen Firmenhimmel noch eitel Sonnenschein geherrscht hatte, wählte ihn das US-Magazin *Fortune* zum „besten Geschäftsmann Asiens", und Frankreichs Präsident Chirac ernannte ihn zum Ritter der Ehrenlegion. Der deutschen Wochenzeitung *Die Zeit* vertraute er Respekt vor, aber Skepsis über Europa an: „Der große Ehrgeiz, der starke Unternehmergeist, die Zielstrebigkeit und Leidensbereitschaft der Chinesen werden künftig starken Einfluss auf die Welt ausüben. Mein Ziel ist es, den Kampf auf dem internationalen Markt zu gewinnen und die Richtlinien der Regierung zu befolgen." Li ist Mitglied des Zentralkomitees der Kommunistischen Partei. Solche Leute nennen die Chinesen „Unternehmer mit der roten Kappe".

Der „Rote Millionär", so sein Spitzname, machte sich auch einen Namen als Pionier in der chronisch unterentwickelten chinesischen Dienstleistungsbranche: als Erfinder des „Happy-Express"-Service. Er garantiert, dass jedes TV-Gerät, wo immer es sich befindet, innerhalb von zwölf Stunden repariert wird. Auf diese Weise verkaufte er zwei von drei Bauernfamilien TV-Geräte. Seinen Fachkräften zahlt Herr Li mit bis zu umgerechnet 1.000 Euro im Monat die höchsten Gehälter in China. Mittelmäßige fliegen umgehend raus. Draußen warten schon die Nächsten.

Seine Traumkarriere sieht Li Dongsheng aus dem Blickwinkel des Aufstiegs Chinas: „Als ich mein Diplom erhalten hatte, war China unterentwickelt. Mein größter Traum war, mir ein Fernsehgerät leisten zu können. Ich hätte mir nie vorstellen können, einmal Chef des größten Fernsehgeräteherstellers der Welt zu werden."

Viele Joint Ventures in China scheitern am bösen Erwachen, gemäß dem altchinesischen Spruch: „Im gleichen Bett liegen, aber verschiedene Träume träumen". So entwickelte sich 2007 aus Missverständnissen ein wilder „Rosenkrieg" zwischen Danone und dem chinesischen Partner Wahaha. Aus der Klageschrift von Danone: „Gewinne abgezweigt, die Danone zustanden ... Mit Familienangehörigen, Tochter, Schwiegermutter, heimlich Firmen gegründet, die dem Joint Venture Konkurrenz machen ..." Wahaha-Gründer Zong – ein wichtiger Mann und Abgeordneter im Nationalen Volkskongress – sowie seine Firmenmitarbeiter entfesselten daraufhin eine national-patriotische Kampagne in China gegen Danone: „Danone soll aus China verschwinden!"

Die chinesische Spielart des Kapitalismus eröffnet aber ebenso verlockende Möglichkeiten für alle Arten von geltungssüchtigen Parvenüs unter den Reichen und Superreichen. So hat sich der Shanghaier Textil-Magnat und ehemalige kommunistische Jungpionier Li Qingfu als Firmensitz das US-Kapitol hingestellt, nur unwesentlich kleiner als das Vorbild in Washington, und auf der Spitze der Kuppel steht nicht die Göttin der Freiheit, sondern in sechs Meter Größe der Eigentümer selbst, die Hand wie Mao zukunftsweisend ausgestreckt. Um seine Bedürfnisse auf der Straße zu befriedigen, fährt Herr Li einen lila Lamborghini, einen Bentley, zwei Mercedes und mehrere BMW. Sein Sohn geht in New York zur Schule und wird dort von einem Butler und einem Chauffeur betreut. Dennoch lamentiert Li Qingfu über sein Arbeitsleid: „Die vielen Einladungen für Regierungsbeamte gehen ins Geld. Aber wenn du vorwärtskommen willst, brauchst du das", klagte er der *New York Times*.

Multimillionär Lis Seelenbruder ist der Beijinger Baulöwe Zhang Yuchen, der sich als Erfüllung eines Lebenstraums ein Replikat des französischen Schlosses Maisons-Laffitte – inklusive Lakaien – für um die 100 Mio. Euro hingestellt hat. Er nennt es „Chateau Zhang-Laffitte". Als nächste Luxusherberge für Superreiche will Zhang das Schloss Neuschwanstein nachbauen. Auch dort hat er schon persönlich Maß genommen und der chinesische Baulöwe kann es kaum fassen, dass man europäische Schlösser „so einfach kopieren darf". Zhang ist KP-Mitglied und hat gute Freunde oben, die ihm die Wege ebnen, Bauernpachtland in Bauland für Luxusprojekte umzuwidmen.

2) Global Players – Made in China

„Schneller als die Zukunft"
       Werbeplakat in Shanghai für eine Online-Firma

Jack Welsh, der legendäre Chef von General Electric und ein China-Profi, ist für seine direkte Wortwahl bekannt: „In China gibt es Unternehmen, von denen Sie noch nie gehört haben, die im kommenden Jahrzehnt jedoch auf der Landkarte des globalen Wettbewerbs auftauchen und Ihre Existenz bedrohen werden. Die Herausforderung aus Japan war nichts im Vergleich, was aus China auf uns zukommt." Im Folgenden Kurzprofile chinesischer Markennamen, die zum globalen Sprung ansetzen:

• Zhong-De:
Herr Zefeng Chen ist mit seiner Zhong-De Waste Technology nicht nur in einer besonderen Zukunftsbranche Chinas (Abfallbeseitigung, Müllverbrennungsanlagen) tätig, sondern er ist auch der Erste, der seine chinesische Firma im Juli 2007 an die Frankfurter Börse brachte. Der 38-jährige studierte Wissenschafter hatte 1996 in der südchinesischen Provinz Xiamen seine Firma gegründet, deren Name Zhong-De für „China-Deutschland" steht. Da 16 von den 20 umweltverseuchtesten Städten der Welt in China liegen, kann Herr Chen auf einen glänzenden Wachstumsmarkt blicken. Aufgrund des hohen Niveaus der deutschen Umwelttechnologie ist der Firmensitz heute Hamburg.

• Lenovo:
Einem aus Chinas Gründer-Generation, Liu Chuanzhi, gelang es im Herbst 2004, das überkommene Weltbild des Westens von China nachhaltig zu erschüttern: Er erwarb für 1,76 Mrd. Dollar die PC-Sparte der US-Computer-Legende IBM. Dabei hieß der IT-Konzern des „chinesischen Bill Gates" selbst noch bis kurz vorher „Legend". Dann wurde die Firma für den Auftritt auf der Weltbühne in „Lenovo" umgetauft.

Firmengründer Liu („Während der Kulturrevolution musste ich auf dem Land hart arbeiten.") begann 1970 mit Computerexperimenten an der Akademie der Wissenschaften. 1984 ließ er sich mit zehn Kollegen von der Akademie „ausgliedern", um mit einer Anschubfinanzierung von 20.000 Euro selbstständig weiterzumachen. Die (staatliche) Akademie der Wissenschaften ist nach wie vor Mehrheitseigentümer. Anfangs schlug sich das Team mit Produkten wie Digitaluhren und Taschenrechnern durch. Erst später fand man eine Nische: Personal Computer fit zu machen für chinesische Schriftzeichen.

Nachdem er sich den Traum vom Weltkonzern erfüllt hatte, übergab Liu die Geschäftsführung 2001 an den 37 Jahre jungen Kronprinzen Yang Yuanqing. Yang repräsentiert schon äußerlich die Erfolgsgeneration, die bereits völlig der kommunistischen Vergangenheit entwachsen und mit der kühl-glatten westlichen Managerkultur verwachsen ist. „Wir sind die Neuen. Wir sind die Zukunft", lautet Lenovos Firmenwerbung. China erlebt eine Gründerzeit wie Europa am Ende des 19. Jahrhunderts, welche die Gesellschaft in allen Bereichen verjüngt und verändert.

Über Politik will Lenovo-Chef Yang nicht sprechen: „In der Firma redet man nur über das Geschäftliche." Zur Politik nur so viel: Mitglied der Kommunistischen Partei ist er seit „1997 oder 1998. Ich war erst Businessman und trat dann bei", vertraute er dem US-Magazin *Newsweek* an. „Mein größter Wunsch ist, ein guter Unternehmer zu werden." Neuester Einfall: die Produktion von Endlos-Seifenopern für den Bildschirm auf dem Mobiltelefon …

Die politische Diskretion von Lenovo hat einen guten Grund: Noch heute ist der chinesische Staat zumindest 42-prozentiger Eigentümer der Holding. Das ist für die US-Führung Grund genug, wachsam zu sein. So hat das US-Außenministerium verboten, dass 16.000 bereits angeschaffte Lenovo-Notebooks an Systeme angeschlossen werden, über die geheime Informationen laufen.

• Haier:

Der bunte Vogel unter Chinas Gründern ist Zhang Ruimin, Chef des Haushaltswarenkonzerns Haier (Firmenslogan: „Haier und higher"). Er erlangte nationale Berühmtheit durch seinen Vorschlaghammer, mit dem er vor den Augen seiner Arbeiter Produkte zertrümmerte, die nicht den höchsten Qualitätsanforderungen entsprachen – auch eine Erziehungsmethode. Zhang ist außerdem der chinesische Pionier eines Servicenetzes, und seine Servicemänner müssen Handschuhe und Überschuhe anlegen, wenn sie die Wohnungen von Kunden betreten. Heute hält er Vorträge an der Harvard School of Economics und leistete sich 2005 sogar ein Übernahmeangebot an seinen größten Konkurrenten, den US-Haushaltsgeräte-Riesen Maytag, denn: „Wir wollen die Nummer eins auf dem Weltmarkt werden. Wir wollen uns immer selbst übertreffen, uns selbst besiegen, von anderen lernen und dann selbst besser machen." Seine speziellen Kleinkühlschränke, Kleinklimaanlagen, Waschmaschinen für Damenunterwäsche und andere von der Konkurrenz vernachlässigte Nischenprodukte für Single-Haushalte haben bereits die Hälfte des US-Marktes erobert. Aus Haier ist längst schon ein Mischkonzern für hundert Sparten des täglichen Lebens geworden, und die jährliche Zuwachsrate beträgt 70 Prozent. Um amerikanischen Dumping-Sorgen zu begegnen, baute Zhang einen 40 Mio. Dollar teuren Industriepark im krisengeschüttelten South Carolina: chinesische Entwicklungshilfe in den USA. Der Nationalheld hat einen Sitz im Zentralkomitee der Kommunistischen Partei Chinas.

Zhangs abenteuerlicher Aufstieg vom kleinen Magistratsangestellten in Qingdao begann 1984, als ihm die Stadtverwaltung die völlig heruntergewirtschaftete „General Refrigerator Factory" anvertraute. Seine ersten Maßnahmen: Leistungslohn und Verbot, auf dem Gelände des Betriebes zu urinieren. Bald folgte die staatliche Auszeichnung „Sauberer und wertvoller Betrieb Chinas". Zhang tat sich mit dem deutschen Elektrogeräte-hersteller Liebherr zusammen, von dem er deutsche Qualitäts-maßstäbe kopierte. Angeblich auch noch mehr. Die Unterneh-mens-Ehe gibt es jedenfalls nicht mehr.

• Huawei:
Ganz hoch hinaus will auch der chinesische Technologiekon-zern Huawei, der auf ausländischen Märkten schon mit „Platz-hirschen" wie Cisco, Nortel oder Siemens um Großaufträge kämpft. Huawei wurde 1988 von dem Armee-Ingenieur Ren Zhengfei mit einem Startkapital von 1.000 Dollar gegründet und begann mit dem Verkauf importierter Telefonanlagen im weiten Hinterland Chinas, wo die ausländische Konkurrenz nicht hinkam. Das Firmengelände in Shenzhen ist heute eine Stadt für sich und ähnelt amerikanischen Universitätskomple-xen. Die Hälfte der 25.000 Mitarbeiter mit einem Durch-schnittsalter von 30 Jahren ist in der Forschung tätig.

• Youngor:
Ebenfalls ein Firmenimperium aus dem Nichts schuf Li Ru Cheng, Gründer der Firma Youngor. Li will die ganze männli-che Welt einkleiden. Seine Erfolgsstory begann vor 25 Jahren in einem Keller mit alten Nähmaschinen, die zehn Personen be-dienten. Heute erzeugt er 10 Mio. Hemden, 2 Mio. Anzüge und will in den nächsten zwanzig Jahren vom Zulieferer zu einer in-ternationalen Qualitätsweltmarke aufsteigen. Dazu hat er einen Berater der Modemarke Pierre Cardin engagiert – sozusagen einen europäischen Gastarbeiter.
Im Dezember 2005 versetzte Li ausländische Korresponden-ten in Beijing in ungläubiges Staunen, als er bei einer Pressekon-ferenz verriet, dass er seine Hemden zum Preis von 1,50 Dollar exportiert: „Dabei sind meine Kosten höher als die meiner Kon-kurrenten. Die verkaufen für 1,30 Dollar oder noch weniger."

Antwortete ein US-Journalist: „Das ist bei uns etwa der 5-Minuten-Lohn."

• Wahaha:
Chinesische Limonade-Konkurrenz zu Coca-Cola; produziert 1,5 Billionen Liter diverser Getränke jährlich; fünftgrößter Softdrinkhersteller der Welt mit Sitz in Hangzhou. Den Markennamen hat Firmengründer Zong Qinghou, heute einer der reichsten Chinesen, 1988 von einem Kinderliedreim entlehnt, welcher ihm aus seiner jahrelangen Landverschickung während der Kulturrevolution in Erinnerung geblieben war. Im April 2007 war Konzerngründer Zong in einen „Rosenkrieg" mit seinem inzwischen 51-Prozent-Partner Danone verwickelt. Die angestrebte Scheidung (oder feindliche Übernahme?) beschäftigte die chinesischen Gerichte. Dabei stellte sich heraus, dass auch die Stadtregierung von Hangzhou stiller Teilhaber in dem Joint Venture ist. Seither kann sich Danone der behördlichen Interventionen (Gesundheitsamt, Finanzamt) im Zusammenhang mit dem Vertrieb seiner Produkte nicht mehr erwehren. Der Zoll von Shanghai beschlagnahmte 118 Tonnen von Evian-Wasser (der Firma Danone) wegen Gesundheitsbedenken.

• China Mobile:
Mit 300 Mio. Kunden der größte Mobilfunkbetreiber der Welt; monatlich plus 5 Millionen. China Mobile kauft sich ganz groß in Afrika und Lateinamerika ein. Im Jahre 2007 gab es in China an die 600 Mio. Mobiltelefonnutzer. (In Indien 50 Mio. mit plus 2 Mio. jährlich.)

• Ningbo Bird:
Marktführer bei Mobiltelefonen; hat potente ausländische Konkurrenten überrundet und Siemens in dieser Sparte gar zur Kapitulation getrieben. Kometenhafter Aufstieg seit dem ersten

Handy 1992, aber wegen des wilden Preiskampfes auf dem chinesischen Markt 2005 tief in die roten Zahlen gestürzt.

• Alibaba.com:
Marktführer in China. Das E-Commerce-Unternehmen, das schon längst über China hinausgewachsen ist und die US-Riesen wie eBay global herausfordert, ist 1998 von dem Englischlehrer Jack Ma (43) gegründet worden. Das Erfolgsgeheimnis des Führers von Chinas digitaler Revolution ist die Anpassung seiner Internet-Handelsplattform an die Wünsche der Heerscharen chinesischer Klein- und Kleinsthändler und weltweit bis zu drei Millionen chinesischer Unternehmer im Ausland. Vorher hatte Chinas „Internet-König" für das mächtige Außenhandelsministerium in Beijing das Online-Zentrum für internationalen Handel aufgebaut. Während der SARS-Epidemie erlebte er seinen Durchbruch, da E-Commerce geschäftliche Kontakte ohne persönliche Kontakte ermöglicht hat. China hatte 2007 schon 200 Mio. Internet-Nutzer; an zweiter Stelle hinter den USA – nicht mehr lange. Mitte 2005 stieg Yahoo mit 1 Mrd. Dollar (!) für 40 Prozent von Alibaba ein. Jack Ma: „Geld interessiert mich weniger als das ‚Netz'. Internet ist, als ob ein blinder Mann einen blinden Tiger reitet."

Jack Ma, der schon Kultstatus wie Bill Gates genießt, hatte 1995 erstmals bei einem Trip nach Seattle einen Computer angerührt. Chinas „Internet-König" bekennt offen, dass er von Technologie überhaupt nichts versteht, aber auf Chinas Verhältnisse zugeschnittene Computer-Anwendung, wo die Ausländer schwach sind. Motto: „Keep it simple". 2003 ergänzte er Alibaba.com mit der Auktionsseite Taobao.com („Schatzsuche") – inzwischen das größte Internet-Auktionshaus Asiens – und dem Zahlungssysteme AliPay für (die vielen chinesischen) Kunden (noch) ohne Kreditkarte. China entwickelt sich zum größten Online-Markt der Welt. Jack Ma über eBay: „Game over". Das sagt ein Mann, der nach eigenem Bekunden vor einer Generation in seiner Heimatstadt Hangzhou ausländische Touristen angesprochen und durch die Stadt begleitet hatte, um Englisch zu lernen: „So bin ich mit westlichem Gedankengut aufgewachsen."

Zur Politik nur so viel: „Vor 20 Jahren führte ich große Reden, was ich alles tun würde, wäre ich Regierungschef. Heute verstehe ich erst, wie schwer es ist, ein Land mit 1,3 Md. Menschen zu regieren. Aber nicht nur das Regieren ist schwer, es reicht schon, hier zu leben. Auch ich verstehe manchmal das Land nicht mehr, weil es sich jeden Tag verändert – und ich auch."

Jack Ma bekennt sich offen zur politischen Korrektheit des Geschäftsmannes der Volksrepublik China, was die Zensurbestimmungen betrifft: „Du kannst die Gesetze nicht ändern, sondern du hast ihnen zu folgen. Das ist die Rolle des Geschäfts überall in der Welt."

• SAIC:
Shanghai Automotive Industry Company, Chinas staatlicher Autobauriese mit Joint Ventures mit VW und General Motors, muss auf dem heimischen Markt schon gegen über 120 chinesische Konkurrenzfirmen ankämpfen.

• Li Ning:
Chinas dreifacher Turn-Olympiasieger gründete 1989 als damals 26-Jähriger einen Sportbekleidungskonzern unter seinem Namen. Rückt Adidas und Nike gefährlich nahe, weil erheblich billiger.

• Baosteel:
Shanghais Stahlriese und Protektionskind der chinesischen Führung. Hat bereits Eisenerzminen in Australien und ist Stahlkocher in Brasilien.

- Qingdao Brewery:
Erbe der deutschen Kolonialbrauerei in Qingdao, damals: Tsingtao. Machte Chinesen zu den größten Biertrinkern der Welt. Zusammenarbeit mit dem US-Braukonzern Anheuser-Busch, der ein bierähnliches Malzgetränk erzeugt.

- Petrochina:
Erdölriese und laut Standard & Poor's-Ranking Chinas größte Firma mit 60 Mrd. Dollar Umsatz. Kaufte für 10 Mrd. Dollar Erdölfelder in Kasachstan.

- Toodou („Kartoffel"):
Toodou.com, gegründet im Herbst 2004 in Shanghai, ist Chinas größtes Podcast-Unternehmen. Der Gründer Gary Wang (33), geboren in Fuzhou und ausgebildet in den USA: „Im Gegensatz zu früheren technologischen Medienrevolutionen, die von den USA ihren Ausgang genommen hatten, ‚explodiert' Podcasting überall zur gleichen Zeit. Wir wollen von China aus die Führenden sein."

- Broad Air:
Eine schillernde Unternehmerpersönlichkeit ist auch der „Klimatechnik-König" Zhang Yue. Mit seiner 1988 gegründeten Broad Air versorgt er Großräume bis hin zu internationalen Flughäfen mit Klimaanlagen und er entwickelte darüber hinaus auch ein ausgeprägtes Selbstbewusstsein als „grüner" Unternehmer: „Was wir hier machen, ist gut für die Menschheit".

Seine große Forschungsabteilung experimentiert mit Sonnenkraft und seine Familienangehörigen werden nur mit Nahrung aus biologischem Anbau verköstigt. Der Firmensitz des ersten chinesischen Unternehmers, der sich einen Privat-Jet angeschafft hatte, ist dem französischen Schloss Trianon nachgebaut und auf dem Firmengelände sticht die Kopie einer Pyramide ins Auge. Große Statuen seiner Idole schmücken den Park, wie: Sokrates, Konfuzius, Martin Luther King, Thomas Edison, James Watt, die Flugpioniere Gebrüder Wright. Mao Zedong fehlt hier allerdings in seiner Heimat Changsha. Nicht jedoch fehlt Deng Xiaoping.

• Zongshen:
Chinas „Motorrad-König" Zuo Zongshen hatte 1982 mit einem kleinen Reparaturbetrieb begonnen und produziert heute eine Mio. Motorräder jährlich. Nach dem asiatischen Markt peilt er mit Vollgas den europäischen an. Zuo repräsentiert die neue Hoch-Elite, die aus dem Nichts aufgestiegen ist, mit einer Villa voll Kunst und Kitsch, mit 60 Bediensteten, einem Pferdestall voll sündteurer Vollblüter und einem Zwinger voll Rassehunden. Man gönnt sich ja sonst nichts …

Fazit der chinesischen Gründerepoche: Das Reich der Mitte erlangt ein Gewicht, wie es das Nachkriegsjapan mit seinem Wirtschaftswunder nie geschafft hat, durch eine Kombination von raffinierter Politik- und Wirtschaftsstrategie, die ihren Eindruck auf die Welt nicht verfehlt. China rührt auf den Rohstoffmärkten um, hält den US-Dollar als Geisel, greift zu militärischen Einschüchterungsgebärden (Taiwan), kann auf ein chinesisches Netzwerk in der Welt zurückgreifen und lässt Millionen Menschen außerhalb Chinas um ihre Jobs bangen.

K) Wer zu spät kommt, den bestraft der chinesische Markt

„Wie kommt man in China zu einer Million? Indem man zwei Millionen mitbringt."
    Galgenhumor enttäuschter ausländischer Unternehmer

Immer öfter holen sich ausländische Unternehmer kalte Füße auf dem chinesischen Markt. Die „Goldgräberära" neigt sich dem Ende zu. Zu hoch gesteckte Erwartungen und Hoffnungen zerschlagen sich. Euphorie muss Ernüchterung weichen. Viele Unternehmer streichen nach teuren Fehlinvestitionen die Segel. In einer Untersuchung kommt die Amerikanische Handelskammer in Beijing zu dem Schluss, dass ein Drittel der ausländischen Firmen auf dem chinesischen Markt keine Gewinne macht. Jede zweite Firmengründung scheitert.

Was sind die Probleme?

- Das Ende der Goldgräberzeit erlebt zurzeit die Internetbranche. Sie waren die letzten Goldgräber, die mit Milliarden in China einstiegen. Die gleiche Erfahrung werden demnächst die Finanzinvestoren machen, wenn sie die als Leichen im Keller versteckten faulen Kredite der Staatsbanken aufarbeiten müssen.
- Kleinen und mittelständischen Unternehmen fehlt die Kapitaldecke für einen langen Atem im Wettbewerb auf dem härtesten Markt der Welt.
- Mangelnde Kenntnis lokaler Geschäftspraktiken.
- Stark steigende Lohn-, Immobilien- und Produktionskosten in den Boomregionen.
- China ist ein Universum mit verschiedenen Mundarten, kulturellen Traditionen, mentalen Unterschieden und daher auch unterschiedlichem Konsumverhalten.

- China ist kein Rettungsring. Wer auf den chinesischen Markt geht, muss auf noch halbwegs guten Beinen stehen.
- Das Chinageschäft ist Chefsache; nicht nur wegen der Härte, sondern auch wegen der chinesischen Senioritätstradition.
- Der legendäre Beziehungsfaktor: In der chinesischen Spielart des Kapitalismus hat das nimmersatte Heer der Staats- und Parteifunktionäre das letzte Wort. Chinas Wirtschaftselite ist inzestuös mit dem Heer der Apparatschiks verbunden. Die Partei kontrolliert nicht nur die Wirtschaft, sie ist die Wirtschaft. Lenkungsentscheidungen in Hinterzimmern muss sich der Investor beugen. Die gute Auswahl eines kundigen und verlässlichen chinesischen Partners ist überlebenswichtig, allein schon wegen des nötigen „unter table money" oder den „kickbacks".
- Bilanzen chinesischer Firmen sind oft das Papier nicht wert, auf das sie gedruckt sind. Eigentümerstrukturen sind undurchsichtig, Insidergeschäfte an der Tagesordnung.
- Gottvertrauen hilft mehr als das Vertrauen auf die chinesische Justiz.
- Mehr und mehr Produkte entwickeln die Chinesen selbst – und sei es durch Produktpiraterie.
- Dennoch werden, müssen, ausländische Firmen weiterhin in China investieren, denn es gilt immer mehr, nahe am Kunden zu sein, und Wachstum der Märkte wird bald nur noch in Asien stattfinden. Zwei von fünf Menschen auf der Welt, sehr bald künftige Konsumenten, sind entweder Chinesen oder Inder.

L) „Das Kopieren des Meisters ist eine Ehre für den Meister"

„Wir Chinesen zeichnen uns dadurch aus, dass wir das beste aus aller Welt aufnehmen und weiter entwickeln."

Ian Young, Chef von Intel, China

Dieser altchinesische Spruch wird von westlichen Meistern ganz und gar nicht als Ehre empfunden, zumal es die Chinesen beim Kopieren selbst zur Meisterschaft gebracht haben. Chinas Eisenbahnminister Liu Zhijun fand folgende Formulierung zu den Großinvestitionen der Regierung zum Ausbau des Schienenverkehrs (Zitat aus *The Economist*, London): „Our technology is a invention on the basis of assimilating advanced technology of foreign countries."

Chinesische Ingenieure waren im November 2004 nachts in die Garage der deutschen Magnetschwebebahn in Shanghai eingedrungen und hatten Teile der Antriebstechnologie vermessen. Sie wurden dabei heimlich fotografiert.

Der seit Jahren wachsende Unmut westlicher Investoren über die Praxis des Patentklaus und „Abkupferns" von Produkten in China kulminierte 2005 in eine offene und die Politik belastende Kontroverse zwischen Deutschland und China, als die deutschen Hersteller der Magnetschwebebahn „Transrapid", in China „Maglev" genannt, im tiefen Inneren des Reichs der Mitte eine Nachbauversion entdeckt haben wollen. China dementierte heftig („Eigenentwicklung") und gab im Juni 2006 bekannt, dass in der Hafenstadt Dalian eine drei Kilometer lange Teststrecke gebaut werden soll. Chefingenieur Li Linggun in *China Daily*: „Unsere Technologie ist um die Hälfte billiger als die ausländische."

Ende 2006 sorgte China in Deutschland für eine neue herbe Überraschung. Es tauchten erste Exemplare eines glatten Plagiats des Mercedes-Kleinstwagens „Smart" auf; allerdings mit Elektroantrieb. Immerhin genießt der Smart in China offiziell Patentschutz. Das 4.200 Euro billige Produkt stammt von der Firma CMEC in Suzhou. Mercedes hatte schon in früheren Fällen auf den Gang zu einem chinesischen Gericht verzichtet.

Der „Smart"-Schock war noch nicht verdaut, da traf die deutsche Autowirtschaft schon der nächsten China-Schock: Auf den Straßen des Reichs der Mitte tauchte ein Klon des preisgekrönten neuen Autobusses „Starliner" der Firma MAN auf, genannt „Zonda A9". Der chinesische MAN-Chef Bengt Hamsten: „Europäische Entwicklungskosten zu einem dreifach niedrigeren chinesischen Preis." Der „Starliner" verfügt über ein internationales Patent, das auch in China gültig sein sollte. Zusätzliche Pikanterie: Geschädigt ist auch der chinesische Lizenzpartner von MAN. Deshalb dürfte sich in diesem Fall der Gang zu einem chinesischen Gericht lohnen.

Kurz vor dem China-Besuch von Bundeskanzlerin Merkel im August 2007 gab es neuen Plagiat-Alarm: Auf einer Teststrecke der Tongji-Universität in Shanghai tauchte der Prototyp einer chinesischen Magnetschwebebahn auf. Sie sieht ihrem Vorbild, dem deutschen Transrapid, verdammt ähnlich. Pointe am Rande: Präsident der Tongji-Universität ist der neue Forschungsminister und Spezialist für umweltfreundliche Technologie, Wan Gang. Er war 15 Jahre lang in Deutschland tätig.

„In letzter Zeit haben wir verstärkt chinesische Hackerangriffe festgestellt", sagte im Februar 2007 der Vizepräsident des deutschen Bundesamtes für Verfassungsschutz, Hans Elmer Remberg der *Financial Times Deutschland* zu Know-how-Diebstahl aus deutschen Firmencomputern. Auch andere westliche Staaten registrierten mehr Wirtschaftsspionage aus China. Besonders groß sei das Risiko für mittelständische Betriebe, die ihre Programme im Internet nicht durch eine aufwendige Sicherheitsstruktur schützen können.

Der böse Scherz unter deutschen Exporteuren behält seine Gültigkeit: „Wer etwas nach China bringt, hält zwei Jahre später die Kopie in den Händen." Die EU beziffert den Plagiatschaden für Europas Exportwirtschaft auf jährlich 21 Mrd. Euro, davon Deutschland 15 Mrd.

Nicht abschrecken lässt sich das Airbus-Konsortium, das in China eine Produktionsstätte eröffnen will. Dies war auch die Bedingung für lukrative Kaufaufträge gewesen. Der Airbus-Konkurrent Boeing verzichtete, freiwillig oder unfreiwillig, zumal die US-Regierung aus Gründen der nationalen Sicherheit eine solche Betriebsverlagerung nicht gestattet. Produktpiraterie, besonders in jenen Bereichen mit hohen Entwicklungskosten, wird zunehmend zur Belastung im Umgang mit China: je größer Chinas Wirtschaftserfolg, desto nervöser die geschlagene Konkurrenz.

Der international renommierte österreichische Sessellift-Unternehmer und China-Pionier Doppelmayr beklagte 2005, dass in China 200 Lifte unter dem Namen Doppelmayr in Betrieb seien, die mit seinem Unternehmen überhaupt nichts zu tun hätten. Ja sogar falsche Wiener Philharmoniker (osteuropäischer Herkunft) sowie ein Royal-Strauß-Dynastie-Walzer-Orchester oder Kaiserliche Mozart-Philharmoniker gaben Gastspiele. Die USA werfen China einen Schaden durch Produktpiraterie im Wert von 10 Prozent des zwischenstaatlichen Handels vor. Die Liste der Warenfälschungen reicht von DVD bis Viagra. Von Chinesen gefälschte Produkte sind aber besonders für Chinesen lebensgefährlich: giftige Babynahrung, falsches Blutplasma, tödliche Baumängel, schwere Verkehrsunfälle durch falsche Bremsbeläge, explodierende Mobiltelefone.

Wirtschaftswissenschaftler sehen Produktpiraterie und Patentklau gelassener und raten – am Beispiel früherer Entwicklungsländer – zu Geduld: So war einst die aufstrebende Wirtschaftsmacht Japan berüchtigt gewesen für „Abkupfern". Als

Japans Entwicklung aber ein Niveau erreicht hatte, wo es Japan selbst geraten schien, seine eigenen Entwicklungen zu schützen, hatte es den Wert internationaler Produkt- und Patentschutzvereinbarungen entdeckt. Heute ist im Umgang mit Japan der Schutz geistigen Eigentums kein gravierendes Problem mehr.

Auch China neigt sich bereits in diese Richtung; nicht nur wegen des internationalen Wirbels. Der neue Trend beginnt mit Gerichtsprozessen chinesischer Firmen gegen chinesische Firmen am heiß umkämpften chinesischen Markt, um ihre Markenprodukte zu schützen. Die Staatsmacht legt nach mit Todesurteilen gegen Produktfälscher, die fatale Baumängel oder Massenvergiftungen, wie zum Beispiel durch gefälschtes Blutplasma, verursachen.

Im Juni 2006 wurde in Beijing ein „Meldezentrum für Verletzungen des Rechts auf geistiges Eigentum" eröffnet. Im Juli starteten die Behörden eine „100-Tage-Anti-Piraten-Kampagne". Am Ende des Monats waren 50.000 Raubkopien beschlagnahmt und Strafen bis zu 5000 Euro verhängt. Zehn Computer-Märkte und 140 Geschäfte mussten „schlechten Gewohnheiten" abschwören. Diese „Aktion scharf" hatte einen guten Grund, denn nicht Hollywood, sondern das chinesische Fernsehen hatte sich bei der Regierung über die außer Kontrolle geratene Zahl der Raubkopien seiner Produkte beschwert.

Vorläufiger Höhepunkt der chinesischen Regierungskampagne „Für den Schutz des geistigen Eigentums": Der US-Pharmariese Pfizer gewann vor einem chinesischen Gericht (Sensation! Sensation!) den Prozess gegen chinesische Nachahmer der Potenzpille Viagra.

Die deutsche Industriellenvereinigung hat Empfehlungen zum Schutz gegen Technik-Klau herausgegeben; daraus folgende Punkte:

Schlüsselpatente zurückbehalten;

Schlüsselfunktionen in Komponenten bündeln, die nur im Stammhaus entwickelt, gefertigt und an die eigene Systemintegration geliefert werden können;

Integration der Module und Tests des Gesamtsystems nur im Stammhaus;

IT-Datenträger zu Hause behalten; keine unternehmensinternen Zugriffsrechte aus China.

Und vor allem: „Lassen Sie sich nicht erpressen. Denn wenn die Chinesen wirklich etwas brauchen, sind sie sehr wohl zu Kompromissen bereit."

M) Zukunftswaffen: Klon und Gen

1) Wo Asien keine moralischen Skrupel kennt

„Made in China", „Made by China", „Invented in China"
Strategie-Papier der chinesischen Akademie der
Wissenschaft zu Forschung und Entwicklung

Der US-amerikanische Erfolg beruht auf Erfindungsenergie, der asiatische Erfolg auf Leistungsenergie. Damit konnte Japan seinen Mangel an Nobelpreisträgern mehr als ausgleichen. Chinas Ehrgeiz ist es, beides in den Schatten zu stellen, sowohl Weltfabrik als auch Weltlabor zu werden.

Seine wirtschaftlichen Zukunftswaffen hat China noch gar nicht ausgepackt, obwohl schon zielstrebig daran gearbeitet wird: Biotechnologie und künstliche Intelligenz. Die Wirtschaftsstrategen in Beijing hatten genau registriert, dass Genmanipulation und Stammzellenforschung Sparten sind, wo sich der Westen ethische Beschränkungen selbst auferlegt hat. Asien hat solche nicht. Südkorea und Singapur arbeiten daran ebenfalls mit Hochdruck. So eröffnet sich für Asien ein zukünftiger hoch qualifizierter Exportmarkt mit ungeahnten Möglichkeiten, zum Beispiel auf dem Transplantationsgebiet.

China will in den kommenden zehn Jahren 100 Milliarden Yuan (10 Milliarden Dollar) in den Biotechnologiesektor investieren, um zur führenden Kraft auf diesem Gebiet aufzusteigen, kündigte im September 2005 auf dem „International Bio-Economy Symposium" der Direktor des China National Centre for Biotechnology Development, Wang Hongguang, in Beijing an. China hat bei Weltraumexperimenten – für 2020 ist eine Landung am Mond geplant – dutzende Getreidesorten in tausend Varianten genetisch verändert und in Freilandversuchen weitergezüchtet. Ebenso wird in Hightech-Labors laut Harry Shum von Microsoft Research Asia in ehrgeizigen Forschungsprogrammen an künstlicher Intelligenz gearbeitet im Wettlauf mit Japan und den USA um die ultimative Computer-Generation. Erste Überraschungen des „Digitalen Drachens" (so der Branchen-Spitzname) sollen bei der Olympiade 2008 der Öffentlichkeit vorgestellt werden.

1998 wurde das „Projekt 985" gestartet mit dem Ziel, in den ersten Jahrzehnten des 21. Jahrhunderts eine Reihe erstklassiger Universitäten „von fortgeschrittenem Weltniveau" aus dem Boden zu stampfen und hierzu die nötigen finanziellen Mittel bereitzustellen. Bildungseifer der Studenten ist ja ausreichend vorhanden. Die Priorität, die Chinas Führung der Biotechnologie beimisst, zeigen die drei Besuche, die Staats- und Parteichef Hu Jintao innerhalb eines Jahres dem Biochip-Forschungszentrum der Qinghua-Universität in Beijing abgestattet hat. „Ohne Patente auf diesem Gebiet hat ein Land keine Kernkompetenz", wird Hu zitiert. Für den Zeitraum von 2006 bis 2010 stellt die Regierung umgerechnet 5 Milliarden Euro für die wissenschaftliche Forschung bereit.

Als Prunkstück staatlicher Wissenschaftsförderung glänzt am Stadtrand von Beijing der Life Science Park, unter anderem Firmenzentrale von CapitalBio, die sich auf Biochip-Technologie spezialisiert hat. Ihr Chef und Gründer, der aus den USA zurückgekehrte Biologe und Qinghua-Universitätsprofessor Cheng Jing (42), hat das Unternehmen mit einem städtischen 10-Milliarden-Dollar-Kredit vor erst sechs Jahren gestartet und ist mit seinen patentierten Produkten bereits auf dem europäischen Hightech-Markt.

Zukunftstechnologie geht auch den umgekehrten Weg: Schon Hunderte Weltkonzerne mit großen Namen haben zumindest Teile ihrer Forschungszentralen nach China ausgelagert – mit zweistelligen Zuwachsraten. Chinesische Forscher kosten einen Bruchteil ihrer westlichen Kollegen …

Im Jahr 2006 hat China laut OECD-Berechnung Japan als zweitgrößter Investor in Forschung und Entwicklung überholt. „Die Wachstumsraten in China sind atemberaubend, sowohl was die Ausgaben als auch die Zahl der Forscher angeht", sagte der Leiter der OECD-Abteilung für Wissenschaft und Technologie, Dirk Pilat. In einem Ranking der Wissenschaftsbeilage der *Londoner Times* tauchten sieben chinesische Universitäten unter den Top 100 auf, drei davon in Hongkong. Als beste China-Uni wird dort die „Beijing" auf Platz 15 bewertet; immerhin vor deutschen Universitäten. Elite-Universitäten in China suchen sich ihre Studenten in Aufnahmetests aus, die nur jeder Achte der acht Mio. Bewerber schafft.

Bei der Weltorganisation für geistiges Eigentum (WIPO) in Genf hat die Zahl chinesischer Anmeldungen für internationale Patente sprunghaft zugenommen. China verdrängte die Schweiz und Schweden und nimmt inzwischen Platz 8 in der Rangliste ein (hinter den USA, Japan, Deutschland, Südkorea (!), Frankreich, Großbritannien, Niederlande).

Ende 2005 hatte der EU-Kommissar für Bildung und Forschung, Janez Potocnik, Alarm geschlagen: In den nächsten fünf Jahren wird China mehr in Forschung und Entwicklung investieren als Europa, gemessen am Anteil der Wirtschaftsleistung. Bis 2010 würden die Ausgaben für Forschung und Entwicklung lediglich von 1,9 Prozent des BNP auf 2,2 Prozent statt den in der „Lissabon-Strategie" angepeilten 3 Prozent wachsen.

Im Vergleich dazu liegen Chinas Ausgaben bei 3,2 Prozent und jene der USA bei 2,6 Prozent. So fürchtet nun die EU, dass China auch auf dem Hightech-Sektor zum Konkurrenten Europas wird. EU-Handelskommissar Peter Mandelson: „Wir steuern in stürmische Gewässer."

2) Ein „Deutscher" wird Forschungsminister

Am 27. April 2007 überraschte Chinas Führung mit der Ernennung eines Top-Wissenschaftlers und Top-Managers zum neuen Minister für Forschung und Technologie. Er ist nicht nur ein Nicht-KP-Mitglied in der Regierung. Er ist auch ein „Deutscher" mit 15 Jahren Deutschlanderfahrung und er spricht selbstverständlich perfekt Deutsch.

Prof. Wan Gang war seit 2004 Präsident der (seinerzeit von Deutschen gegründeten) Tongji-Universität in Shanghai und seit 2005 Mitglied des Aufsichtsrats von Thyssen Krupp. Die deutsche Karriere hatte für den 1952 in Shanghai geborenen Wan Gang nach seiner Ausbildung zum Maschinenbauingenieur an der Tongji-Universität begonnen. Er ging 1985 für fünf Jahre an die Universität Clausthal. 1991 promovierte er dort im Bereich Antriebstechnik. Bis 2000 war er bei der Audi AG im Bereich Forschung und Entwicklung tätig. Seine Frau gab damals in Ingolstadt Mal- und Kochkurse. 2001 ging Wan Gang, vom Land Niedersachsen hoch dekoriert, nach China zurück – unterbrochen von Ferien mit Frau und Tochter in Deutschland.

Professor Wan Gang hatte immer einen beruflichen Traum: Er wünscht sich, dass auf Chinas Straßen Wasserstoff-Autos fahren. Nun ist er zum Forschungsminister ernannt worden und hat mehr denn je die Möglichkeit, seine Leidenschaft zu verwirklichen, für die er zehn Jahre im Audi-Management gearbeitet hat. Inzwischen hat die chinesische Regierung die Herstellung von Hybridantrieben als Schlüsselprojekt in ihren Fünfjahresplan aufgenommen. Hundert Referenzautos mit Wasserstoffantrieb will Minister Wan Gang bei den Olympischen Spielen 2008 und über 1.000 zur Weltausstellung in Shanghai 2010 fahren sehen. Ab 2012 hofft Wan Gang in Shanghai jährlich 10.000 Autos zu produzieren, zuerst für den öffentlichen Verkehr und dann für Privatnutzer.

Forschungsminister Wan Gang: „Ich habe fünfzehn Jahre lang in Deutschland studiert und gearbeitet. Dort habe ich die Umwandlung von einer traditionellen Wirtschaft zur nachhaltigen Wirtschaft miterlebt. China kann meines Erachtens bei seiner künftigen Entwicklung viel von den deutschen Erfahrungen profitieren. So bin ich mit meinen Kenntnissen zurückgekehrt in der Hoffnung, einen neuartigen Weg bei der Industrialisierung gehen und damit einen Sprung vorwärts in der Entwicklung machen zu können."

Und sein Heimatland China sieht Minister Wan so:

„Es ist immer noch ein Entwicklungsland. Die Wirtschaftsleistung liegt pro Kopf noch immer bei nur 6 Prozent der deutschen. Wir stehen vor gewaltigen Herausforderungen im Umweltschutz, im Energieverbrauch und im Gesundheitssystem. Viel zu viele Chinesen haben noch kein Umweltbewusstsein."

Vorsicht China!

III. Partei und Kapital:
Wer gewinnt?

A) Vogelkäfigs-Kapitalismus

„Liebe Freunde und Investoren!
Wir, ein Land mit 5.000 Jahre alter Kultur, Heimat des
Konfuzius und der Großen Mauer, schätzen uns glücklich,
Sie begrüßen zu dürfen. Herzlich willkommen in China, dem
Land der mannigfaltigen Möglichkeiten. Hier erwartet Sie eine
Milliarde fleißiger Menschen, die gerne für nur 50 Euro im
Monat 12 Stunden am Tag arbeiten. Seien Sie ganz unbesorgt.
Hier sind freie Gewerkschaften verboten. Unsere geliebte
Kommunistische Partei garantiert Ihnen hervorragende Arbeits-
moral, soziale Ruhe in den Betrieben und Umsätze ohne-
gleichen. Liebe Freunde und Investoren! Die Partei braucht Sie!
Helfen Sie ihr, den chinesischen Sozialismus aufzubauen."

Französische TV-Satire

Chinesen lieben reizende Vögelchen, die sie in schmucken Kä-
figen halten. Die chinesischen Kommunisten liebten 50 Jahre
lang das britische Kolonialrelikt Hongkong als nützliches Vögelchen im goldenen Käfig der Volksrepublik China. Ebenso
einfach, ja wörtlich, beantwortet sich die Frage nach dem Charakter des chinesischen Wirtschaftssystems: Chinas Führung
nennt es nicht Kapitalismus, sondern sozialistische Marktwirtschaft, die allerdings nicht einmal einen Hauch sozialer Ro-
mantik hat. Die Antwort liefert der 1995 verstorbene, mit Deng
Xiaoping konkurrierende konservative KP-Wirtschafts-Zar
Chen Yun, der ebenso wie Deng einer der sogenannten „Acht
Unsterblichen" – eine Bezeichnung aus der daoistischen Göt-
terwelt – jener Gerontokraten war, die Mao überlebt hatten.
Chen Yun stellte zu Beginn der Reform-Ära im Parteiorgan
Rote Fahne (Nr. 8, 1982) die Theorie des Vogelkäfigs auf: Die
Partei dürfe den Vogel „Wirtschaft" nicht festhalten, sonst
könne er nicht fliegen. Sie dürfe ihn aber auch nicht wegfliegen

lassen. Es gelte also, dem Vogel einen angemessenen Käfig zu bauen.

Chinas Staats- und Parteichef Hu Jintao, der mehr als sein Vorgänger Jiang Zemin den Kontrollverlust fürchtet, erinnerte in einer Gedenkrede an diesen Chen Yun. In Disziplinierungskampagnen werden wieder die Zügel besonders in der Partei („Verbesserung der Führungsqualität und Vorbildfunktion") angezogen sowie der Primat der Staatspartei über die Wirtschaft in Erinnerung gerufen. Soll heißen: Der Vogel darf nicht wegfliegen, soll sich aber im unsichtbaren Käfig wohlfühlen, damit er schöne Lieder trällert. Die Eigentumsstruktur der chinesischen Wirtschaft hat sich von vormals totalem Verbot des Eigentums an Produktionsmitteln zu einer speziellen chinesischen Mischform diversifiziert: Staatssektor 25 Prozent, Privatsektor mutmaßlich 40 Prozent sowie ein Kollektivsektor von vermutlich 35 Prozent: Darunter versteht man das Gestrüpp kommunaler und regionaler Unternehmen mit mehr oder weniger Privatanteil. Der Staat hat sich seit 1995 von 150.000 seiner ehemals 300.000 Betriebe und 30 Millionen Arbeitnehmern getrennt. Der Privatsektor trägt schon zu 60 Prozent zu Chinas Wirtschaftsaufkommen bei.

Viele kapitalistische Unternehmen firmieren nach außen hin als „privat", arbeiten aber mit staatlichem Eigentümerkapital, darunter Global Players wie Haier, Lenovo oder Huawei. Der Staat kontrolliert 56 Prozent allen Unternehmenskapitals im Land. Sie sind sozusagen „Pächter" des staatlichen Kapitals in ihren Firmen. Die steigende Zahl von vormaligen Klassenfeinden, derzeit 2 Millionen Privatunternehmen und 40 Millionen Kleinbetriebe, in denen 200 Millionen Menschen beschäftigt sind, mausert sich langsam zu einem Kontrollproblem für die Parteiführung. Die KP löst das Problem aber auf typisch chinesisch-pragmatische Weise: 30 Prozent der Unternehmer sind KP-Mitglieder und haben der Partei den Treueid geschworen.

In Privatbetrieben werden jetzt Parteikomitees eingerichtet, in ausländischen Betrieben (parteifromme) Gewerkschaftskomitees. Die mit 70 Millionen Parteimitgliedern größte politische Organisation der Welt (mehr Bewerber als Aufnahmen), Chinas KP, kontrolliert nicht nur die Wirtschaft, sie ist die Wirtschaft.

Chinas merkantilistische Marktwirtschaft, ein politisch-ideologischer Drahtseilakt ohne Beispiel, hängt am Gängelband der staatlichen Obrigkeit der 14 Millionen Apparatschiks (Funktionäre, Kader, Beamte in steigender Zahl), die in der Regel das letzte Wort und in der Regel immer recht haben. Leidgeprüfte ausländische Investoren nennen dieses undurchsichtige Gestrüpp „Kader-Kapitalismus" („crony capitalism"). Der Dissident Manyan Ng nennt es „rule of lords statt rule of law": „Die Partei steht höher als jedes Gericht." Oder wie es westliche Geschäftsleute formulieren: Die Chinesen haben tausend Regeln und davon tausend Ausnahmen, die wir nicht kennen.

Die Vernetzung von Politik und wirtschaftlichen Eliten ist total. Die staatliche Wirtschaftslenkung ist von Behutsamkeit, aber großer Nachhaltigkeit geprägt: immer erst kleine (Test-)Schritte vor großen Schritten. Der Lieblingsbaumeister der Stadt Shanghai, der Baulöwe Vincent Lo aus Hongkong, über sein Geschäftsgeheimnis: „Man muss begreifen, was die Regierung erreichen will. Wenn du dich dieser Planung fügst, werden sie dich unterstützen. Beziehungen zur Politik sind extrem wichtig. Ohne politischen Rückhalt kein geschäftlicher Erfolg."

In diesem Beziehungs-Labyrinth kennen sich nur Eingeweihte aus. Das zeigt ein Fallbeispiel von Thomas Heberer, Universität Trier, über das Dorfverwaltungskomitee Yuwang in der Provinz Sichuan: Der Vorsitzende (Bürgermeister) ist Vizeparteisekretär und Direktor des dorfeigenen Unternehmens, einer Papierfabrik. Der Erste Vizevorsitzende ist der Parteisekretär und ein Mitglied des Vorstandes jenes Privatunternehmens, dessen Besitzer der Zweite Vizevorsitzende ist. Die Ehefrau ist Mitglied des Vorstandes der Papierfabrik, deren Chefmanager jener Zweite Vizevorsitzende ist. Dieser ist Besitzer des Privatunternehmens, das Fischnetze herstellt, und besitzt an der (dorfeigenen) Papierfabrik 89 Prozent der Aktien. Oder das Beispiel des Dorfes Chunleicun, Provinz Jiangsu: Dort erzielte der Parteisekretär aus seiner wirtschaftlichen Tätigkeit ein 15-fach höheres Einkommen als aus seiner Verwaltungs- und Parteitätigkeit. Logisch, dass sich seine Zielpriorität über kurz oder lang auf wirtschaftliche und nicht auf politische Belange ausrichtet. Wie lautet doch ein gängiger chinesischer Witz: Die Kommunistische Partei hat 70 Millionen Mitglieder, aber keinen Kommunisten.

Geld regiert China, egal wo es sitzt. „Guanxi" („Beziehungen") und gute Verbindungen nach oben zu haben, ist also unerlässlich. Die chinesische Gesellschaft ist beziehungsorientiert, die westliche Gesellschaft sachorientiert. „Gute Freunde" können aber auch ganz schön lästig werden: Der Chef des Haier-Konzerns, Zhang Ruimin, war groß geworden, indem er von der Stadt Qingdao die abgewirtschaftete Kühlschränkefirma übernahm. Kurz darauf kamen die städtischen Freunde und erinnerten ihn an die Dankesschuld in Form der Übernahme auch eines maroden Pharmabetriebs. Dieses Abenteuer ging schief. Aber es hätte noch schlimmer kommen können, schildert Zhang im US-Magazin *Newsweek:* „Sie kamen auch mit einer Fahrradfabrik und vielem mehr. Ich brachte es mit Mühe fertig, Nein zu sagen. Wer eine chinesische Weltmarke werden will, muss lernen, Nein zu sagen."

Statt der Musterarbeiter von früher sind heute Wirtschaftskapitäne die Vorzeigehelden in China.

Und zur neuen Unternehmer-Aristokratie zählt vor allem der „rote Adel", die Sprösslinge der Funktionärs-Elite, „Prinzlinge" genannt, wie zum Beispiel: Li Xiaolin und Li Xiaopeng,

Tochter und Sohn von Ex-Premier Li Peng; Jiang Mianheng, Sohn des vormaligen Staats- und Parteichefs Jiang Zemin; Zhu Yunlai, Sohn des Ex-Premier Zhu Rongji; oder Wang Jun, Sohn des früheren Vizepräsidenten General Wang Zhen. Das Dickicht der Prinzlinge ist ziemlich resistent gegen Korruptionsfahnder. Politik und ihre Privilegien haben in China einen Wert, der sich in großen Wohlstand umsetzen lässt. Laut einer Studie der Akademie der Sozialwissenschaften in Beijing und der Zentralen Parteihochschule sind 2900 der 3000 Chinesen mit einem Vermögen von 10 Mio. Dollar oder mehr Verwandte von Parteifunktionären – zitiert in der regierungsnahen *China Daily*.

Im Juli 2006 hat Chinas Führung sozusagen „amtlich" die Existenz einer Bevölkerungsschicht – lobend! – anerkannt, die man früher als „bürgerliche Klasse" abqualifiziert hatte. Das Wochenmagazin *Outlook* der staatlichen chinesischen Nachrichtenagentur *Xinhua* schrieb von „150 Millionen Privatunternehmern, freischaffenden Fachkräften, Managern, Ärzten, Rechtsanwälten", „alle gut ausgebildet und hoch motiviert", „die als anerkannte Säule neben den Werktätigen, Bauern und Intellektuellen die chinesische Gesellschaft und den wirtschaftlichen Fortschritt tragen". Diese „neuen Kräfte" seien für über 50 Prozent des Wirtschaftspotenzials Chinas verantwortlich und im Besitz von 10 Billionen Yuan (eine Billion Euro) Kapital: „Ein neuer wertvoller Pfeiler für den Aufbau des Sozialismus in chinesischer Form." Dieser Privatsektor trüge zur Schaffung von jährlich 6 Millionen oder drei Viertel aller Arbeitsplätze bei. Und in manchen Provinzen schon zur Hälfte des Steueraufkommens. Das China-Magazin vergisst nicht zu erwähnen, dass Privatunternehmer auch als karitative Spender bekannt seien. Professor Qing Lianbin von der Parteihochschule des Zentralkomitees der KP (!) äußert die Hoffnung, dass die Partei diesen neuen Kräften der Gesellschaft mehr Aufmerksamkeit, ein besseres politisches und gesetzliches Umfeld bieten und noch immer vorhandene Benachteiligungen gegenüber dem staatlichen Wirtschaftssektor ausräumen möge. Es würde schon ausreichen, so der KP-Professor, wenn man sie ebenso behandelte wie die umworbenen ausländischen Investoren. Man solle auch überlegen, dem Wunsch der neuen Kräfte nach größerer Vertretung in den parlamentarischen Körperschaften nachzukommen.

Wie schwierig für die KP das Überwinden ideologischer Hürden alt-linker Restbestände und neo-linker Sozialopposition ist, zeigt ihr achtjähriges Ringen um das „Gesetz über Eigentumsrechte und ihres Schutzes". Erst bei der Jahressitzung 2007 des Nationalen Volkskongresses, des Parlaments, war das Gesetz durchgegangen, nachdem es ein Jahr zuvor kurz vor der Abstimmung zurückgezogen werden musste. Der gesetzliche Schutz für Privateigentum kommt für eine kommunistische Partei einem Sündenfall gleich. Immerhin ist sie als Partei des öffentlichen Eigentums an die Macht gekommen. Das Gesetz hat vor allem symbolische Bedeutung, denn die Realität sieht schon lange anders aus. Staatseigentum wurde und wird privatisiert (Mietwohnungen oft gegen den Willen der Mieter; 80 Prozent der Chinesen sind heute – oft hochverschuldete – Wohnungseigentümer), nur aller Grund und Boden Chinas ist noch immer im Staatsbesitz. Das hartnäckige Festhalten daran hat zwei Gründe: Erstens erleichtert es die Kontrolle über das Land und zweitens ist dieses „kollektive Eigentum" der letzte Rest an Kommunismus, den man nicht auch noch über Bord werfen möchte, sonst könnte das KP-Regime ernsthaft die Legitimität seiner Herrschaftsmacht einbüßen.

Staats- und Parteichef Hu Jintao versucht durch Rückgriff auf Karl-Marx-Thesen wachsenden sozialen Unmut gegen die Neureichen Wind aus den Segeln zu nehmen, doch ein taugliches Lösungsmodell kann der deutsche Urahn des Sozialismus für die aufgebrochenen Widersprüche des chinesischen

Systems nicht bieten. Das Gesetz über Privateigentum schützt in seiner Endfassung auch die Landnutzungsrechte der Bauernschaft, Unruheherd Nummer eins, um dem Eindruck entgegenzuwirken, Chinas KP sehe ihre Aufgabe vor allem als Schutzengel der urbanen Elite.

Ein mutmaßlicher Grund, weshalb die neue urbane Bourgeoisie in China doch nicht so rasch auf Demokratisierung drängen wird, wie es ihre Klassenbrüder in anderen Ländern wie Taiwan und Südkorea getan haben, ist ebendieser Umstand, dass die regierende „Kommunistische" Partei sie vor der Bauernmacht, heißt: Proletariermacht, schützt: Bauernmacht – und ihre Missachtung – ist ein historisches Dilemma Chinas. Die Reichen haben kein Interesse an Demokratie, denn dann könnten die Armen die Macht übernehmen: ein Schutz- und Trutzbündnis zwischen Kapital und KP, offiziell genannt „Sozialismus mit chinesischen Merkmalen".

Noch ein neues Phänomen: Im Wettbewerb mit der besser zahlenden Privatwirtschaft hat der Staat Löhne und Gehälter für seine 6 Millionen Beamten, 30 Millionen öffentlich Bediensteten und 50 Millionen Militär- und Zivilpensionisten kräftig anheben müssen. Tausende Beamte, vorwiegend höhere und jüngere, sind in die Privatwirtschaft abgewandert bzw. abgeworben worden.

B) Who is HU und Wer ist WEN?

Neben der großen Verbotenen Stadt in Beijing steht in der linken Richtung vom Tor des Himmlischen Friedens die kleine und wirklich verbotene Stadt: „Zhongnanhai", einst ein ummauertes Villenviertel des kaiserlichen Hofes rund um zwei kleine Seen, heute Residenzviertel der obersten Führung Chinas. Das Eingangstor wird von Gardesoldaten bewacht. Der Blick nach innen endet an einer quer stehenden, großen roten Schrifttafel mit Maos berühmtem Spruch in seinen eigenen Pinselstrichen: „Dem Volke dienen". Mehr gibt es nach innen nicht zu sehen. Viel mehr ist aber auch nicht von den Bewohnern wahrzunehmen, selbst wenn sie ihre öffentlichen Funktionen ausüben. Das unterscheidet das heutige China, immerhin die größte Diktatur der Welt, von anderen autoritären Regimes: Kein charismatischer Alleinherrscher, der das Volk unentwegt mit seinen Parolen und Bildern belästigt, sondern eine mehr oder weniger kollektive Führung mit begrenzten Amtszeiten; stromlinienförmige, unauffällige Technokraten der Macht, die das größte Land der Welt wie die Vorstandsriege eines Großkonzerns diskret, aber mit fester Hand dirigieren.

2002/2003 übernahm die zweite Führungsgeneration seit Deng Xiaoping das Ruder – und dieser Wechsel vollzog sich mehr oder weniger reibungslos, was nach den Jahrzehnten wilder Machtkämpfe im kommunistischen China einen großen Fortschritt darstellt. Wenn Chinas Technokraten der Macht öffentlich auftreten, wirken sie hölzern-unnahbar. Doch hinter der Fassade der Macht entpuppen sie sich als offenherzige Normalmenschen. So vertraute der letzte Staats- und Parteichef, Jiang Zemin, dem Autor im Gespräch an, dass er sich wie ein Gefangener im goldenen Käfig fühlt und sogar sein Versuch, inkognito und verkleidet einen abendlichen Spaziergang in der

Stadt zu unternehmen, dort an übereifrigen Sicherheitsleuten scheiterte. Beim Staatsbesuch des österreichischen Bundespräsidenten Klestil brillierte Jiang in der Halle des Volkes als Sänger und Walzertänzer – aber gefilmt oder fotografiert werden durfte nicht.

Ist schon das Privatleben tabu, so gibt es auch über die Karrierewege der Führungspersönlichkeiten nur offiziöse Daten. Der Korrespondent der deutschen Zeitung *Die Welt* in China, Johnny Erling, hat unter dem Titel „Who is Hu und Wer ist Wen?" Informationen über das derzeitige Führungsduo Hu Jintao und Wen Jiabao zusammengetragen.

Die erste Überraschung: Hu, geboren 1942, hat das, was man unter Mao noch eine „falsche Klassenherkunft" genannt hätte: Seine Eltern waren kleine Händler. Sein Vater ließ sein Teegeschäft 1955 „freiwillig" kollektivieren. Hu überwand als Musterschüler den Makel der Herkunft, entwickelte die Kunst, sich keine Feinde zu machen, und lernte sich anzupassen: alles ideale Voraussetzungen für eine Karriere an die Spitze. Selbstbeherrschung und Zurückhaltung ließen ihn alle Windungen und Wendungen Chinas unbeschadet überstehen. An der Eliteuniversität Qinghua in Beijing, wo er das Studium eines Wasserbauingenieurs absolvierte, lernte er seine Frau kennen, mit der er zwei Kinder hat. Noch in jugendlichen Jahren begann seine Blitzkarriere in der Partei durch viele Funktionen, in denen er sich bewährte. Die heikelste: Parteichef in Tibet von 1988–1992, wo er als erster „Zivilist" und mit harter Hand regierte. Das imponierte Deng Xiaoping, der ihn nach Beijing holte – Hu litt in Tibet wie viele Chinesen an Höhenkrankheit – und zum Chef der Parteihochschule machte. Hu führte in der Partei und auch im Propagandaapparat einen modernen Managementstil ein. Seine Erfindung, die bis heute fortgesetzt wird: (Pflicht-)Vorlesungen für Parteikader durch Fachleute aus Staat, Wirtschaft und Gesellschaft. Die Schulungen nehmen bereits kampagnenartige Formen für Kader aller Art an, gemäß dem Ziel: mit der Zeit gehen, aber die Vorherrschaft der Partei erhalten.

Im gleichen Alter wie Hu ist Ministerpräsident Wen. Er stammt aus einer Familie von Lehrern, die im Krieg und Bürgerkrieg schwer gelitten hatte. Als Geologe hat er die hintersten Winkel des riesigen Landes kennengelernt. Hu und Wen bilden seit Langem in der Partei ein Gespann. Sie haben zehn Jahre auf ihre Chance gewartet. Ihr Herrschaftsstil ist vorsichtig und auch immer darauf bedacht, die Machtbalance im neunköpfigen Ständigen Ausschuss des Politbüros, dem höchsten Machtorgan, nicht zu verletzen, schreibt Johnny Erling.

Vor seinem Deutschlandbesuch 2006 gab Ministerpräsident Wen der *Frankfurter Allgemeinen Zeitung* ein Interview. Darin schloss er allgemeine Wahlen eindeutig aus: „Unser Land ist groß, die Bevölkerung ist groß, und die Entwicklung ist nicht ausgeglichenx." Wen verwies auf das System der direkten Wahlen für Dorfverwaltungen, das schon in 680 000 Ortschaften praktiziert werde: „Wir glauben, wenn die Menschen ein Dorf verwalten können, können sie auch eine Kleinstadt verwalten, können sie auch einen Kreis und vielleicht sogar eine Provinz verwalten." Einen Zeitplan nannte er nicht. Auch von der Zulassung anderer Parteien sprach er nicht. Bezüglich der Außenpolitik stellte Wen fest, Chinas Aufbau sei ein schwieriger Prozess: „Wir brauchen Frieden, wir brauchen Freunde, und wir brauchen Zeit."

Der neo-autoritäre Kurs und die Betonung der Ordnungsprinzipien seit der ersten Tagung des Zentralkomitees der KP unter Hu im September 2004 haben Ansätze von „Glasnost" in China scharf abgebremst. „Hu glaubt, dass die Realitäten in dem riesigen Land zu schwierig, die sozialen Probleme zu gewaltig seien, als dass er mit Milde regieren könne", schreibt seine Biografin Ma Ling. Hu habe bei seinem Amtsantritt als Parteichef 2002 durchaus die Zügel weiter lockern wollen, aber die dramatische soziale Lage im Land habe ihn „überwältigt". Jetzt heißt die oberste Devise: Ruhe und Ordnung.

Der Gegensatz zwischen altkommunistischer Phraseologie, welche wieder in den Vordergrund rückt, und wild-kapitalistischer Realität nimmt bizarre Formen an. Immer drängender stellt sich die Frage, wie lange diese ideologische und machtpolitische Schizophrenie in China durchzuhalten ist. Laut John Gittings *The Changing Face of China* hat sich die Führung seit Deng Xiaopings Reform-Ära nur eine Atempause verschafft, während der sie nach der Wirtschaft auch die Politik modernisieren müsste, um dem Volke wirklich zu dienen.

C) Weltmeister der Kontrolle

„Großer Wandel – wenig Veränderung"
Blogger-Kommentar zu den Reformankündigungen
der Führung

Chinas Führung hat eine Obsession: Kontrolle. Damit aber diese Überwachung den Modernisierungskurs nicht behindert, wird auch die Kontrolle durch ausgeklügeltste Mechanismen auf den modernsten Stand gebracht. Herkömmliche Zensur wird im Informationszeitalter immer schwieriger. Zwar gibt es keine ausländischen Zeitungen im freien Verkauf, aber wer ungefilterte Informationen sucht, holt sich diese über TV-Satellitenschüssel (nicht erlaubt) und Internet. Chinas Medienlandschaft ist bunt und marktorientiert wie im Westen, um moderne Ansprüche zu befriedigen, aber doch an die lange Leine gebunden, welche (Selbst-)Zensur bei vorgegebenen Themen vorschreibt.

Manchmal ist diese Leine sogar erkennbar kurz, wenn sensible Regierungspolitik ins Spiel kommen könnte. Daran wurde eine österreichische Journalistendelegation erinnert, als sie mit Tuo Zhen, dem geschäftsführenden Chefredakteur des wichtigen Wirtschaftsorgans der Regierung, *Economic Daily,* ein Gespräch führte. (Die Wirtschaftszeitung war von Deng Xiaoping als seine Reformplattform gegründet worden in „Ergänzung" zum Parteiorgan *Peoples Daily.* Die Titelschrift beider Zeitungsnamen stammt aus den Pinselstrichen ihrer Gründer Mao und Deng.) Chefredakteur Tuo beantwortete die Fragen in heftigem Blickkontakt mit der „Betriebsrätin" der Redaktion, die auch emsig Notizen anfertigte. Als das ORF-Team aber auch Aufnahmen in Bild und Ton machen wollte, geriet die Betriebsrätin in eine Nervenkrise: „Das war nicht ausgemacht." Peinliche Minuten: ratloser Chefredakteur; Betriebsrätin stürzt hinaus zu hektischen Telefonaten und kehrt mit einem Kassettenrekorder zwecks Kontrollaufzeichnung zurück. Dann spendete (riskierte?) der Chefredakteur ein paar extra harmlose Worthülsen. „Ein Hauch von Ceauçescu", kam einem der Teilnehmer der Szenen über die Lippen.

Der chinesische Journalist einer anderen Redaktion charakterisiert seine Medienarbeit so: „Minenfeld ohne Landkarte". Zum Jahreswechsel 2005/2006 traf es das offizielle Boulevardblatt (die Partei weiß, was die Massen wirklich lesen wollen) *Neue Hauptstadtzeitung* in Beijing. Der Chefredakteur wurde gefeuert, weil das Blatt zu frech geworden war und seine Nase in Dinge steckte – Korruption, Industrie- und Umweltkatastrophen –, die es nichts angingen. Diese „Säuberungsaktion" ging aber nicht mehr so problemlos über die Bühne: Die Redakteure protestierten und drückten ihren Unmut mehr als deutlich zwischen den Zeilen in der Zeitung aus.

Wie lange kann ein solches System in der modernen Welt noch funktionieren? Wird Chinas Führung erkennen, dass eine heranwachsende Mittelschicht irgendwann mehr Spielraum will als die Wahlfreiheit unter Automarken? Apropos Wählen: Im Sommer 2005 wagte die Führung von Chinas Fernsehen ein Unterhaltungsexperiment, dessen politische Auswirkungen sie möglicherweise nicht erkannt hatte. Chinas TV-Zuschauer sollten, nach dem erfolgreichen Muster in anderen Ländern, das „Super-Girl" wählen. Die Gesangsshow-Serie mit leicht bekleideten Kandidatinnen, darunter Punk-Girls aus der tiefen Sichuan-Provinz, artete zu einer Massenhysterie aus. 400 Millionen Chinesen, also ein Drittel der Gesamtbevölkerung, sahen zu, 8 Millionen gaben per SMS ihre Stimmen ab. Daraus entwickelte sich eine öffentliche politische Diskussion. *Beijing Today* titelte: „Super-Girl als demokratische Kraft?" Die offiziöse *China Daily* bremste: „Wie kann man die Wahl bei einem Song Contest Demokratie nennen, wo derjenige siegt, der am schlechtesten singt?" Demokratie im bevölkerungsreichsten Land der Welt bleibt ein Spiel mit dem Feuer – für beide Seiten.

Das „Super-Girl"-Spektakel hatte „säubernde" Folgen: Chinas Regierung wies die 3.000 TV-Stationen (davon 70 Prozent auf städtischer oder Landkreis-Ebene) am 10. September an, bei Shows künftig nicht mehr Hongkong- oder Taiwan-Slang zu verwenden, der von Popgruppen und Showmastern als besonders „cool" geschätzt wird, sondern Hoch-Chinesisch. Außerdem ist ab sofort vor Kameras „anständiges Aussehen" gefordert und „anständige Kleidung" zu tragen. Seither kontrollieren die Behörden (wieder) verschärft die offiziellen Zeitungskioske in der Hauptstadt, um den Verkauf unerlaubter ausländischer und inländischer Publikationen zu unterbinden. Ruhe ist die erste Bürgerpflicht, nicht Revoluzzertum, das sich vielleicht gar auf Kommunismus beruft. Hat es in den letzten zwanzig Jahren eine nachhaltige Revolution gegeben, dann ist es die sexuelle Revolution. Kunst und Kultur sind heute von Propagandapflicht befreit und müssen als Gegenleistung die Politik in Ruhe lassen.

In Südkorea und Taiwan hatten die autoritären Regime den Weg zur Demokratie ohne Gewalt freigegeben. Und deshalb ist auch über die politische Zukunft Chinas das letzte Wort noch nicht gesprochen – so oder so. Wann wird das sein? Es kann noch lange dauern, obwohl sich seit Kulturrevolution und Tiananmen-Massaker die Haltung politikinteressierter Chinesen zur korruptionsanfälligen Partei und Regierung durch beachtlichen Zynismus auszeichnet.

Chinas Sonderfall ist seine Größe. Das riesige Land befindet sich noch im Entwicklungsprozess – und in weiten Gebieten erst in den Anfängen dieses Prozesses. Chinas Führung bekennt sich offen zur Entwicklungsdiktatur. Die Kommunistische Partei, besser benannt als „Partei der Macht", schöpft ihre Herrschaftslegitimität, das „Mandat des Himmels", aus dem Erfolg. Sie kann ihr Herrschaftsmonopol gegenüber bürgerlichen Emanzipationsbestrebungen und sozialer Unrast nur durch übergroße wirtschaftliche Performance aufrechterhalten. Daher bangt sie fast panisch vor wirtschaftlichen Rückschlägen, die in einem Entwicklungsprozess unweigerlich auftreten. So werden Zuwachsraten zur Besessenheit. „Wir müssen jedes Jahr 20 Millionen neue Arbeitsplätze schaffen", beschreibt der Vizechef des Forschungsinstituts für Entwicklungsfragen beim chinesischen Staatsrat (das ist die Regierung), Xie Fuzhan, die Herkulesaufgabe. Die KP-Republik hat seit Deng Xiaoping eine im Sinne ihres politischen Systems kompetente Führung. Mit ihrer vorsichtigen Politik meisterte sie zum Beispiel die asiatische Finanzkrise von 1997/1998 und sicherte damit Stabilität sogar weit über die chinesischen Grenzen hinaus.

Der Autor Bruce Gilley (*Chinas demokratische Zukunft*) vertritt die Meinung, dass das 1.300-Millionen-Volk schon jetzt sehr wohl reif für die Demokratie wäre: „Es gibt keinen Bereich im nationalen Leben Chinas, für den eine Demokratie nicht nachhaltig bessere Lösungen hätte – Eindämmung der Korruption, der Ungleichheit, der Vergeudung für nutzlosen Techno-Nationalismus (wie Shanghais Magnetschwebebahn), der Einschränkung der Arbeitnehmerrechte, der Diskriminierung der Landbevölkerung, des Schmuggels, der Produktpiraterie, der Steuerflucht, der polit-ökonomischen Mafiastrukturen. Hohes Wirtschaftswachstum allein wird diese Probleme nicht lösen. Je länger der Übergang hinausgeschoben wird, desto größer ist die Gefahr, dass er dann außer Kontrolle gerät und in einen Kollaps mündet."

Den Ideologen der chinesischen „Partei der Macht" schwebt als Ziel ein „Rechtsstaat *statt* Demokratie" vor. Vorbild ist das konfuzianische Singapur und indirekt auch Hongkong. Hongkong war unter britischer Kolonialherrschaft nie Demokratie gewesen (heute mit demokratieähnlichen Verhältnissen), aber ein rechtsstaatliches Gebilde.

Auf akademischem Boden Chinas sind Freiräume zugelassen, solange die Tätigkeit und die Publikationen dem intellektuellen Diskutieren und nicht dem Organisieren von Opposition dienen. In Beijing widmet sich Professor Pan Wei seinem Spezialgebiet, dem Aufbau rechtsstaatlicher Verhältnisse. Er ortet die Ursache für das Ausufern von Korruption und Machtmissbrauch in dem Widerspruch zwischen Marktwirtschaft und Ein-Partei-Herrschaft: „Die wirtschaftliche Dezentralisierung hat aus dem Machtmonopol der Partei ein persönliches, unkontrolliertes Machtmonopol der hohen Verwaltungsfunktionäre gemacht."

Die Schwäche von Monopolparteien ist, dass ihre Selbstkontrolle nicht funktioniert. In diesem Sinne argumentierte auch der Shanghaier Politik-Professor Yang Peng im September 2006 bei einem Vortrag in Wien mit verblüffend offenen Worten: „Heute ist der größte Unsicherheitsfaktor Chinas die Ungewissheit der politischen Umgestaltung ... Es ist sehr wichtig, China zu einer friedlichen und sanften demokratischen Vollendung zu verhelfen ... das autoritäre System hat sich historisch überlebt ... In den USA war die Wirtschaftskrise von 1929 keine politische Krise geworden, in China könnte eine solche leicht zur politischen Krise werden ... In der Erfahrung der Menschheitsgeschichte war die Kombination von autoritärer Regierung und monopolistischer Marktwirtschaft ein Weg, der leicht in den Faschismus führte ... In Deutschland nach Bismarck war der demokratische Druck in die Außenwelt abgeleitet worden ... China muss diesen Fehler vermeiden. Der beste Weg wäre eine Demokratisierung in zwei Schritten; innerhalb der Partei und dann allgemein."

Ein unstabiles (atomares) China wäre für die Welt wohl eine größere Bedrohung als ein erfolgreiches China. Sollen wir, wie ein US-Autor meint, China nicht fürchten, sondern lieber für China beten? Der Dissident Manyan Ng: „Chinas Umgang mit den Menschenrechten ist eine Herausforderung für die ganze Welt. Die Stunde X kann früher kommen, als man sie erwartet. Auch der Fall der Berliner Mauer war so nicht erwartet worden. Wir Chinesen haben ein Sprichwort: ‚Was weiß der Mensch, was der Himmel vorhat.‘"

Gegen Ende seines Lebens wurde der renommierte US-Publizist Walter Lippman gefragt, was er sich als mögliche Weltkatastrophe vorstellen könne. Er antwortete ohne Zögern: „Ein entfesseltes China." Die Gefahr, dass das Riesenreich an seinen inneren Widersprüchen scheitert, hat zwei Eckpunkte: Politik und Energie.

Vorsicht China!

IV. China – Doch nur ein Angstgegner?

A) Schicksalsfrage Politik

1) Das Internet: Kampfarena der Freiheit

Das gespaltene Verhältnis der chinesischen Führung zur boomenden Informations-Superwaffe „Internet" zeigt ihr ganzes Dilemma auf: Einerseits notwendiges „Übel" der Modernisierungspolitik, andererseits die Sorge, dadurch die Kontrolle über die Massen zu verlieren. Vom Satelliten-TV sagt man, dass es den Untergang des sowjetischen Europa-Imperiums durch das Hereinbrechen eines anderen Weltbildes ausgelöst hatte. Vom Internet heißt es, dass es als „Arena der Freiheit" die Massen mobilisieren kann, was Chinas Führung bei den an sich gewollten antijapanischen Demonstrationen im Herbst 2004 mit sehr gemischten Gefühlen registriert hatte.

Seither gilt das Internet als Staatsfeind, dem mit einem Orwell'schen Kontrollsystem – einzigartig in der Welt – zu Leibe gerückt wird. Ein Überwachungsapparat von 40.000 Internet-Polizisten („Cybercensors") surft durch die digitale Welt der 200 Millionen Onlinenutzer (Nummer zwei hinter den USA) und 300 Milliarden (!) SMS-Texte in China: Der „Große Bruder" liest mit und löscht und blockt. Jede Website muss seit 30. Juni 2005 behördlich registriert sein, weil über Internet auch „Pornografie, Gewalt und Gedanken verbreitet werden, die den Geist des Volkes vergiften". Schon vorher hatten die Behörden Tausende Internet-Cafés, in China „Netz-Cafés" genannt, schließen lassen; ebenfalls mit der Ausrede der Jagd nach Pornografie, obwohl China ganz offiziell der weltgrößte Produzent von Sexspielzeugen ist. In den Netz-Cafés wurden Überwachungskameras installiert, und Besucher müssen sich unter Vorlage ihres Ausweises anmelden, damit kontrolliert werden kann, wer was im Internet sucht und verbreitet. Zudem müssen die Netz-Café-Betreiber mithilfe einer speziellen

Software von den Gästen geöffnete Seiten für 60 Tage zusammen mit den Namen und Ausweisnummern der Benutzer archivieren.

Aber es kommt noch raffinierter: Die Cybercensors müssen gar nicht mehr mit Mouseclick arbeiten, sie haben Suchmaschinen, die Unliebsames automatisch herausfiltern; sozusagen „The Great Fire Wall" als Gegenstück zu den regulären Suchmaschinen. Werden Worte wie „Demokratie", „Tibet", „Tiananmen", „Freiheit", „Menschenrechte" und ähnliche sensible Begriffe eingetippt, erfolgt automatisch die Blockierung oder es werden nur Websites mit Regierungspropaganda angezeigt. Vor dem Jahrestag des Tiananmen-Massakers am 4. Juni 2005, an dem die Führung Demonstrationen fürchtete, wurden in den SMS-Systemen der Mobilfunkbetreiber Texte mit „Tiananmen", aber auch mit den Zahlen „4" und „6" gar nicht versandt. Wer die Website von Amnesty International aufruft, erhält die Antwort „Netzwerkfehler". Die Blockade fällt aber auch, wenn man den Namen des letzten Staats- und Parteichefs Jiang Zemin eintippt …

Die internationale Internet-Freiheits-Organisation „opennetinitiative.net": „China hat das ausgeklügeltste Internet-Filtersystem der Welt." Das wäre jedoch nicht möglich gewesen, hätten nicht so renommierte Internet-Größen wie Microsoft die „Waffen" dazu geliefert. Ja mehr noch: Bill Gates und andere verschafften sich den profitablen Marktzugang in China, indem sie ihre örtlichen Web-Portale chinesischen Zensurbestimmungen anpassten mit dem Argument: „Wir halten uns wie international üblich an örtliche Gesetzgebung." Bill Gates ist für sein chinesisches Web-Portal ein Joint Venture mit China Netcom eingegangen, das von Jiang Mianheng geleitet wird, Sohn des damaligen Staats- und Parteichefs Jiang Zemin … (Der geschäftstüchtige Jiang junior hat auch ein Milliarden-Joint-Venture mit einem taiwanesischen (!) Unternehmen in Pudong.)

„Opennetinitiative.net" prangert die doppelten Standards der US-Regierung an, die überall in der Welt die Meinungsfreiheit fordert: „Würden US-Firmen Waffen an China liefern, bekämen sie große Probleme. Für die Lieferung von Zensur-Software an China gibt es aber keine Hindernisse." Der Journalist Shi Tao war im Juni 2005 wegen Landesverrats zu zehn Jahren Gefängnis verdonnert worden. Er hatte an seinem Arbeitsplatz über ein vermeintlich anonymes E-Mail-Konto von Yahoo-China eine Dissidenten-Botschaft in die USA geschickt. Solche Konten sind allerdings in China nicht anonym, weil Yahoo & Co. die Internetpolizei auf einer geheimen Suchmaschine mitlesen lassen. Ende 2005 wurden die Schrauben der Internet-Zensur sogar noch weiter angezogen. Erlaubt sind im Net jetzt nur noch „gesunde Informationen, die der Verbesserung der Qualität der Nation dienen". Verboten sind pauschal „dem öffentlichen Interesse zuwiderlaufende Nachrichten". Und um sich von US-Monopolisten wie Microsoft abzukoppeln und unabhängig zu machen, baut China nach Regierungsdirektive ein eigenes Software-System auf: Red Flag Linux.

Bei der Jagd nach ideologischen Feinden ist die chinesische Führung jedenfalls konsequenter als bei der Jagd nach Produktfälschern und Raubkopierern, wie sie überhaupt seit jeher nichts unversucht lässt, mögliche Organisierung von Opposition schon im Keim zu ersticken. Wie lange wird sich Chinas junge Internet-Generation die Bevormundung gefallen lassen? Steckt nicht vielmehr das Regime in seiner eigenen (Internet-) Falle? Zur Erinnerung ein Zitat von Mao Zedong selig: „Der Kampf wird von Menschen entschieden, nicht von Maschinen." Junge Internet-Guerillas machen es der Obrigkeit so schwer wie möglich, ja sie spielen mit ihr Katz und Maus. Zum Beispiel der 33-jährige Anwalt Chen Yongmiao, der regelmäßig Verstöße gegen Menschen- und Bürgerrechte sowie Polizeibrutalitäten ins Netz stellt, die niemals in der Presse erscheinen würden.

Da er dabei auf jede Kommentierung verzichtet, fehlt Strafbehörden die legale Handhabe, außer dass sie fleißig löschen.

Kaum hat die Cyberpolizei auf der Pirsch nach „Cyber-Dissidenten" ein Blog geschlossen, wird ein neues eröffnet – tausendfach, zehntausendfach. Der Wettlauf erinnert an die Geschichte vom Hasen und vom Igel. China hat mit 23 Millionen die größte Blogger-Gemeinde der Welt. 2002 waren es noch tausend (!) gewesen. Das neueste Phänomen: Blogger-Gemeinschaften zwischen Festland und Taiwan. Anwalt Chen Yongmiao: „Das Internet hat begonnen, China zu verändern."

2) Das soziale Dilemma

„Der Herrscher ist das Boot, das Volk das Wasser. Das Wasser,
welches das Boot trägt, kann dieses auch zum Kentern bringen."
Mahnung eines chinesischen Weisen an den Kaiser

„Gibt es etwas, das in China schneller wächst als die Wirtschaft?" fragt in Hongkong die *South China Morning Post*, und gibt gleich die Antwort: „Die Zahl der Unruhen". Wann braut sich eine „kritische Masse" zusammen, die eine Kettenreaktion auslöst, wenn Modernisierungsgewinner und Modernisierungsverlierer zu den gleichen Interessen finden? In dem nationalen Entwicklungsrausch hat sich jedenfalls sozialer Sprengstoff im wahrsten Sinne des Wortes angehäuft. Nur ein Schlaglicht aus der regierungsnahen *China Daily*: Am 8. August 2005 sprengte sich in der Stadt Fuzhou der 42-jährige Bauer Huang Maojin in einem Autobus in die Luft. In seinem Abschiedsbrief begründete er die Tat mit unrechtmäßiger Inhaftierung, mit unzureichender Behandlung seines Lungenkrebsleidens, weil das Geld fehlt, und mit der Unmöglichkeit, das Schulgeld für die Kinder aufzubringen.

Ende 2005 überraschte *China Daily* mit einem Zeitungsartikel, der die Überschrift trug: „Einkommensunterschiede wurden alarmierend groß". Demnach akkumulieren in dem einst superegalitären kommunistischen China die 20 Prozent der Reichsten 80 Prozent des Reichtums, während sich die 20 Prozent der Ärmsten mit 4,7 Prozent begnügen müssen. Die Zahl der Dollar-Milliardäre hat sich laut *Forbes*-Magazin seit 2004 mit 16 mehr als verdreifacht, darunter die Selfmade-Milliardärin Li Wei, deren Tiefkühlkostimperium 2008 offizieller Olympia-Versorger ist. Die Ungleichheit ist manchmal atemberaubend. China ist nach Brasilien und Südafrika zu einem Staat mit extrem ungleicher Einkommensverteilung geworden. Die Schere zwischen Reich und Arm in der Gesellschaft sowie der entwickelten Küstenregionen und dem zentralasiatischen Binnenland hat sich auf 10 zu 1 vergrößert. Dabei erinnert sich der Autor noch genau an ein Treffen 1985 mit dem Reformpatriarchen Deng Xiaoping, der Ungleichheit zwar als bedauerliche Begleiterscheinung eines Entwicklungsprozesses bezeichnete, diese aber das Verhältnis 7 zu 1 nicht überschreiten dürfe, weil sonst die Stabilität gefährdet wäre.

Zu Jahresbeginn 2007 wurden neue Mindestlöhne festgelegt. Je nach Lebenshaltungskosten in den Provinzen und Städten mit eigenem Statut widerspiegeln sie die großen Entwicklungsunterschiede zwischen Küste und Hinterland: von Shenzhen monatlich 810 Yuan (80 Euro) über Shanghai 750 Yuan bis zu Jiangxi 270 Yuan. Noch immer sind etwa 100 Millionen Chinesen bereit, für weniger als zwei Dollar pro Tag zu arbeiten. Bei 25 Millionen Menschen ist der elektrische Strom noch nicht angekommen. Bis 2015 sollen allerdings die letzten Inseln extremer Armut beseitigt sein. Der Autor kann sich allerdings bei seinen Gesprächen und Kontakten des Eindrucks nicht erwehren, dass sich wie im historischen China viel zu viele Chinesen, die es zu etwas gebracht haben – besonders wenn sie aus der alten Shanghaier Elite stammen –, kaum Sorgen über die Nöte des Bauernstands machen, der noch immer 750 der 1.300 Millionen Einwohner stellt. Elitedünkel aus einer 4.000 Jahre alten staatlichen Tradition prägt bis heute Chinas Gesellschaft. Sogar der ungeschnittene Nagel am kleinen Finger taucht wieder auf als demonstratives Zeichen, körperliche Arbeit nicht nötig zu haben. Als Beschützer der Armen hat der Staat enorm nachgelassen. Wie ließe es sich sonst erklären, dass es in China an die 600.000 Straßenkinder von Wanderarbeitern gibt, die von niemandem betreut werden und die vor allem nie einen Kindergarten oder eine Schule von innen zu sehen bekommen? Seit 2004 bessert sich deren Schicksal, nachdem die sture Haltung der Behörden („Zurück aufs Dorf!") unter dem Druck der Realität nicht mehr länger aufrechtzuerhalten war. In Shanghai kann einem Wanderarbeiter das Schulgeld in einer der „Gastarbeiterschulen" bis zu umgerechnet 500 Euro kosten; fast den halben Jahreslohn. Immerhin tragen die bald 200 Millionen Wanderarbeiter – davon ein Drittel Frauen zwischen 17 und 25 Jahren – zu 16 Prozent des Wirtschaftsaufkommens Chinas bei.

In allen Bereichen der Gesellschaft haben sich hartnäckige Interessens-Cluster aus wirtschaftlicher und ökonomischer Elite geformt, die nur noch schwer von der Zentrale aufzubrechen sind. In den Provinzen, Regionen und Ortschaften hat sich genug Macht angesammelt, um ein Durchgreifen von oben zu blockieren. Diese Interessens-Cluster sind etwa auf dem Bau-, Immobilien- und Energiesektor – (Staudämme gelten als Korruptions-Eldorado) – so stark, dass sie nicht nur gegen ökonomische, sondern auch politische Vernunft handeln, etwa die Kumpanei (auch mit ausländischen Firmen) im Umweltdumping oder die menschenverachtende Kohlewirtschaft. Am regionalen Widerstand scheitern seit Jahren Maßnahmen der Führung in Beijing gegen die Konjunkturüberhitzung und die ökologische Katastrophe. Der deutsche Außenpolitik-Experte

Professor Eberhard Sandschneider: „China sitzt auf einem sozialen, wirtschaftlichen und politischen Pulverfass. Das kann noch zwanzig Jahre gut gehen, das kann aber schon morgen explodieren."

Das Führungsduo Hu und Wen hat den sozialen Korrekturbedarf erkannt und Maßnahmen eingeleitet. Ministerpräsident Wen spricht von China als einem Menschen, dem zwei ungleiche Beine gewachsen sind: „Ein solcher Mensch kann stolpern." 2005 musste die Hälfte der Bevölkerung noch immer mit umgerechnet 1.000 Dollar im Jahr zurechtkommen (Landesdurchschnitt 1.800 Dollar, Shanghai 6.700 Dollar, Bauernschaft 400 Dollar). Im Jahre 2005 gab es 163 Millionen Renten- und 123 Millionen Krankenversicherte – bei 300 Millionen Einwohnern. Der Durchschnitts-Chinese hat so gut wie keine angemessene Sozialversorgung, besonders auf dem Land. Landflucht verschärft das Dilemma in den Städten, wo man bald „lateinamerikanische Zustände" befürchtet, so die Parteijugendzeitung *China Youth Daily*. Laut KP-Organ *Peoples Daily* arbeiten 4 Mio. Chinesen im Ausland. Sie erzielen ein monatliches Durchschnittseinkommen von 600 Dollar.

Es knistert im gesellschaftlichen Gebälk. Laut Sicherheitsminister Zhou Yongkang war im Jahr 2004 die Zahl von „social unrests" und „mass incidents" auf 74.000 gestiegen. Daran beteiligt waren 3,7 Millionen Menschen. 2003 hat die Zahl von gewaltsamen Zwischenfällen bei 58.000 gelegen, im Jahre 1994 bei 10.000. Der Wissenschaftler Sun Liping hat errechnet, dass in den ersten zehn Monaten des Jahres 2004 Demonstrationen mit mehr als hundert Teilnehmern in 337 Städten und 1.955 Landkreisen stattfanden. Das sind, vorsichtig geschätzt, 90 bis 250 Protestaktionen täglich. Im Juni 2005 kam es in der Stadt Chizhou in der Provinz Anhui zu schweren Ausschreitungen, als ein reicher Geschäftsmann mit seinem Auto einen Fahrradfahrer überfuhr. Ein spezieller Unruhefaktor ist auch das Wiederaufleben der alten Clan-Strukturen. Nicht selten fallen ganze Dörfer übereinander her. Das Mobiltelefon entwickelt sich zum Mobilisierungs- und Informationsfaktor.

Besonders schwer hat es der chinesische Kontrollstaat mit den 150 Millionen Wanderarbeitern (plus 6 Millionen jährlich). Wenn diese einmal Amok liefen, hülfe das ausgefeilteste Polizeistaatssystem nichts. Chinas Führung weiß natürlich aus der Geschichte, dass Bauernrevolten Dynastien gestürzt haben. Drei Maßnahmen wurden 2004 ergriffen: Abschaffung der Agrarsteuern, Geldanreiz für den Anbau von Getreide und Sicherheiten gegen willkürliche Delogierungen durch Bodenspekulanten, Parteiseilschaften, Regionalfürsten und Dorftyrannen – die Ursache von 90 Prozent aller Unruhen.

In China verloren in den letzten zwei Dekaden an die 60 Mio. Bauern ihr Pachtland gegen einen Bettel an Entschädigung zu Wohn- und Industrieansiedlungen. In Beijing und Shanghai wurden 5 Mio. Innenstadtbewohner ausgesiedelt und am Yangzekiang mussten 1,6 Mio. Uferbewohner dem Stausee weichen.

Ein blutiger Zwischenfall am 11. Juni 2005 im Dorf Shengyou, Provinz Hebei, 200 Kilometer südlich von Beijing, erregte sogar große Aufmerksamkeit bei den offiziellen Medien, weil ein Video (über Internet) an die Öffentlichkeit gelangt war. Es zeigt, wie ein angeheuerter Trupp von 300 Schlägern brutal Bauern von ihrem Land vertreibt. Traurige Bilanz: sechs Todesopfer. Die Bezirksverwaltung wollte dort eine Müllverwertungsfabrik errichten lassen. Die Antwort aus Beijing: Bezirksparteichef, Bürgermeister sowie Firmenchef wurden gefeuert und 22 Schläger der örtlichen Macht-Mafia verhaftet. Im Dorf Maxinzhuang vor den Toren Beijings haben die Einwohner einen Monat lang öffentlich gegen die Requirierung ihres Bodens für die olympischen Spiele 2008 protestiert. Die versprochene Kompensation drohe wie so oft auf dem Weg nach unten zu versickern, befürchten sie.

Aller Grund und Boden Chinas ist staatlich, um „Bodenspe-kulation" zu vermeiden. Das hat aber nur der behördlichen Korruption Tür und Tor geöffnet. So machten am 9. August 2005 in der Stadt Huanshi, 600 Kilometer westlich von Shang-hai, an die 10.000 Menschen ihrer Wut Luft: Sie plünderten Amtsgebäude, demolierten Autos und blockierten die Auto-bahn nach Shanghai. Aber auch Umweltdesaster sind Ursachen sozialer Explosionen. Im Städtchen Dongyang gingen die Men-schen auf die Barrikaden, weil dort ein „chinesisches Seveso" drohte: 20.000 zornige Bürger gegen 3.000 Einsatzpolizisten. Es gab große Zerstörungen und viele Opfer. Die Chemiefabrik wurde „bis auf Weiteres" geschlossen. Das ermunterte Wochen später die Bewohner von Xinchang, die örtliche „ausländische" Pharmafabrik zu belagern: „Die Produkte gehen ins Ausland, das Gift bleibt hier, weil sie solche Fabriken im Ausland über-haupt nicht bauen dürften!" Autobusladungen voll Einsatz-polizisten „befreiten" die Fabrik.

Eine regelrechte kleine Bauernrevolte löste am 12. März 2007 in Zhushan, Provinz Hunan, die Eröffnung einer ausländischen Industrieanlage aus. Die Bauern hatten schon eine Woche lang gegen Landraub und Korruption protestiert. Örtliche Bonzen in Verbindung mit der Baumafia hatten Bauernfamilien auf die Straße geworfen, mit Mini-Entschädigungen abgespeist, aber das Bauland um den vielfachen Preis weiter verschachert. Als zur Eröffnung der Fabrik 300 Würdenträger und die ausländi-schen Investoren anreisten, wurden sie von 10.000 Bauern als Geiseln ihrer Forderungen festgehalten. Die Staatsmacht rück-te wie üblich mit Kompanien von Einsatzpolizei an: Steine, Prügel, Tränengas, Straßenschlacht. Videos gelangten sofort nach Hongkong.

Als Ventil gegen wachsende Unrast hat Chinas Führung De-mokratieexperimente auf lokaler und regionaler Ebene gestat-tet. Mehrere Kandidaten – die meisten ohnehin im engeren oder näheren Bereich der Partei – stellen sich zur Auswahl und Neureiche schütten ihr Füllhorn aus. Zusammenschlüsse zu übergreifenden politischen pressure groups sind nicht erlaubt. Alles muss von oben überschaubar bleiben „und das Herrschaftssystem macht nicht den Eindruck, dies ändern zu wollen", analysiert Christoph Hein in der *Frankfurter Allgemeinen Zeitung*. „Sie setzt weiter auf das Rezept der ersten drei Dekaden Aufschwung. Aber taugt diese Strategie für die nächsten dreißig Jahre? Auf Dauer wird China kaum herumkommen, sich in eine gelenkte Demokratie wie etwa in Singapur umzuformen. Offen aber sind die beiden entscheidenden Fragen: „Erkennt dies die Kommunistische Partei rechzeitig? Und lassen ihr die Menschen Zeit genug für einen Kursschwenk ohne Gesichtsverlust?"

Der Wachstumsfetischismus, der alle Versäumnisse zugedeckt hat, steht sich heute selbst im Weg. Professor Mao Shoulong, Direktor des Instituts für öffentliche Verwaltung an der Renmin-Universität in Beijing: „Früher haben wir die Probleme der Planwirtschaft reformiert. Jetzt müssen wir die Probleme lösen, die die Reformen geschaffen haben."

Bei der Tagung des Zentralkomitees der KP im Oktober 2005 blies Staats- und Parteichef Hu zur Abkehr vom „grobschlächtigen Wachstumsmodell". Dramatische Fehlentwicklungen, mit denen das chinesische Wirtschaftswunder erkauft worden ist, sollen durch eine „Wende" korrigiert werden. Die Führung will jetzt vor allem soziale Akzente setzen. Ebenso soll der Energie- und Rohstoffvergeudung Einhalt geboten werden, die sich in den Importkosten schon empfindlich niederschlägt – ganz zu schweigen von der Umweltverseuchung. Der Soziologe Ding Yuanzhu von der mächtigen „National Development and Reform Commission" drängte im Parteiorgan *Volkszeitung* auf rasches Handeln: „Wirtschaftswunder bedeuten nicht automatisch Stabilität. Eine sehr schwere soziale Krise entwickelt sich oft zu einer Zeit, wenn die Wirtschaft ihre blühendste Stufe erreicht."

Ende 2005 erregte in Beijing ein halboffizielles „Blaubuch" von Gesellschaftswissenschaftlern erhebliches Aufsehen. Der 400-seitige Report der Akademie für Sozialwissenschaften warnt vor einer „Entwicklungsphase verschärfter Widersprüche". Die Bereitschaft zu Protestaktionen habe sich vervielfacht. Das Jahr 2005 sei ein Jahr der Verkehrsblockaden, Belagerungen und Erstürmung von Partei- und Amtsgebäuden gewesen. Waren es früher Bauern, die gegen Landraub und Zerstörung ihres Lebensraumes mobil machten („Wir lassen uns lieber totschlagen als vergiften"), so gehen zusehends auch Proletarier auf die Straße oder missachten das Streikverbot wegen lebensgefährlicher Arbeitsbedingungen.

Sozial-Skandale wie Kinderarbeit und Sklavenarbeit beschäftigen selbst die offiziellen Medien. Beispiel: In der industriellen Horror-Stadt Linfen, wo Tausende Schlote die Atemluft rauben (hundert „illegale" Kokereien, zwei Drittel der Kinder leiden an Bronchitis, es gibt viele Arsenvergiftungen, die Lebenserwartung ist zehn Jahre geringer als der chinesische Durchschnitt) wurden Hunderte völlig abgemagerte und misshandelte Zwangsarbeiter befreit. Das Ziegelwerk gehört dem Sohn eines lokalen Parteifunktionärs.

Li Yizhong, Chef des Staatsamts für Arbeitssicherheit, schockierte mit der Mitteilung, dass im Jahr 2005 in China 120.000 Menschen bei Arbeitsunfällen starben und 700.000 verletzt wurden. Er kündigte als „Aktion scharf" für den 31. Dezember 2005 die Schließung von 4.000 illegalen Kohlegruben an. Diesmal sollen die Schließungen mit „eiserner Hand" überwacht werden, nachdem frühere Schließungs-Kommissionen von lokalen und/oder privaten Funktionären an der Nase herumgeführt worden waren. Durch Chinas Kohlenflöze graben sich 3.000 staatliche Großbergwerke und 23.000 Kleinmienen. Die

Absicht, 7.000 der 17.000 Kleinminen zu schließen, weil sie den Sicherheitsstandards nicht entsprechen, musste die Zentralregierung auf Druck lokaler Behörden bis 2008 verschieben. Die Kleinminen fördern ein Drittel des Kohleaufkommens.

Chinas Führung spekulierte bislang bei ihrer Gratwanderung erfolgreich auf den nationalen Konsens, den Aufstieg des Landes nicht aufs Spiel zu setzen. Nationaler Ehrgeiz schafft nationale Disziplin, obwohl die Führung den nationalen Konsens mehr und mehr überstrapaziert. Die chinesische Bevölkerung erlebt heute im Vergleich zu den letzten apokalyptischen 150 Jahren chinesischer Geschichte („fremde Teufel", Kriege, Revolutionen, Hungersnöte) ein – relativ – goldenes Zeitalter. Ein Wanderarbeiter kann trotz aller Mühsal in der Stadt manchmal in einem Monat verdienen, was er zu Hause auf dem Land in einem halben Jahr verdient: im Durchschnitt pro Monat 40 Euro als Reisbauer, 100 Euro als Straßenarbeiter, 150 Euro als städtischer Bauarbeiter. Allerdings schulden chinesische Unternehmer ihren Arbeitern schon 14 Milliarden Dollar an ausstehenden Löhnen. Im Jahr 2006 hatte der gewaltsame Tod des 28-jährigen Wanderarbeiters Xie Hongsheng eine öffentliche Diskussion ausgelöst, weil er symptomatisch war. Sein Arbeitgeber brachte den Bauarbeiter durch Schlägertrupps zum Schweigen. Xie hatte 40.000 Yuan (4000 Euro) Lohnnachzahlung verlangt, um überhaupt zu seiner Familie heimfahren zu können.

Das Lohnniveau steigt jährlich um 7 Prozent bei 2 bis 3 Prozent Inflation. Der britische Verleger und Publizist Lord Weidenfeld schrieb nach einer Reise durch China: „Trotz sozialer Spannungen sieht der ausländische Beobachter ein Volk voller Hoffnung." Allerdings: „Im Flüsterton bewundert man Intellektuelle, denen Meinungsfreiheit mehr bedeutet als Wohlstand." „Am Ende jeden Jahres geht es auch dem ärmsten

Bauern etwas besser als am Beginn", analysiert der deutsche China-Spezialist Eberhard Sandschneider.

Peggy Lu, die Gründerin von Chinas E-Commerce-Platt-form dangdang.com, formulierte auf dem „Global Forum 2005" in Beijing Chinas nationale Prioritäten auf pragmatische Weise: „Ungleiche Einkommen sind ein geringeres Problem als allgemeine Armut."

3) Der gesundheitspolitische Kollaps

Eine besondere Schattenseite von Chinas „sozialistischer Marktwirtschaft", so die offizielle Bezeichnung, ist der Kollaps der breiten medizinischen Versorgung unter dem Druck kapi-talistischen Profitstrebens. Gesundheit ist aber keine Ware, die sich für zügellose Marktwirtschaft eignet. Die Weltgesundheits-organisation reiht China bereits unter die „ungerechtesten ge-sundheitspolitischen Systeme" ein. Es ist ein Rückfall in alte und älteste Zeiten: Geld bestimmt das Leben im wahrsten Sin-ne des Wortes. Laut einer Erhebung des chinesischen Gesund-heitsministeriums 2004 konnten 14 Millionen Menschen, die eines Spitalsaufenthalts bedurft hätten, sich diesen nicht leis-ten. Krankenhausaufenthalte stürzen ganze Familien in Schul-den. Dies gilt auch für Arztbesuche und Medikamente. Fälle von Selbstmord häufen sich. 80 Prozent der ländlichen Bevöl-kerung sind ohne Schutz irgendeiner Form von Krankenversi-cherung, bei der städtischen Bevölkerung ist das wenigstens zur Hälfte der Fall, aber auch nur für minimale Leistungserstattung in Notfällen.

Die Misere hat sich derart dramatisch verschärft, dass sogar die offiziellen Medien nicht mehr länger über haarsträubende Missstände schweigen müssen. So durfte im August 2005 die Professorin Li Ling vom Wirtschaftsforschungszentrum der

Universität Beijing mit der Regierungspolitik hart ins Gericht gehen, was auf grünes Licht zumindest in einem Teil von Chinas Führung schließen lässt: Maos Erbschaft sei eine breite, wenn auch bescheidene, medizinische Versorgung gewesen. Die Regierung habe sich völlig aus der medizinischen Versorgung zurückgezogen. Der staatlich-öffentliche Anteil an den nationalen Gesundheitskosten sei von 100 Prozent auf 16 Prozent gesunken, während er sogar in den USA 40 Prozent betrage. Öffentliche Spitäler seien nur gegen Geld zugänglich, und die Ärzte präsentierten horrende Rechnungen. Gesundheit werde zügellosen Marktwirtschaftsmechanismen ausgeliefert: Große Nachfrage – knappes Angebot – hoher Preis. Sogar in den Geburtsstationen, so Frau Li, würde rekordverdächtig oft zum Kaiserschnitt gegriffen, nur um die Rechnung aufzufetten. Wie brisant die Lage ist, zeigen die Unruhen vom 10. November 2006 in der Stadt Guangan: 2.000 empörte Bürger stürmten und verwüsteten das „Volksspital Nr.2", weil dort ein Dreijähriger wegen mangelnder Hilfeleistung gestorben war. Die Klinik hatte den Patienten erst operieren wollen, wenn der Großvater die Kosten von 82 Dollar aufbringt. Offensichtlich kein Einzelfall, wie der Ausbruch der Tumulte zeigt. Sie wurden von Polizeitruppen – wie üblich – niedergeschlagen.

Die gesundheitspolitische Grundversorgung der Bevölkerung ist nicht mehr gewährleistet. Neue oder schon für ausgerottet gehaltene Seuchen sind wieder im Vormarsch oder sind, wie Vogelgrippe und SARS, nur mit großer Verzögerung in den Griff zu bekommen. Die Zeche müssen auch wir in Europa zahlen …

4) Provinzfürsten – Wo die Macht zu Hause ist

„Fette Beamte ergeben dürre Bauern"
Altchinesische Weisheit

Kaum geringer als die Sorge der Führung in Beijing, die Kontrolle über die Massen zu verlieren, ist die Sorge der Führung, die Kontrolle über die Gouverneure und deren regionale Seilschaften zu verlieren. Pessimisten sprechen schon von einem Warlord-Syndrom. Das ist umso erstaunlicher, als sich die gesamte Machthierarchie in der Hand einer Partei befindet. Aber wie hatte es schon der legendäre Ministerpräsident Zhou Enlai 1972 dem Autor gegenüber in einem Wortspiel formuliert: „Jedes Land hat mehrere Parteien. Und wenn es aus historischen Ursachen nur eine Partei hat, dann hat es diese eben in dieser einen Partei." Die politische Gewalt der zentralen Führung besteht aus Lenkungsmöglichkeiten, die reale Macht im weiten Land besteht aus Beharrungsmöglichkeiten, getreu dem altchinesischen Motto: Oben werden die Entscheidungen getroffen, unten werden die Gegenmaßnahmen getroffen. Das reicht vom Aushandeln des Steueraufkommens der Provinzen mit der Zentrale bis zu den Schwierigkeiten der zentralen Führung, die Konjunkturbremsungsmaßnahmen in den Regionen durchzusetzen. Jeder Provinzfürst will für noch höhere Karriereaussichten sein eigenes Wirtschaftswunder vorzeigen können. Von dort kommt auch der Widerstand gegen die Schließung maroder Dinosaurier-Betriebe des Staatswirtschaftssektors oder umweltschädigender Betriebe, denn das bedeutet Arbeitsplatzverluste, deren Verantwortung den lokalen Machthaber zuerst trifft. Aus diesem Dilemma entstand die interessante Symbiose zwischen der zentralen Führung in Beijing und Greenpeace, an welcher der Österreicher Alexander Egit in der chinesischen Hauptstadt maßgeblich beteiligt ist: „Umweltschutzpolitische

Vorgaben aus Beijing werden oft von den Regionalchefs einfach ignoriert. Wir helfen durch Aufzeigen von Missständen."

In dieses Kapitel fällt auch die hemmungslose Ausbeutung von Rohstoffen auf Kosten von Menschenleben. Sicherheitsstandards werden ignoriert, Privatunternehmer schinden Bergleute, und die ärgsten Tragödien ereignen sich in Kohlegruben, deren Schließung Beijing wegen Sicherheitsmängeln längst angeordnet hatte. So war ein Katastrophenbergwerk von den Regionalbehörden sogar illegal durch „Privatisierung" wiedereröffnet worden – bis zur zweiten Tragödie.

Einen „handfesten" Beweis der Machtwillkür regionaler und lokaler Behörden bekamen im Oktober 2005 in der Stadt Linyi in der Provinz Shandong der blinde Dissident Chen Guangcheng und eine Gruppe von Rechtsanwälten aus Beijing zu spüren. Sie wurden von Polizisten und angeheuerten Schlägertrupps schwer misshandelt. Der Dissident Chen führt einen Kreuzzug gegen Zwangssterilisierung und Zwangsabtreibung. Laut chinesischem Gesetz sind Zwangsmaßnahmen in der Familienplanungspolitik verboten. Provinzbosse wollen aber Erfolgszahlen in der Erfüllung der Ein-Kind-Politik in Beijing vorweisen. Die zentrale Behörde für Familienplanung musste die Ungesetzlichkeit des Vorgehens gegen Chen und seine Mitstreiter einräumen, Disziplinarmaßnahmen gegen die Täter in Linyi und ihre Hintermänner wurden allerdings keine gemeldet.

In der Provinz Guandong, dem „Wilden Süden" Chinas, wurden von korrupten und unfähigen Beamten zwischen 2000 und 2004 umgerechnet elf Milliarden Dollar veruntreut, rügte eine Untersuchungskommission der Zentralbehörden in Beijing: „Festbankette, Geschenke, Transfer auf Privatkonten ..." liest sich das Sündenregister. 71 Regionalbonzen wurden degradiert, 36 entlassen, 105 diszipliniert, 231 der Justiz übergeben. Wie dieses Durchgreifen gelang? Mit einem Trick: 747 Beamte wurden dafür (anonym) belohnt, dass sie untreue oder unfähige Kollegen bei der Untersuchungsbehörde anzeigten …

Korruption ist an und für sich keine chinesische Besonderheit. Allerdings: Korruption in einem Ein-Parteien-Staat innerhalb des Herrschaftsapparats dieser Monopolpartei ist für diese systemgefährdend. Mangelnde Transparenz und Kontrolle verschärfen die politische Problematik. Selbstkontrolle hat in politischen Ein-Partei-Systemen selten den gewünschten Erfolg erzielt.

Es muss schon eine seltsame Auktion gewesen sein in Chenzhou in der zentralchinesischen Provinz Hunan. Dort versteigerte Parteisekretär Li Dalun die Lizenz zum Betreiben einer Erzmiene für 130 Mio. Yuan (13 Mio. Euro), allerdings nicht zu Gunsten des öffentlichen Wohls, sondern zu Gunsten eines Mafiaclans von 150 Funktionären der Stadt, darunter auch der für die Betriebssicherheit der Miene Verantwortliche. Als Chinas Zentralregierung im Juni 2006 mit harter Hand durchgriff, verteidigte sich ein Täter im Verhör: „Ich war nicht der Korrupteste, sondern nur die Nummer 12." Bei Parteisekretär Li und seiner Frau fand man 32 Mio. Yuan und Geschenke im Wert von 23 Mio.

Der Anti-Korruptions-Säuberungswelle fielen weitere Funktionäre zum Opfer: der Vize-Parteichef der Provinz Shandong, Du Shicheng, sowie der Parteichef von Qingdao, wo die olympischen Segelwettbewerbe ausgetragen werden. Und ebenso im Zusammenhang mit Olympia-Korruption der Vize-Bürgermeister von Beijing, der für die Auftragsvergabe und den Bau der olympischen Sportstätten zuständig war. Regierungschef Wen bezeichnete Korruption und Willkür in den Provinzen als zwei Hauptübel Chinas.

Mit dem spektakulären Sturz der Parteiführung von Shanghai (70 Personen) leitete Staats- und Parteichef Hu die „Rückeroberung der Provinzen" ein, damit das höhnische Gerede machttrunkener Provinzfürsten ein Ende finden soll, wonach sie „in Beijing noch so laut schreien können, wir hören sie nicht". Hu Jintao lässt Kontrollkommissare zu Überraschungsbesuchen ins ganze Land ausschwärmen – vom Volk spöttisch „Fallschirmspringer" genannt –, die mit Sondervollmachten ausgestattet in den verfilzten Provinz-Seilschaften die Einhaltung von Gesetzen, zentraler Verordnungen und Parteibeschlüssen durchsetzen sollen.

Das China der Provinzbosse ist das China mit dem hässlichen Gesicht. Beijing kann es sich aber nicht leisten, diese so ohne Weiteres zu verprellen. Eine Gefahr für Chinas Einheit besteht jedoch nicht. Auch wenn das Reich der Mitte in seiner langen Geschichte oftmals desintegriert war, so fand es doch immer wieder, entsprechend dem Yo-Yo-Effekt, zusammen.

5) Blut und Tränen – Made in China

Seien wir froh, dass Chinas Führung wenigstens bei ihrer Auffassung von Menschenrechten auf Exporterfolge verzichtet. Geschätzte fünf Millionen Häftlinge in Arbeitslagern, davon etwa 4.000 politische Dissidenten, ergänzen die wirtschaftlichen Exporterlöse Chinas. Streikverbot sowie Lohn- und Sozialdumping in chinesischen Fabriken tragen dazu bei, Produkte konkurrenzlos billig herzustellen. Chinesische Unternehmer übertreffen zuweilen die ärgsten kommunistischen Propaganda-Zerrbilder von kapitalistischen Ausbeutern. Westliche Unternehmen in China und ihre Standards in den Betrieben, unter scharfer Beobachtung der Gewerkschaften im Westen, genießen daher bei den Arbeitern einen besseren Ruf als einheimische Kapitalisten. Allerdings pflegen westliche Investoren, wenn es nicht auffällt, die „Schmutzarbeit" an chinesische Unternehmer auszulagern.

Das Label „Made in China" an unseren Importprodukten ist viel zu viel mit Blut und Tränen belastet. Der Exil-Dissident Harry Wu, der 19 Jahre im Gulag der chinesischen Lagerwelt verbrachte, hat es am eigenen Leib spüren müssen. In jedem der 12 Arbeitslager („Umerziehung durch Arbeit"), die er „durchlief", war er in einem anderen Produktionszweig eingesetzt: Chemikalien, Eisen, Kohle – alles für den Export. Im Auftrag einer renommierten Kleidermarke wurden von 1.500 Häftlingen Knöpfe angenäht oder Kunstblumen zusammengesteckt, an deren Anblick wir uns erfreuen. Beim Zusammensetzen der Eisenklammern hatten die Häftlinge abends blutige Hände. Die Selbstfinanzierung des chinesischen Gefängnissystems – schlechtes Essen inklusive – entlastet den Staatshaushalt enorm.

Ein ehemaliger politischer Gefangener, der verständlicherweise nicht genannt sein möchte, berichtet über seinen Leidensweg: „Ich wurde am 13. Januar 1998 unter der Anklage der Bedrohung der nationalen Sicherheit in einem Lager eingeliefert. Kaum war ich dort angekommen, umstellten mich einige Männer und fingen an, mich zu schlagen, und nahmen mir meine Sachen weg. Das ist dort so üblich. Nachts weckten die Aufseher uns Gefangene auf, ließen uns antreten und schlugen uns mit Holzstöcken. Alle heulten unter den Schmerzen. Bevor sie losschlugen, hatten Polizisten und Aufseher reichlich Alkohol zu sich genommen und Gelage veranstaltet. Essen und Getränke wurden von dem Geld bezahlt, das die Aufseher den Häftlingen weggenommen hatten. Das ganze Jahr über gab es nur flüssiges ‚Congee' aus Mehl und ein Stück chinesisches Brot zum Frühstück. Mittag- und Abendessen waren noch erbärmlicher. Auf der Tafel stand die Speisekarte für mehrere Wochen – mit wesentlich besserem Essen."

Im Oktober 2004 veröffentlichte die Falun-Gong-Organisation im Ausland Videoaufnahmen von Wang Xia, einer Frau, die kurz zuvor aus einem Gefängnis in Hohot in der Inneren Mongolei entlassen worden war, wo sie zwei Jahre einer siebenjährigen Freiheitsstrafe wegen Verteilung von Falun-Gong-Werbematerial verbüßt hatte. Sie sah ausgemergelt aus und ihr Körper wies mehrere Narben auf. Ihren Angaben zufolge hatte man sie in der Haft an ein Bett gefesselt, an der Decke aufgehängt, geschlagen, ihr unbekannte Substanzen injiziert und sie mit Elektroschocks gepeinigt, nachdem sie aus Protest gegen ihre Verhaftung in den Hungerstreik getreten war.

2005 erlaubte Chinas Führung dem UNO-Sonderberichterstatter über Folter, dem Österreicher Manfred Nowak, einen Inspektionsbesuch in den Gefängnissen; zwar nicht ganz nach seinen Wünschen, aber immerhin ein großer Fortschritt. Nach seiner Reise zog Manfred Nowak Bilanz über den Widerspruch zwischen offiziell verbotener Folter und der Praxis: „Die Menschenrechtslage in China hat sich gebessert, doch vieles liegt noch im Argen. Folter ist nach wie vor weit verbreitet, zwar nicht so sehr zum Erpressen von Geständnissen, aber nach dem Urteil – oft jahrelang – für eine gezielte Gehirnwäsche, zum Brechen des freien Willens, zum Bekenntnis, Schuld auf sich geladen zu haben, zur sogenannten Umerziehung. Zum Beispiel tagein, tagaus schweigend mit gesenktem Kopf auf einem Schemel sitzen zu müssen, jahrelang."

Ein besonders düsteres Kapitel ist der Organhandel mit „frisch" Hingerichteten. Aus dem Westen werden aus Privatkliniken Patienten zur Organtransplantation nach China geflogen, seit Krankenhäuser, die sich selbst erhalten müssen, entdeckt haben, wie viel Geld sich vor allem mit ausländischen Patienten (insbesondere mit Japanern, da es in Japan keine Organspender gibt) verdienen lässt. Für Nachschub sorgt die exzessive chinesische Blutgerichtsbarkeit – Fehlurteile inklusive – nach erpressten Geständnissen.

Wo werden die meisten erfolgreichen Leber- und Nierentransplantationen Chinas durchgeführt? In den Krankenhäusern Nr. 1 und Nr. 3 der Zhongshan-Universität in Guangzhou. Das erste ist eines der größten Spitäler Chinas. Es hat sich zu einem Lebertransplantationszentrum entwickelt. Ein Reporter von *Radio Free Asia*, der sich als „Kunde" ausgab, rief dort am 30. Mai 2005 eine Kontakttelefonnummer an und zeichnete das Gespräch auf Band auf. Reporter: „Wie lange muss man auf eine Lebertransplantation warten?" Sprecher: „Kommt darauf an, wie viel Glück sie haben. Mit Glück eine Woche, mit weniger Glück einen Monat." Reporter: „Wie viel kostet die Organtransplantation?" Sprecher: „Wenn alles gut läuft, zwischen 200.000 und 300.000 Renminbi." (20.000 bis 30.000 Euro). Reporter: „Von welchen Spendern kommt die Leber?" Sprecher: „Darüber müssen Sie sich keine Sorgen machen." Reporter: „Es heißt, die Organe kommen auch von Hingerichteten ohne Zustimmung ihrer Familien. Ist das legal?" Sprecher: „Können wir bitte nicht mehr über die Spender reden. Wir haben das Problem, die Organe zu bekommen, gelöst, und das schon seit langer Zeit."

Seit 1. Juli 2006 darf es das alles – offiziell – nicht mehr geben. Der Organhandel „unter der Hand" wurde ausdrücklich verboten. Alle Organtransplantationen müssen von „Ethik-Komitees" sanktioniert werden. Laut Mao Qun-an, Sprecher des Gesundheitsministeriums, muss die Freiwilligkeit einer Organspende schriftlich sichergestellt sein, „egal ob es sich um unbescholtene Bürger oder exekutierte Kriminelle handelt, und die Einwilligung kann noch in letzter Minute zurückgezogen werden". Die Nachfrage in China ist hundertmal größer als das Angebot, 1,5 Mio. Chinesen warten auf eine Organspende, aber gut zahlende Ausländer sind wohl bisher bevorzugt worden. Diese Bevorzugung wurde am 1. Juli 2007 verboten.

Der Konkurrenzkampf unter Krankenhäusern, die für solche Operationen nicht qualifiziert sind, aber daran gut verdienen, soll unterbunden werden. Viele von ihnen hätten sich

Spenderorgane auf illegale Weise verschafft, räumt das Ministerium ein. Eine Nierentransplantation kostet in China zwischen 4.000 und 6.000 Euro.

6) Rechtsstaat statt Willkürherrschaft?

„Staatsverfassungen lassen sich nicht auf Menschen aufpfropfen
wie Schösslinge auf Bäume. Wo Zeit und Natur nicht vorgearbeitet
haben, da ist's, als binde man Blüten mit Fäden an. Die erste
Mittagssonne versengte sie."

Alexander von Humboldt, 1791, als Warnung vor der
Nachahmung der französischen Revolutionsverfassung

Dieser Meinung sind auch Chinas Politiker und konforme
Akademiker bei ihren Bemühungen, durch Annäherung an
rechtsstaatliche Formen die Willkür einzuschränken. Sie werden nicht müde zu betonen, dass China Gewaltenteilung und
andere westliche Rechtsstaatselemente „nicht blind übernehmen" kann. Ähnlich denkt das autoritäre Regime in Singapur,
nur dass dort in konfuzianischer Tradition strikte Gesetzlich-
keit zum Herrschaftsprinzip erhoben ist. Der chinesische Weg
zu mehr Kontrolle über Willkür wird daher ebenfalls über
traditionelle Ordnungskonzepte entwickelt werden. Ziel der
Staatspartei ist die „sozialistische Gesetzesherrschaft", wächst
doch der gesellschaftliche Druck, Gesetzesnormen, wie die Ein-
klagbarkeit von Behördenentscheidungen, über den bisherigen
vornehmlich wirtschaftsbezogenen Rahmen hinaus zu erwei-
tern. Robert Heuser, Professor für chinesische Rechtskultur in
Köln, nennt Beispiele, die bei uns, aber bisher nicht in China,
alltäglich sind: Ein Lehrer klagte erfolgreich gegen seine Früh-
pensionierung, oder ein gehbehinderter Schüler klagte erfolgreich auf sein Recht auf Bildung. Ebenso steht die Steuer- und

Abgabenwillkür lokaler Behörden mehr und mehr unter dem juristischen Druck von Landbewohnern.

Rechtsanwalt wird in China ein Berufsstand mit Zukunftsaussicht, auch wenn kürzlich einer, der private Ölbohrer bei der Verstaatlichung des Erdölfeldes im Entschädigungsstreit vertrat, wegen „ungebührlichen Drucks" auf die Behörden verhaftet worden war. Er wurde aber später von einer höheren Instanz auf freien Fuß gesetzt – immerhin ein Fortschritt zu den Auffassungen von 1978, als man Rechtsanwälte als „nicht nötig" erklärt hatte. Sie würden nur versuchen, Gewinne herauszuschlagen und Kriminellen und Klassenfeinden helfen, sich vor der gerechten Strafe zu drücken. 2005 gab es schon 12.000 Rechtsanwaltskanzleien und über 130.000 Anwälte (1977: null).

Ebenso wie Journalisten leben in China Rechtsanwälte, wenn sie die verschwommenen Grenzen des Erlaubten ausreizen wollen, nicht ungefährlich – sowohl vor kriminellen als auch vor politischen Nachstellungen. Mehrere Rechtsanwälte haben sich darin einen landesweiten Namen gemacht. Der Anwalt Zhou Litai kämpft spektakulär um Entschädigungen für Opfer von Arbeitsunfällen. Das gefällt sowohl Unternehmern als auch Parteifunktionären gar nicht. Zhou Litai steht mit dem einen Fuß im Gefängnis und mit dem anderen im Grab, dennoch: „Ich werde weiterkämpfen, allein schon um der Gesellschaft ihre Würde zu geben. Manchmal fühle ich mich, als würde ich gegen eine uneinnehmbare Festung rennen."

Sein ebenso engagierter Kollege Gao Zhishen, der die Behörden quält und dabei viel riskiert („Man kann in diesem Land nicht das Recht vertreten, ohne selbst ein Rechtsfall zu werden"), nimmt kein Blatt vor den Mund: „Die meisten Beamten sind im Grunde genommen Mafiabosse, die mit extrem barbarischen Methoden die Menschen terrorisieren, um sie davon abzuhalten, von ihrem Recht Gebrauch zu machen." In Sichuan wurden die regionalen Behörden nach Bauernunruhen ge-

gen Zwangsumsiedlungen und unzureichende Entschädigungs-
zahlungen von der Zentralregierung angewiesen, die Meinung
der Massen zu hören und deren Interessen zu wahren. Entschädigungen sollen künftig das Dreißigfache des Ertrags des
Ackerlands betragen, und Stadtbewohnern wird der Erwerb
von Bauernland zur Errichtung von Eigenheimen untersagt.

Einen spektakulären Fall von behördlichem Einlenken gegenüber einer individuellen öffentlichen Protestaktion konnte
die gesamte chinesische Nation 2006 in der Berichterstattung
der Massenmedien miterleben: In Chongqing hatte Frau Wu
Ping in ihrem „Nagel"-Haus ausgeharrt, das wie eine erhobene
Insel inmitten einer großen Baugrube den Abrissbirnen be-
harrlich im Wege stehen blieb. („Nägel" nennt man in China
Menschen, die sich nicht in das Brett der Konformität einschla-
gen lassen.) Korrupte Funktionäre im Zusammenschluss mit
gierigen Baulöwen wollten sie mit einer lächerlichen Entschädigung abspeisen. Die störrische Frau Wu mobilisierte die Massenmedien und konnte der Sympathie und Anteilnahme der
Öffentlichkeit gewiss sein. Karawanen von Journalisten, Inter-
net-Freaks und Solidarität bekundende Bürger zogen zu dem
bizarren Haus. Frau Wu gewann das Tauziehen mit den Behörden und bekam eine Entschädigung, die dem Wert ihres Restaurants entsprach.

Chinas Bürger zeigen immer mehr Zivilcourage, das auf dem
Papier stehende Recht einzufordern und riskieren Leib und Leben, wenn die lokalen Machstrukturen zurückschlagen. So erlangte der 39-jährige Bauer und Umweltaktivist Wu Lihong nationale Medienberühmtheit, der seit 18 Jahren einen einsamen
Kampf gegen die Vergiftung der Reisfelder durch Chemiefabri-
ken führt. Der Einzelkämpfer (China-Spitzname „Öko-Krie-
ger") wird regelmäßig von jenen Behörden tätlich schikaniert,
die Geschäftsinteressen in den Fabriken haben. Oder der Anti-
Drei-Schluchten-Damm-Aktivist Fu Xiancai: Er wurde „von

Unbekannten" zum Krüppel geschlagen. Laut Akademie für Sozialwissenschaften hat sich die Zahl von Bürgervereinigungen im Jahr 2007 auf 300.000 erhöht, darunter 2.800 Umweltverbände. Mündige Bürger beginnen das Land von innen her zu verändern. Manche nennen es schon eine „stille Revolution". Chinas Führung versucht, sie in ihr Konzept der „harmonischen Gesellschaft" zu integrieren.

Ein Ventil gegen Unrecht ist das Petitionswesen, das in China lange Tradition hat. Daraus hat sich in den letzten Jahren eine Lawine entwickelt. Bei sämtlichen Gerichten Chinas liegen schon vier Millionen Petitionen, oft verbunden mit Reisen in die Hauptstadt „zum Kaiser" – ebenfalls eine historische Tradition. Wie ein Sprecher des staatlichen Büros für Briefe und Bittgesuche mitteilte, sind 80 Prozent der eingereichten Petitionen ihres Inhaltes nach „berechtigt". Wer allerdings auf dem Tiananmen-Platz seiner Bitte Nachdruck verleihen möchte, wird sofort aus dem Verkehr gezogen …

Das chinesische System der Machtpyramide mit dem Quell aller Gunst, Gnade und Geld an der Spitze hat auch schon zum Entstehen von 5.000 Lobby-Büros in der Hauptstadt geführt. Diverse chinesische Institutionen lassen sich die Überzeugungsarbeit Millionen an Bewirtungs- und anderen Spesen kosten – ein ewiges Geben und Nehmen. Einmal mehr gilt der Satz von Lord Acton aus dem 19. Jahrhundert: „Macht korrumpiert, absolute Macht korrumpiert absolut."

Im Jahre 2006 ermittelte die Staatsanwaltschaft gegen 8.000 Funktionsträger wegen Amtsmissbrauchs. Die Hälfte der Fälle betraf Polizei und Justizverwaltung, die für ihre „kurzen Prozesse" bekannt sind. Anfang des Jahres hatte der von chinesischen Medien aufgeworfene Fall des Dorfpolizisten She Xianglin eine bis dahin nicht gekannte öffentliche Diskussion in ganz China über Folter und Todesstrafe ausgelöst. Der Polizist war unter der Beschuldigung, seine Frau ermordet zu haben, zum Tode verurteilt worden. Die Todesstrafe wurde in lebenslang umgewandelt. Der Polizist hatte anfangs geleugnet, aber man fand eine zur Unkenntlichkeit verweste Leiche. Nach zehntägiger Prügelfolter legte er ein Geständnis ab. Im April 2006 tauchte aber die „ermordete" Gattin quicklebendig auf. Sie war ihm nur durchgebrannt. Der „Täter" musste nach elf Jahren Haft freigelassen werden – und erhielt mit umgerechnet 4.500 Euro die höchste bis dahin ausgezahlte Entschädigungssumme.

Aus dem Fall wurden noch andere Lehren gezogen: Folterer sollten sich vor Gericht verantworten müssen, Verhöre zu schweren Kriminaltaten müssen auf Video festgehalten werden, aber an der Todesstrafe selbst wird in einer konfuzianischen Gesellschaft ebenso wenig gerüttelt, wie unter den Christkonservativen in den USA: Leben müsse mit Leben bezahlt werden. Allerdings: In China gilt die Hälfte der 68 todeswürdigen Verbrechen für Taten ohne Gewaltanwendung und an die 8.000 juristischen Todesurteile jährlich (davon die Hälfte tatsächlich vollzogen) sind Weltspitze. Sie werden jetzt in einer Art zivilisatorischen Fortschritts immer weniger durch Genickschuss, sondern mit Giftspritze (Vorbild: USA!) vollzogen in dafür ausgestatteten Exekutionsautobussen.

Abschaffung Nein, aber „Humanisierung" der Todesstrafe lautet das jüngste Reformkonzept der chinesischen Führung. Ausdrückliche Absicht ist „weniger Todesurteile zu fällen und umsichtiger zu verurteilen". Nach den chinesischen Medienberichten über die große Zahl von Fehlurteilen sind Provinzgerichte angewiesen, jedes Todesurteil an die Obersten Gerichtshof in Beijing weiterzuleiten. Auch sind ab sofort barbarische Praktiken wie die öffentliche Zurschaustellung zum Tode Verurteilter oder die Rache-Misshandlung von Exekutierten durch Familienangehörige der Opfer verboten.

Aus dem Amnesty-International-Jahresbericht 2005: „Auf einigen Gebieten waren gewisse Fortschritte in dem Bemühen um Reformen zu verzeichnen, ohne dass dies allerdings eine wesentliche Verbesserung der Menschenrechtslage herbeigeführt hätte. Dazu zählen neue Bestimmungen, welche Folter in Polizeigewahrsam verhindern sollen. Ausbleibende Durchführungsbestimmungen haben jedoch die praktische Umsetzung der neuen Vorschriften erheblich erschwert."

Alles in allem: Der Drache bewegt sich, aber im Schneckentempo. Andererseits hat Hongkong sein Rechtsstaatssystem nach westlichen Maßstäben beibehalten dürfen.

7) Der „70/30"-Trick mit Mao

„Der Schüler Zi-lu sprach zu Konfuzius: ,Wenn Euch der
Herrscher des Staates Wei die Regierung anvertraute –
was würdet Ihr zuerst tun?'
Der Meister antwortete: ,Unbedingt die Namen richtigstellen.'
Darauf Zi-lu: ,Damit würdet Ihr beginnen? Das ist doch
abwegig. Weshalb eine solche Richtigstellung der Namen?'
Der Meister entgegnete: ,Stimmen die Namen und Begriffe nicht,
so ist die Sprache konfus. Ist die Sprache konfus, so entstehen Un-
ordnung und Misserfolg. Gibt es Unordnung und Misserfolg, so
geraten Anstand und gute Sitte in Verfall. Sind Anstand und gute
Sitte in Frage gestellt, so gibt es keine gerechten Strafen mehr.
Gibt es keine gerechten Strafen mehr, so weiß das Volk nicht, was
es zu tun hat und was es lassen soll. Darum muss der Edle Be-
griffe und Namen korrekt benutzen und auch richtig danach
handeln. Er geht mit seinen Worten niemals leichtfertig um.'"
                    Konfuzius, „Gespräche" (Lun-yu), XIII/3

Japans „Auschwitz" liegt in Nanjing (Nanking), der Hauptstadt der Republik China bis 1949. Die dortige Erinnerungsstätte für das Nanking-Massaker mit 300.000 Opfern liegt über der zum

Teil freigelegten Begräbnisstätte, wo die Japaner Zehntausende verscharrt hatten. Ebenso viele Chinesen pilgern jährlich an diesen Schreckensort, um ein patriotisches „Niemals wieder" zu schwören. Aber was sind Japans millionenfache Kriegsverbrechen am chinesischen Volk im Vergleich zu den noch viel zahlreicheren Verbrechen Maos am chinesischen Volk? Weshalb hängt Maos Bild noch immer über dem Tiananmen-Platz, und weshalb liegt seine Mumie noch immer im Schneewittchen-Sarg in der Verehrungshalle am Südende des Platzes? Weshalb wurden die drei jungen Demonstranten, die es vor dem Tiananmen-Massaker 1989 gewagt hatten, Farbbeutel gegen das Antlitz des „Großen Vorsitzenden" zu schleudern, exemplarisch bestraft, als hätten sie einen Religionsfrevel begangen? Einer von ihnen, der vormalige Student Yu Dongyue (39) ist in der Haft wahnsinnig geworden.

Mao ist noch immer das große Aushängeschild des Regimes, obwohl seine Lehre einfach ignoriert wird. Denn er ist der Gründungsvater des neuen China und seine Partei hat China in die Augenhöhe mit der Welt geführt. Das rechnet sich die Partei als Herrschaftsmandat an und das wird Mao auch von den meisten Chinesen gutgeschrieben. Der Schein bestimmt das Sein in einem Wertesystem, das Überkommenes nicht verwirft, sondern als Ritual weiter zelebriert. Brüche werden vermieden, Widersprüche zugekleistert, die Kontinuität der Fassade hat absoluten Vorrang. So wurde die Kommunistische Partei natürlich nicht umbenannt (wie die Parteien in Europa), obwohl Chinas KP heute alles Revolutionäre und alle Gleichmacherei vehement verwirft und nur noch Stabilitäts-Harmonie predigt. Maos politischer Erbe und Gegner, Deng Xiaoping, ließ dessen Ikone am Tiananmen-Platz hängen, und daran hat sich bis heute nichts geändert. Der Zweck ist klar: Die Partei fürchtet, dass der rote Himmel über ihr zusammenbricht, wenn sie auch die tragende Säule ihrer Herrschaftslegitimation umstürzt. Eine sogenannte „Vergangenheitsbewältigung" lässt Chinas Führung nicht zu, weil sie sofort zu einer Systemdiskussion werden könnte. Wer die Vergangenheit kontrolliert, über sie die Interpretationsmacht und Deutungshoheit hat, der kontrolliert die Gegenwart. „Mao hat uns von den Ausländern befreit", begründet der Friseur Wang Rong in Anhui, weshalb er auch heute noch ein großes Strahlenkranz-Poster des Großen Vorsitzenden in seinem Laden hängen hat. Deng Xiaoping hatte sich durch einen Trick aus der Affäre gezogen: „Mao war zu 70 Prozent gut und zu 30 Prozent schlecht." Also ließ er Mao als Fassade stehen. In den chinesischen Schulbüchern ist von Maos „Fehler", immerhin 20 bis 40 Millionen Tote, nur nebenbei die Rede. Über Maos verheerende Kulturrevolution ist zu lesen, dass sie von „konterrevolutionären Gruppen manipuliert worden war". Maos prominente Opfer, die überlebt haben, darunter der nach einem Fenstersturz während der Kulturrevolution querschnittsgelähmte Sohn von Deng Xiaoping, reden höchstens um den heißen Brei herum. Nicht anders ist die offizielle Verantwortung von Chinas Führung zur Rechtfertigung des Tiananmen-Massakers: konterrevolutionäre Umtriebe.

Diese Nichtaufarbeitung der Geschichte, diese Nichtrichtigstellung der Namen und Begriffe ist eine Versündigung an einem der obersten Gebote des Konfuzianismus und damit die politische Achillesferse der Legitimation der Machtausübung des Regimes. Das wirft Fragen über die politische Zukunft auf und schürt die Ungewissheit über jene „harmonische Gesellschaft" – ein konfuzianischer Begriff –, die Staats- und Parteichef Hu Jintao predigt.

8) Ersatz-Ideologien

a) NATIONALISMUS

I) „Japan ist eine Raupe"

„Ein Gespenst geht um in Asien: das Gespenst des Nationalismus. Dort ist er nicht in Verruf geraten, wie in Europa."
                    Polit-Studie der EU-Universität in Brügge

Shanghai, Herbst 2004: Es ist wieder Samstags-Demo gegen Japan. Durch das Stadtzentrum marschieren viele Jugendliche und Studenten, kaum Alte, die sich noch an die Kriegsverbrechen der japanischen Besatzer erinnern könnten. Demonstriert wird gegen das „reuelose, arrogante Japan". Die Emotionen sind aber vielschichtiger: Japan solle das aufsteigende China als Mitspieler akzeptieren, anstatt die Rolle einer asiatischen Speerspitze der US-amerikanischen Eindämmungspolitik zu erfüllen. China lässt seine Muskeln spielen. Allerdings im völligen Kontrast zu den politischen Auseinandersetzungen zwischen Beijing und Tokio sind die Wirtschaften beider Länder ganz eng miteinander verflochten. China hat die USA als Japans größten Handelspartner abgelöst, und Japan ist für China die Nummer 3 nach den USA und der EU. 16.000 japanische Unternehmen arbeiten in China, 100.000 Japaner sind dort tätig. Das japanische Investment in China beträgt 32 Milliarden Dollar. 150.000 Chinesen studieren in Japan, und eine Million Chinesen arbeitet für japanische Firmen.

Die Rivalität und historische Hassliebe zwischen China und Japan sind ein unendliches, kompliziertes Wechselspiel. Ein Student bei der Shanghai-Demo versucht es dem Ausländer mit einem recht verwirrenden Bildvergleich zu erklären: „Wenn wir früher auf die Landkarte schauten, sahen wir China wie die Gestalt eines Laubblattes und Japan wie die Gestalt einer Raupe, immer begierig, das Blatt zu fressen. Wenn wir heute auf die Landkarte schauen, sehen wir Japan noch immer als Raupe, aber China wie die Gestalt eines Hahns, der jederzeit in der Lage ist, die Raupe aufzupicken."

Wochen später wurden weitere Demonstrationen verboten. Sie hatten ihre Denkzettelrolle gegen Japans Regierung erfüllt. Auch fürchtete Chinas Führung, dass statt „Japan" leicht „Demokratie" gerufen werden könnte. Diese turbulenten Demonstrationswochen in dem klassischen Land der Demonstrationsverbote zeigten jedenfalls deutlich, dass in China (und in den anderen asiatischen „Tiger"-Staaten) mit erstarkender Wirtschaftsleistung auch ein nationalistisches Potenzial heranwächst beziehungsweise wiederkehrt. Der gleiche politische Trend zeichnet sich in der japanischen Politik ab: Japans Außenminister Taro Aso, Vertreter einer harten Linie, sorgte Ende 2005 für politische Aufregung, als er China als „erhebliche Bedrohung" bezeichnete: „China ist ein Nachbarland, das Atomwaffen besitzt und dessen Rüstungsausgaben zweistellige Zuwachsraten aufweisen." Wird Japan gleichziehen?

Der maritime Raum zwischen China und Japan mit den zahlreichen Eilanden ungeklärter Staatszugehörigkeit und mutmaßlichen Off-Shore-Bodenschätzen wird zum Pulverfass der Machtrivalität. Besonders demütigend muss es Japan empfinden, dass ihm China einen ständigen Sitz im UNO-Sicherheitsrat verweigert, weil es wegen mangelnder Vergangenheitsbewältigung politisch noch nicht reif dafür sei.

Chinas Führung fördert als ideologischen Kitt intensiv „patriotische Gefühle", schon in den Schulbüchern: Nationalismus als Ersatzideologie für den abgestorbenen Kommunismus? „Patriotismus" statt Demokratie? Japan, Tibet, Taiwan als Blitzableiter für gesellschaftliche Probleme? Eine heikle Gratwanderung für ein Regime, das wegen seiner exportpolitischen

Ziele an keinen außen- und militärpolitischen Krisen interessiert sein kann. Deshalb lohnt sich schon gar nicht ein Krieg wegen Taiwan. Ein alter China-Kenner wagt zu prophezeien: „Die Chinesen haben sich ausgerechnet, dass sie 30 bis 50 Jahre benötigen, um den Vorsprung anderer Länder aufzuholen. Sie wollen den Fehler Deutschlands und Japans unbedingt vermeiden, deren Kampf um Macht und Einfluss zu verheerenden Kriegen geführt hat."

II) Taiwan: Der unfreiwillige Bruder

Kaum hatte das chinesische „Anti-Abspaltungsgesetz" 2004 Taiwan und die Welt aufgeschreckt, lud Beijing Taiwan-Politiker zu pompösen Freundschaftsbesuchen – falls sie in Opposition zu Taiwans Präsidenten Chen Shui-bian stehen. Sogar die Kuomintang-Partei, welche China bis zur Vertreibung durch Mao regiert hatte, erhielt in Beijing alle Ehren. Mit der Kuomintang ist sich Beijing in einem einig: Es gibt nur ein China mit Taiwan – im Gegensatz zu dem „Spalter"-Präsidenten Chen, der Taiwan zu einem eigenen, souveränen Staat machen will.

Chinas „Kalt-Warm"-Politik verfehlte nicht ihre Wirkung: In der „Republik China auf Taiwan" kippte die Umfragemehrheit für einen risikoreichen Unabhängigkeitskurs. Man beugt sich lieber dem unbefriedigenden Status quo: Taiwan als erfolgreicher Wirtschaftsfaktor in der Welt, von der man aber politisch zugunsten Beijings geächtet wird. Dabei ist Taiwan seit 1895 überhaupt nur vier Jahre, 1945–1949, vom Festland aus regiert worden. Der chinesische Nationalismus erhitzt sich an der „abtrünnigen Provinz", weil sie der erste große Teil Chinas war, der von den Imperialisten, noch dazu von den Japanern, aus dem Reich der Mitte herausgerissen worden war. Nach dem Zweiten Weltkrieg, so der Vorwurf, machten die USA die Insel zum „unsinkbaren Flugzeugträger vor Chinas Küste".

Taiwan ringt mit einer schweren Identitätskrise, die durch die Wahl von Chen Shui-bian im Jahre 2000 offenkundig geworden war, dem ersten Präsidenten, der aus Taiwan stammt. Wie lange soll noch die Minderheit der Festland-Chinesen den Ton angeben? Wie lange soll noch ihr Hoch-Chinesisch als Staatssprache gelten und nicht das Taiwan-Chinesisch? Wie lange soll noch in den Schulbüchern Geschichte und Geografie von Festland-China der Vorzug gegeben werden vor Taiwans Geschichte, die bis zur vor-geschichtlichen Einwanderung der austronesischen Urbevölkerung aus dem Südpazifik zurückreicht? Die normative Kraft des Faktischen, zwei Generationen der Trennung von der Volksrepublik China, zeitigt deutliche Spuren.

Chinas Umarmungsstrategie mit einem „folgsamen" Taiwan entspringt handfesten Wirtschaftsinteressen: Die 23-Millionen-Insel mit einem nur noch achtmal höheren Pro-Kopf-Einkommen als Festland-China wird als Entwicklungshelfer herangezogen. China ist Taiwans größter Exportkunde. 40.000 taiwanesische Firmen auf dem Festland bieten direkt oder indirekt 6 Millionen Chinesen Arbeitsplätze. Sogar in chinesische Festlandkrankenhäuser hat sich taiwanesisches Kapital einkaufen können. Die Miteigentümer sollen sie effizienter machen. Auch Taiwan-Ärzte dürfen jetzt auf dem Festland tätig sein. Und damit sich die 900.000 auf dem Festland stationierten Taiwanesen auch wohlfühlen und fleißig weiter investieren, hat die Führung in Beijing ein regelrechtes Stück Taiwan inmitten der Volksrepublik China geschaffen: In Dongguan haben bald 100.000 Taiwan-Familien eine eigene städtische Infrastruktur, darunter eine Schule, in der sogar von Taiwan-Lehrern nach taiwanesischen Lehrplänen unterrichtet wird. (Die jüngere Geschichte ist ausgeklammert und wird dann auf Taiwan „nachgeholt".) In Kunshan bei Shanghai ist ebenfalls ein Großteil der Infrastruktur auf die 90.000 Taiwanesen zugeschnitten; Spitzname: Klein-Taipei. Der Immobilienboom in Shanghai, eine gefährliche Spekulationsblase, blüht mit taiwanesischem Kapital.

So hätte es jedenfalls Beijing gern: Es wächst zusammen, was zusammengehört. „Bei einer friedlichen Wiedervereinigung mit maximaler Autonomie könnte Taiwan sogar seine eigene Armee haben", lockt das offizielle China dentaiwanesischen Bruder. Als idealen „Lockvogel" hat die Führung in Beijing den vormals als Aberglauben verachteten Kult um den legendären „Gelben Kaiser" entdeckt, den Kulturnationstiftenden Urahn Chinas, dessen 5.000 Jahre alte mystische Grabstätte in den Lössbergen von Shaanxi liegt. Seit Neuestem gestaltet sich das Totengedenken an ihn am Qingming (Grabreinigungs)-Fest als ein pompöser Staatsakt der nationalen Einheit. Delegationen aus Taiwan (ebenso wie aus Hongkong und aus Übersee) sind zu den feierlichen Zeremonien geladen, um den gemeinsamen Ursprung aller Chinesen zu würdigen. „Hier sind die Wurzeln der chinesischen Nation, wir sind alle Kinder des Gelben Kaisers", erschallten bei der Feier im April 2006 die Chöre in der Verehrungshalle mit der fabrikneuen Monumentalstatue des Fabelherrschers. „Landsleute aus Taiwan" erhielten eine extraherzliche Begrüßung in dieser „Wiege der chinesischen Nation". Hongkong und Macau seien schon mit dem Vaterland vereint, erklärte der Provinzgouverneur in seinem Leistungsbericht an den Gelben Kaiser, nun hofften alle auf den weiteren „friedlichen Aufstieg Chinas" und auf gemeinsame Anstrengungen zur „friedlichen Wiedervereinigung mit Taiwan". Die Zeremonie vor dem Gelben Kaiser würde das Zusammengehörigkeitsgefühl aller Chinesen stärken, unterstrich der Gouverneur. Im Anschluss an den Festakt gab es – Geschäft ist Geschäft – eine chinesisch-taiwanesische Investitionsmesse.

III) Tibet: Wenn der Dalai Lama stirbt …

„Vielleicht gibt es bald zwei Dalai Lamas: einen den die Tibeter
in ihren Herzen tragen, und einen von Beijings Gnaden."

XIV. Dalai Lama

Welcher Tibet-Reisende hat nicht erlebt, wie sich Einheimische
an Ausländer heranpirschen und flüsternd bitten um „Dalai
Picture, Dalai Picture". Die ganze Welt feierte 2005 den 70. Geburtstag des Dalai Lama. Nur die Volksrepublik China sah einen
anderen Grund zu feiern: „40 Jahre Autonome Region Tibet".

Ist Tibet nun rechtmäßig ein Teil Chinas oder unrechtmäßig?
Darüber kann vortrefflich gestritten werden wie über die Frage,
was zuerst da war: die Henne oder das Ei. Es ist allerdings auch
kein unumstößliches Gebot, dass ein Teil eines Landes nicht die
Unabhängigkeit erlangen darf – siehe Unabhängigkeit Ost-Ti-
mors von Indonesien oder der Mongolei von China. Letzteres
führt uns direkt zu dem Gordischen Knoten, der Tibet heißt:
Der einst mächtige Himalayastaat kam durch dynastische Heiraten sowie die Mongolenherrschaft in China an das Reich der
Mitte – allerdings in einem völlig autonomen Lehensverhältnis
mit eigener Regierung und auch eigener Armee. In der (leider
viel zu wenig bekannten) Sommerhauptstadt der mandschuri-
schen Qing-Dynastie, Chengde (mandschurisch: Yehol) jenseits
der Großen Mauer, hat Kaiser Qianlong an einem Bergrücken
eine kleinere Variante des Potala-Palastes von Lhasa nachbauen
lassen, um damit sowohl seiner Oberherrschaft über Tibet als
auch seiner Verbundenheit mit dem tibetanischen Lama-
Buddhismus Ausdruck zu verleihen.

Als in China zu Beginn des 20. Jahrhunderts die Kaiserherr-
schaft zusammenbrach, gerieten Unabhängigkeitsbestrebungen
Tibets in die Fänge des aus Indien übergreifenden britischen
Imperialismus. Die Unabhängigkeitserklärung Tibets fand kei-

nen internationalen Widerhall, hingegen bestätigten die USA im Zweiten Weltkrieg ihrem chinesischen Alliierten Chiang Kai-shek schriftlich, dass sie die Verbundenheit Tibets mit China „nie infrage gestellt" haben. Der heutige Dalai Lama, der in einer chinesischen Nachbarprovinz bei einer tibetischen Familie von einer Mönchsdelegation als Wiedergeburt seines Vorgängers aufgefunden worden war, wurde 1940 auf Ersuchen des tibetischen Regenten in Lhasa von einer chinesischen Regierungsdelegation bestätigt und in sein Amt eingeführt.

Nach der Machtergreifung Mao Zedongs 1949 steckte Tibet plötzlich zwischen den Mühlsteinen der aufflammenden Rivalität zwischen China und Indien um die Führung in Asien sowie der Feindschaft zwischen den chinesischen Kommunisten und den USA. Mao wollte die Himalaya-Grenze militärisch absichern, um eine allfällige „konterrevolutionäre Bedrohung durch die Imperialisten" über das tibetische Hochland zu verhindern – eine ähnliche Sorge hatte zu Chinas Eingreifen in den Koreakrieg geführt. Tibet wurde daher von China militärisch besetzt und wird seither de facto von Beijing aus mit eiserner Faust regiert. Das ist bis heute eine Verletzung der autonomen Tradition und hat in der heutigen Ausrichtung der chinesischen Außenpolitik auch keine begründbaren Ursachen mehr: China führte zwar noch Anfang der Sechzigerjahre einen Himalaya-Grenzkrieg gegen Indien, aber seither haben sich Asien und die Welt gewandelt. Die Prioritäten liegen im wirtschaftlichen Entwicklungswettbewerb.

Was treibt also China zu der völligen Starrheit in der Tibet-Frage? Der Dalai Lama hat schon längst auf Unabhängigkeit verzichtet und alle nur möglichen Kompromisse angeboten, aber Beijing legt ihm die Latte immer höher. Sogar das in Hongkong praktizierte Prinzip „Ein Land, zwei Systeme" wird im Falle Tibets schroff abgelehnt. Tibet ist zu einem Phänomen des chinesischen Nationalismus geworden, gepaart mit kolonialem chinesischem Paternalismus. Auch könnte die Rückkehr zu wirklicher Autonomie für Tibet andere Minderheitenvölker, wie die islamischen Uiguren an der zentralasiatischen Flanke Chinas, zu gleichen Forderungen, wenn nicht gar zum Streben nach Trennung von China ermuntern.

Der Knackpunkt liegt auch darin, welche Art von Autonomie angestrebt wird: territoriale oder ethnische Autonomie. Der Dalai Lama fordert Autonomie für alle seine Landsleute, von denen die Hälfte in den an das tibetische Hochland angrenzenden chinesischen Provinzen lebt. Das hat er in einem *Spiegel*-Interview 2007 deutlich gemacht: „Wenn wir die staatliche Unabhängigkeit fordern würden, dann könnten wir uns mit dem jetzigen Gebiet der sogenannten Autonomen Region zufriedengeben. Aber wir wollen keine Abspaltung und keine Unabhängigkeit. Wir wollen nur echte kulturelle und religiöse Autonomie, den Schutz der Umwelt, alles im Rahmen der Verfassung der Volksrepublik China. Aber wir müssen für alle sechs Millionen Tibeter sprechen. Das ist meine moralische Verantwortung. Unser Hauptziel ist der Schutz der tibetischen Kultur, der tibetischen Identität – und zwar überall in Gesamt-Tibet. Wenn ich nur von Tibet in den jetzigen Grenzen spräche, würden meine Leute mich genauso scharf kritisieren, wie es jetzt schon die Chinesen tun."

Chinas Regierung gibt Unsummen aus, um das relativ menschenleere Tibet zu verändern („modernisieren"). 2006 flossen 400 Mio. Euro an Investitionen nach Tibet und im gleichen Jahr wurde nach nur fünf Jahren Bauzeit die gewaltige Eisenbahnlinie aus Zentralchina durch die Bergmassive Tibets hinauf in das Hochland nach Lhasa eröffnet: 1.300 Kilometer lang, davon 960 Kilometer über Brücken und durch Tunnels in 4.000 Meter hohem Dauerfrostboden – und in langfristiger Planung mit einer Verlängerung bis (hinab) nach Indien. Der Bau der 6 Milliarden (!) Euro teuren Eisenbahnlinie mit einem in 5.100 Metern gelegenen, höchsten Bahnhof der Welt ist eine technische Meisterleistung, doch die verfehlte chinesische Tibet-Politik bringt es mit sich, dass von den Einheimischen jeder Fortschritt als noch mehr „Überfremdung" empfunden wird. Rund um die Endstation drei Kilometer außerhalb von Lhasa entsteht eine moderne (Chinesen-)Stadt. Die dauerhafte Besiedlung Tibets durch Chinesen hält sich in gewissen Grenzen, da diese das Höhenklima in Tibet nicht vertragen, doch die Einheimischen befürchten über die Eisenbahn eine „Invasion" chinesischer Wanderarbeiter auf Jobsuche. In der „Autonomen Provinz" leben 2,8 Millionen der bis zu 6 Millionen Tibeter Chinas sowie etwa 500.000 Chinesen inklusive Soldaten und Wirtschaftstreibende. 1.700 Tempel sind wieder geöffnet.

Nach der Eröffnung der Eisenbahnlinie wurde mit verblüffender Direktheit eine siebenjährige Studie des offiziellen „Department of Geological Investigation" veröffentlicht. Danach werden am Tibet-Qinghai-Plateau „enorme Metallvorkommen" vermutet, „die China von der Sorge der Rohstoffknappheit befreien könnten". 600 mögliche Abbaustätten wurden ausgemacht: 30 bis 40 Mio. Tonnen Kupfer, 40 Mio. Tonnen Blei und Zink sowie mehrere Mrd. Tonnen Eisenerz.

Die Hauptstadt Lhasa ist jedenfalls bereits eine durch und durch chinesisch geprägte Stadt. Das betrifft auch die Übel der Zivilisation: Verkehrsstaus, Abgasgestank, Parkplatznot. Die chinesische Statistik meldet 18.000 private Autos in der 500.000-Einwohner-Stadt. „Das ist pro Kopf mehr als der Durchschnitt in China", heißt es stolz. „Lhasa ist die höchste Autostadt der Welt" – 3.670 Meter hoch. Kein Wunder: Firmenvertreter, Manager, Offiziere und Beamte aus China können sich angesichts der Härtezuschläge und anderer Sonderzahlungen für die ungeliebte Stationierung in der Höhenluft einen höheren Lebensstandard leisten. (Als der 13. Dalai Lama 1928 die ersten beiden Automobile aus Indien einführen ließ, mussten sie in Einzelteile zerlegt auf dem Rücken von Pferden über den Himalaya transportiert werden.)

China spielt in Tibet auf Zeit, auf die Zeit nach dem Dalai Lama. Für diese Absicht lassen sich zwei Arten von Beweisen anführen, davon ist der erste das Schicksal der Mongolei. Auch dort war es mit dem Zusammenbruch des zentralen kaiserlichen Regimes in Beijing zu Unabhängigkeitsbestrebungen der mongolischen Mönchsherrschaft ähnlich Tibets unter dem mongolischen Gottkönig, dem 8. Bogdo Gegen, gekommen. Diesem mongolischen Lama-Regime machte aber Stalin ein rasches Ende, als er dort eine Moskau-hörige Sowjetregierung installierte. Als der mongolische Religionsführer 1924 (vermutlich an Gift) starb, verhinderten die mongolischen Stalinisten die Auffindung seiner Wiedergeburt auf mongolischem Gebiet und erklärten die Dynastie der lebenden Buddhas für erloschen. 1936 wurde aber im tibetischen Lhasa von dortigen Klosteräbten der Knabe Jetsun Dhampa, ein ethnischer Tibeter (Mongolen und Tibeter sind ethnisch verwandt), im Geheimen als Wiedergeburt erkannt. Die Mongolen erfuhren davon erst 1990 nach dem Zusammenbruch des Sowjetregimes, aber der Exilant, der mit dem Dalai Lama in Indien lebt, bekommt auch von der demokratischen Regierung keine offizielle Einladung zur Installierung als 9. Bogdo Gegen.

Mao Zedong hätte nach seiner Machtergreifung 1949 liebend gerne auch die Mongolei „heim ins Reich" geführt, wären dort nicht die mächtigen sowjetischen Brudergenossen gesessen. Als die nationalchinesische Regierung auf Taiwan noch den ständigen Sitz Chinas im UN-Sicherheitsrat einnahm, hatte sie nur ein einziges Mal ein Veto eingelegt: 1955 gegen die Aufnahme der Mongolei in die UNO, denn die Mongolei sei ein „untrennbarer Teil Chinas". Heute hat Festland-China korrekte Beziehungen zur unabhängigen Mongolei.

Das Verhindern der Auffindung einer Wiedergeburt ist die

eine Variante, die Installierung einer Marionette die andere Variante. So geschehen nach dem Tod des zweithöchsten tibetischen Religionsführers, des mit Beijing freundschaftlich verbundenen 10. Panchen Lama. Die Mönche, die fünf Jahre lang seine Wiedergeburt suchten, fanden schließlich mehrere mögliche Seelenkinder. Sie „schmuggelten" die Namen zum Dalai Lama in dessen indisches Himalaya-Exil, worauf der Dalai Lama aus einer goldenen Urne das Los zog. Damit war für Beijing ein neuer „Kriegsfall" geschaffen. Die chinesischen Behörden entführten 1995 den fünfjährigen Gedün Chökyi Nyima samt seinen Eltern aus Tibet an einen unbekannten Ort, wo die Familie bis heute verschwunden bleibt. Stattdessen bestimmten andere Geistliche den Sohn von KP-Genossen, Gyaltsen Norbu, zum 11. Panchen Lama, und Chinas Führung überschüttet ihn seither mit allen rituellen Ehren. Der heute 16-Jährige hat sogar schon seine erste Pressekonferenz gegeben, auf der er den Wunsch äußerte, der Buddhismus möge sich in Übereinstimmung mit dem Sozialismus auf einem gesunden Weg entwickeln. Und der Dalai Lama schließt deshalb nicht aus: „Vielleicht gibt es bald zwei: einen Dalai Lama, den die Tibeter in ihren Herzen haben, und einen anderen von Beijings Gnaden."

Nach tibetischer Tradition spielt der Panchen Lama die bedeutendste Rolle bei der Anerkennung der Wiedergeburt des Dalai Lama. Beijing setzt darauf, dass die Welt bald vergessen wird, dass Gyaltsen Norbu nicht jenes Seelenkind ist, das der Dalai Lama als 11. Panchen Lama anerkannt hatte, aber Tibet selbst könnte nach dem Tod des Dalai Lama dadurch in größte Verwirrung gestürzt werden. Doch Chinas Rechnung muss nicht aufgehen. Auch Marionetten entwickeln mit zunehmendem Alter eigenständige Meinungen. So war von dem 10. Panchen Lama bekannt, dass er in jungen Jahren Sympathien mit dem kommunistischen Regime gehegt und mit diesem aus seiner Eifersucht zum Dalai Lama fleißig kollaboriert hatte. Aber gegen Ende seines Lebens war er bitter enttäuscht und veröffentlichte eine scharfe Kritik an der chinesischen Herrschaft über Tibet. Bei einem solchen Disput traf ihn der Schlag (Exilanten sprechen von Gift).

Was sagt eigentlich der 72-jährige Dalai Lama, der sich bester Gesundheit erfreut, zur Zukunft seiner Heimat? Er lacht verschmitzt: „Wenn ich im Exil dahinscheide, kann der nächste Dalai Lama auch außerhalb Tibets gefunden werden. Der nächste Dalai Lama kann sogar ein Inder, ein Europäer, ein Afrikaner, ja eine Frau sein. Der Körper spielt keine Rolle", vertraute er 1999 dem US-Nachrichtenmagazin *Newsweek* an. Aber er weiß auch, dass die Zeit bis zur Volljährigkeit eines Dalai Lama ein Schwachpunkt ist. Das weiß er aus eigener Erfahrung: „Die langen Jahre der Regentschaft nach dem Tod des 13. Dalai Lama waren eine offensichtliche Schwäche unseres Regierungssystems", schreibt er in seinem Buch *Mein Leben und mein Volk*.

b) DIE RÜCKKEHR DER GÖTTER

I) Religion und Aberglauben

„Chinas Führung gewährt religiöse Freiheit, aber nur im staatlichen Korsett."
Weltbund der christlichen Kirchen

Die kommunistische Ideologie ist heute in China so wenig relevant wie in Las Vegas. Da die Staatspartei auf die Veränderungen in der Gesellschaft, die sie selbst herbeigeführt hat, noch immer nicht angemessen reagieren kann, erlebt das Land ein neues Aufblühen des Übersinnlichen und eine Renaissance der Religionen, ob Daoismus, ob Buddhismus, ob Islam, ob Christentum, die das spirituelle Vakuum füllen. Der nationale und wirtschaftliche Erfolg reicht als neue Religion Chinas nicht aus. Viele Chinesen sind verwirrt über die Widersprüche in der Gesellschaft, Modernisierungsverlierer fühlen sich vom Staat im Stich gelassen. Die Sehnsucht nach inneren Werten, nach charismatischer Erfüllung ist auch eine Antwort auf die sinnliche Leere, die die materialistische Ellbogengesellschaft geschaffen hat. Am liebsten verbinden Chinesen beide Werte. Glauben soll ja Nutzen bringen. Und das schafft ein Paradies auch für Sekten und Geisterglauben.

II) Falun Gong – Ein „Messias" als Staatsfeind

Der Sonntag des 25. April 1999 markiert einen Albtraumtag für die chinesische Führung: Ohne dass es die Staatssicherheitsorgane bemerkt hatten, kamen 10.000 Anhänger der Falun-Gong-„Bewegung gegen den moralischen Verfall und zur Kultivierung von Geist und Körper", meist höheren Alters, im besten Stil altchinesischer Geheimgesellschaften gut mobilisiert und organisiert, in einer Sternfahrt nach Beijing. Dort ließen sie sich direkt vor dem Zhongnanhai, dem Sitz der Führung und Allerheiligsten der Staatsmacht, zu einem stummen Sitzstreik nieder. Sie protestierten gegen ihre Verleumdung und Behinderung ihrer Bewegung. Nach dem friedlichen Abzug begann die Verfolgung aber erst richtig und mündete in eine drakonische Unterdrückungswelle.

Was stört Chinas Führung an dieser Sekte, der angeblich schon Millionen nachlaufen? Es ist die, wenn auch skurrile, Konkurrenz-Ideologie, die das Herrschaftsmonopol infrage stellt. Führer der neuen Sekte ist der 1951 in China geborene und seit 1998 in New York lebende Exzentriker Li Hongzhi, den seine Anhänger wie einen Messias verehren und den Beijing als gefährlichen Scharlatan mit mutmaßlichen „Verbindungen zu CIA-Aktivitäten gegen die Volksrepublik China" verteufelt.

„Meister Li" hatte mit der Propagierung altchinesischer Atem-
und Meditationspraktiken begonnen, die er mit Qigong-Kör-
perertüchtigungstechniken und dem Ziel der Selbstläuterung
von Geist und Körper verband. Bald entdeckte Li in sich über-
natürliche, heilende Kräfte. Jetzt liefen die Massen erst recht
seinen propagierten „kosmischen Energien" zu, sind die Chinesen doch stets um ihr körperliches Wohl besorgt, und die Krise
der medizinischen Versorgung, so sie nicht teuer bezahlt wird,
ist drückend.

Für die Regierung in Beijing war die Toleranzschwelle überschritten, als Li begann, Invasionen außerirdischer Kräfte wahrzunehmen, die sich menschlicher Körper bemächtigten und sie
zu Verursachern der Übel in der Welt umfunktionierten. Der
„große Meister" in einem Interview mit dem *Time-Magazine* in
New York: Wissenschaftler und andere Verantwortungsträger
handelten im Sinne dieser bösen Kräfte. Umweltverseuchung,
moralische Verschmutzung und andere Maßnahmen wider die
Natur seien der Beweis. Gesundheit und Leben im Einklang mit
der Natur seien daher schwer gefährdet.

Solche – wenn auch abstrakte – Anklagen treffen Chinas
modernisierungsbesessene Führung an einem wunden Punkt.
Und es geht auch um die Macht, die Maos Erben in Beijing bedroht fühlen, selbst von einer friedlichen Erweckungsbewe-
gung, wenn sie von einem lebenden Messias angeführt wird.
Es ist die Angst vor der Wiederkehr der Geschichte: Die nationale Katastrophe des Taiping-Bürgerkriegs (20 Millionen Tote)
durch das von dem selbst ernannten „Jesus-Bruder" Hong Xiu-
quan 1851 ausgerufene „Himmlische Reich des ewigen Friedens" ist in traumatischer Erinnerung. In China waren es oft
religiöse Sekten, die erst friedlich, dann rebellisch in einer Mischung aus religiöser Erweckung und sozialer Unzufriedenheit
den Niedergang kränkelnder Dynastien einleiteten – so der
„Weiße Lotus" oder die „Boxer". Falun-Gong-Gründer Li hatte

1992 sein Geburtsdatum behördlich auf den 13. Mai 1951 ändern lassen, was auch der Geburtstag Buddhas ist. Li behauptet, das sei schon immer sein Geburtsdatum gewesen, doch nach den Zerstörungen der Kulturrevolution wären ihm neue Papiere mit einem falschen Geburtsdatum ausgestellt worden. Die Korrektur auf den 13. Mai habe nichts mit Buddha zu tun, doch viele seiner Anhänger sehen das anders. Sie sehen in ihm den „Buddha der Zukunft", auf den sich die meisten Aufstände in der Geschichte berufen hatten.

Wie Chinas Führung zum Beweis, setzten plötzlich Selbstverbrennungsaktionen von Falun-Gong-Anhängern, biederen Hinterwäldlern, auf dem Tiananmen-Platz ein. Die Regierung spricht von Gehirnwäschemethoden, die Menschen zu gefügigen Fanatikern umpolten und ins Unglück stürzten. Bei solchen Massenphänomenen stößt aber auch der Polizeistaat an seine Grenzen, der sich vorerst einmal damit half, die Polizisten auf dem Tiananmen-Platz mit Feuerlöschern auszurüsten.

III) Reichtumsgott Mao

China hat Götter und Geister für alle Lebenslagen. Das Skurrilste am chinesischen religiösen Pragmatismus und Hang zum Übersinnlichen ist wohl die Kanonisierung des Erz-Atheisten Mao Zedong im Volksglauben. (Mao 1954 in Beijing zu dem jungen Dalai Lama: „Ich verstehe Sie sehr gut. Aber Religion ist selbstverständlich Gift. Sie hat zwei große Fehler: Sie untergräbt die Volkskraft, und zweitens verzögert sie den Fortschritt des Landes.")

Bei seiner himmlischen Karriere hat es der einstige Verfolger aller Religionen sogar schon zu einer Inkarnation des Reichtumsgottes (!) Caishen gebracht, wie Gerd Kaminski in *Hilf Himmel! Götter und Heilige in China* (Seite 29 mit Foto) nachweisen konnte: Wenn man den goldfarbenen Mao unter der wassergefüllten Plexiglaskuppel schüttelt, regnet es Dollars. 1993 schrieb der chinesische Historiker Du Wentang: „Die Bauern beten zum Gott des Reichtums. Es besteht das Bedürfnis, ein Symbol, eine Kraft, einen mächtigen Helden zu suchen, wo man Schutz finden kann. Der Gott des Reichtums ist eine Ausgeburt des Aberglaubens. Das weiß man. Aber wer ist der Mächtige, dem sich niemand widersetzen kann? Es ist Mao Zedong." Auch Nichtabergläubische können eine interessante Parallele feststellen: US-Dollar-Noten tragen die Inschrift „In God We Trust", China-Banknoten tragen das Antlitz Maos.

Auch wenn Mao als politischer Faktor längst keine Rolle mehr spielt, entfaltet er doch noch immer geheimnisvolle Kräfte. Mao-Talismane, die am Rückspiegel baumeln, schützen Taxifahrer und andere Chauffeure vor Verkehrsunfällen, hatte doch der „rote Christophorus" angeblich Kollegen schon geholfen. Auf den Jahrmärken am Land stößt man auf Mao-Amulette, von denen oft Symbole der schuhförmigen Yuanbaos baumeln, des chinesischen Äquivalents für Goldbarren.

IV) Christentum in China

Ein Werktag im quirligen Geschäftsviertel rund um die Wangfujing-Einkaufsmeile in Beijing: Auf Nummer 74 der Wangfujing steht die stattliche katholische Ost-Kathedrale „Sankt Joseph". Der kleine malerische Platz davor ist ein beliebtes Fotomotiv für chinesische Hochzeitspaare. Um 7 Uhr ist Frühmesse, Eingang an der Seite. Zu den ausländischen Gläubigen gesellen sich auffallend zahlreich junge Chinesinnen und Chinesen aus dem Büro- und Geschäftsmilieu. Der Aufschwung des Religiösen hat auch die christlichen Konfessionen erfasst, besonders im jungen, städtischen Bürgertum, und der Aufschwung bedarf nicht mehr Methoden wie jener des legendären christlichen Warlords Feng Yuxiang, dem man nachsagt, dass er in den Zwanzigerjahren seine Soldaten mit dem Feuer-wehrschlauch taufte.

Das Regime duldet die Ausübung der „fremden", mit dem Makel des Kolonialismus behafteten christlichen Religion, so-lange sie nicht im Widerspruch zu den politischen Erfordernissen steht, also keinen Einflüssen vom Ausland unterliegt, die Chinas Souveränität einschränken könnten. Die Berufung auf eine ausländische Autorität brachte der katholischen Kirche, deren (Staats-)Oberhaupt in Rom seinen Sitz hat, unter Mao schwere Verfolgung ein, hatte doch der Papst überhaupt erst 1926 chinesische Bischöfe geweiht. Der diplomatische Vertreter des Papstes, der Nuntius, verlegte 1951 nach Ausweisung aus China seinen Sitz nach Taiwan. Taiwans Präsident nahm – unter Protest Chinas – am Begräbnis von Papst Johannes Paul II. teil. Gleichwohl signalisierte Beijing dem neuen Papst Benedikt XVI., dass es an einer Lösung der Religionsfrage interessiert sei. Der geistliche Primat des Papstes ist schon jetzt anerkannt. Der Vatikan sanktioniert im Gegenzug Bischofser-nennungen in der von Beijing organisierten, einzig legalen „Patriotischen Kirche". Die katholische Kirche hat in China 70 Diözesen, davon waren 2006 40 ohne Oberhirten. 170 Bischöfe sind nicht vom Papst ernannt. Fundamentalisten unter Chinas Christen wollen Kompromisse nicht akzeptieren und sind in der verbotenen papsttreuen (vorkonziliaren) „Untergrundkir-che", und in protestantischen Hausgemeinschafts-Kirchen or-ganisiert. Es kommt immer wieder zu Verhaftungen, besonders in den Provinzen, aber allein der offiziellen Evangelischen Kir-che Chinas treten jährlich eine Million neue Gläubige bei.

Am 1. März 2005 überraschte das Regime mit seiner bislang liberalsten Kursänderung gegenüber (sanktionierten Formen) der Religionsausübung. Das Parteiorgan *Volkszeitung* in einem Leitartikel: „Weisheit und Kraft von Gläubigen wie Nichtgläu-bigen sollen sich auf den Aufbau des Landes konzentrieren.

Nichtgläubige und Bürger unterschiedlicher Glaubensrichtungen müssen sich respektieren und in Harmonie miteinander leben." Der Präsident des Christenrates der 20 offiziell anerkannten Bekenntnisse, Yu Xinli, spricht von heute 20.000 Kirchengebäuden und 30.000 Hauskirchen. In Beijing sind vier Kirchen in Bau, eine davon wurde am Christtag 2005 geweiht.

Die Renaissance des Christentums in China ist vornehmlich auf das karitativ-soziale Engagement zurückzuführen, welches der Staat vermissen lässt. Prälat Prof. Josef Sayer, Chef der katholischen Entwicklungshilfeorganisation „Misereor" in Beijing: „Katholische Gruppen nehmen sich in vielen Teilen des Landes der Gesundheitsversorgung, aber auch der Betreuung von Behinderten an. Das geschieht nicht nur mit Billigung, sondern zum Teil auch auf ausdrücklichen Wunsch der lokalen Behörden. Vor allem obliegt der Kirche die Betreuung von Aids-Kranken." In der Stadt Fuzhou erklärt ein 27(!)-jähriger Pastor, der mit jungen Leuten aus seiner Gemeinde gerade die alte Kirche renoviert, dem deutschen Fernsehen: „Als die Reformen begannen, gab es in diesem Bezirk noch 100 alte Christen. Dann haben wir unter den Arbeitern missioniert, uns ihrer Sorgen und Nöte angenommen. Jetzt haben wir 700 bis 800 Christen aus den neuen Fabriken."

Die Zahl der Christen in China ist nach vorsichtigen Schätzungen auf 40 Millionen Protestanten und 12 Millionen Katholiken gestiegen. Das sind 4 Prozent der Bevölkerung. Den größten Zuwachs haben neo-evangelistische fundamentalistische Strömungen, die mit Missionaren aus den USA kommen und ebenfalls in Hauskirchen-Gemeinschaften organisiert sind. Chinas nervöse Behörden werfen ein scharfes Auge auf sie. Dennoch ist das „Übel" Christentum der Führung in Beijing immer noch lieber als Falun Gong: So geschehen im Juli 2004 am Flughafen von Beijing, als der Regimekritiker Yu Jie aus den USA zurückkehrte. Die Grenzbehörden durchwühlten sein

Gepäck und stießen auf einige verdächtige Broschüren. „Falun-Gong-Propaganda?", fragte der Beamte alarmiert. „Nein, christliche Schriften", antwortete der Dissident. „Ach so", war der Beamte beruhigt und winkte Yu Jie durch.

Der China-Experte David Aikman registriert in *Jesus in Beijing. Wie das Christentum China verändert* ein starkes Wachstum vor allem unter der modernen Elite. So ist Chinas „privatkapitalistischste Stadt", Wenzhou, zugleich Chinas christlichste Stadt. Der örtliche KP-Chef führt einen zähen Feldzug gegen die christlichen Sonntagsschulen. Seit dem Tiananmen-Massaker von 1989 haben christliche Lehrinhalte in intellektuellen Kreisen in China starke Relevanz gewonnen. Viele Dissidenten aus der Demokratiebewegung, die damals nach Hongkong und in die USA auswichen, brachten später ihr neues christliches Gedankengut nach China zurück. Übrigens: Im Südkorea der Siebziger- und Achzigerjahre waren Christen die treibende Kraft der Demokratisierung gewesen.

Einen Tsunami-ähnlichen Einbruch des Christentums der besonderen Art erlebt China Jahr für Jahr zu Weihnachten. Ähnlich wie in Japan hat sich in China, entsprechend dem Motto „man kann nie genug Feiertage feiern", Weihnachten als Konsumfest eingebürgert – ungeachtet der Proteste Nationalkulturgesinnter („Verlust chinesischer Identität") gegen die Invasion von Christbäumen und Weihnachtsmännern in den Straßen.

Anfang Juli 2007 veröffentlichte Papst Benedikt XVI. einen offenen Brief mit einem Dialogangebot an Chinas Führung. Darin versicherte er ihr, dass die Kirche keinen politischen Anspruch erhebe. Wohl aber bestehe sie auf die geistliche Autorität, also die Bischofsernennungen. Beide Zweige der katholischen Kirche in China – die „papsttreue" Untergrundkirche und die vom Regime organisierte Patriotische Kirche – forderte der Papst zur Versöhnung auf. James Lilly, der ehemalige US-Botschafter in China und US-Repräsentant in Taiwan, sieht in dem christlichen Faktor ein Zusatzelement, welches China zum Alliierten der USA im Kampf gegen den militanten Islam macht, mit welchem Beijing in den moslemischen Regionen das Landes zusehends schwere Probleme bekommt.

V) Halbmond über China

„Roter Stern über China" – so schilderte Edgar Snow in seinem legendären Revolutions-Epos aus China den Anbruch der kommunistischen Ära. „Grüner Halbmond über China" könnte es seit dem Beginn der Ära der islamischen Renaissance heißen. Die Moslems, geschätzte 80 Millionen, haben in China historische Wurzeln, die Minaretts chinesischer Moscheen sind von Pagoden kaum zu unterscheiden, doch der Islam als politischer Faktor prägt jene (Rand-)Bereiche Chinas, wo er mit Minderheitenvölkern – 10 der 55 Minderheiten sind muslimisch – verbunden ist. Dies gilt im Besonderen für die Autonome Region Xinjiang (chinesisch: „Neue Grenze"), Lebensraum der Uiguren, eines der größten Minderheitenvölker Chinas. Diese zentralasiatische Wüsten- und Steppenlandschaft, die ein Sechstel des Territoriums Chinas umfasst, wird von 12 Millionen Menschen bewohnt, davon nur noch die Hälfte Uiguren (1949: 92 Prozent). Die chinesische Besiedlung schreitet rasch voran, besonders in den Städten. Die strategische Bedeutung von Xinjiang sowohl als militärisches Einfallstor als auch als Handelsroute (Seidenstraße) in den zentralchinesischen Raum hinein hatte die Kaiser schon frühzeitig veranlasst, das islamische Ost-Turkestan fest in den Griff zu nehmen.

Verwaltungshauptstadt dieser größten Provinz Chinas ist Ürümqi, schon 3 Mio. Einwohner, davon 80 Prozent Chinesen. Vor 20 Jahren noch ein lehmgraues Nest glitzert Ürümqi heute als „Visitenkarte" chinesischer Modernisierung mit der Silhouette einer Hochhaus-Skyline gleich den anderen chinesischen

Megacitys. Der Autostau auf der Stadtautobahn zeugt vom Erdölboom in dieser Region.

Ürümqi ist die Geschäftsmetropole, aber das Herz von Xinjiang schlägt in der (Rückzugs-)Metropole der Uiguren: der Oasenstadt Kashgar, Knotenpunkt der alten Seidenstraße China-Europa-Indien/Pakistan sowie britisch-russisch-chinesischer Rivalität; größter Basar Ostasiens. Über den malerischen Straßen und Gässchen, dem Duft der Kebab-Stände, dem Wochenmarkt, wo Kamele und Männer geschoren werden, schwebt der Mythos großer Vergangenheit. So denken wohl die Männer im großen Teehaus am Hauptplatz von Chinas westlichster Stadt.

Ist das der Grund, weshalb ausgerechnet in Kashgar noch eine riesige Mao-Statue den Minaretten der größten Moschee Chinas Konkurrenz macht? Auffallend ist die nervöse Polizei- und Militärpräsenz; die Sorge, dass der Heilige Krieg auch nach China kommt; die Sorge vor dem Funken am Pulverfass. Ein rigoroses Überwachungsregime soll religiös-militantes Fieber und die Untergrundpropaganda für einen „Gottesstaat Ost-Turkestan" abwürgen.

Bald wird die neue Zeit auch diese Oasenstadt aus dem Dornröschenschlaf ihrer orientalischen Idylle reißen, wenn Kashgar moderner Umschlagbahnhof am Eisenbahn-Knotenpunkt der „neuen Seidenstraße" wird. Von hier läuft die Handelsroute über den Hindukusch nach Pakistan zur Hafenstadt Gwadar nahe dem Persisch-Arabischen (Erdöl-)Golf, welche von China als eine strategische Versorgungsbasis intensiv ausgebaut wird.

Das Spannungsfeld zwischen eigener Tradition, an der die Minderheitenvölker als Ausdruck ihrer nationalen Identität festhalten, und chinesischer Moderne hat dem militanten islamischen Fundamentalismus enorme Auftriebsmöglichkeiten verschafft. Angehörige der muslimischen Turkvölker fühlen sich überrollt. Jedes chinesische Modernisierungsprojekt in den unterentwickelten Gebieten, wie die Eisenbahntransversale, wird von den Einheimischen nicht als Errungenschaft, sondern als Gefahr neuer chinesischer Einwanderungswellen, chinesischer Ausbeutung der Bodenschätze (mit Umweltzerstörung) und Verstärkung chinesischer Dominanz in Verwaltung und Militär wahrgenommen. (Viele der Modernisierungseffekte sind allerdings nicht auf den chinesischen Einfluss, sondern auf die Globalisierung zurückzuführen.)

So macht sich der Islam heute auch in China als Terrorfaktor bemerkbar. Untergrundorganisationen, von China als „Separatisten" bezeichnet, inszenieren blutige Anschläge. Die chinesische Regierung reagiert mit drakonischen Gegenmaßnahmen: Armee-Einsatz als Antwort auf blutige Pogrome gegen chinesische Geschäftsleute, Massenverhaftungen, Einsetzung regimetreuer Imame. Laut chinesischer Regierungsangaben waren an die tausend islamische Fundamentalisten aus China in Afghanistan von den Taliban oder Al Kaida zu Terroristen ausgebildet worden. (China fordert von den USA die Auslieferung von 22 Uiguren aus dem US-Lager Guantanamo. Die meisten wurden entlassen, aber nicht nach China.)

Wie nahe auch China an der globalen Terrorfront liegt, zeigt eine brisante Nachricht im Januar 2007: Sicherheitskräfte stürmten in Xinjiang ein „Terroristenlager", töteten 17 „Terroristen" und beschlagnahmten 1500 Sprengsätze. Es handelte sich um Angehörige einer „Islamischen Bewegung Ostturkestan" (ETIM). Ihr Chef, Hassan Mahsum, war am 2. Oktober 2003 von pakistanischen Truppen in jener Bergregion erschossen worden, wo tausend Angehörige der ETIM bei Al Kaida trainiert haben sollen. Auch beflügelte der Zusammenbruch der Sowjetunion uigurische Nationalisten. Über Nacht erlangten die mit ihnen verwandten Kasachen und Kirgisen die Eigenstaatlichkeit. „Hatte das zuvor nicht ebenso irreal geschienen wie ein unabhängiges Uiguristan?", schreibt der Korrespondent der *Neuen Zürcher Zeitung* aus Kashgar. Zudem wurde nun der Personenverkehr über die einst hermetisch abgeriegelte sowjetisch-chinesische Grenze erleichtert. Die Sorge vor einem Guerillakrieg – Ende des 19. Jahrhunderts hatten kaiserliche Truppen nur mit Mühe den Aufstand des Yakub Beg niedergeschlagen – hat Chinas Regierung zu engen Anti-Terror-Allianzen mit den Regimes in den benachbarten zentralasiatischen Ex-Sowjetrepubliken veranlasst.

Die Regierungen in Kasachstan und Kirgistan lassen schon wegen ihrer „eigenen" islamischen Fundamentalisten keine sezessionistischen Aktivitäten gegen China zu. Zu dieser neuen asiatischen Allianz zwischen China und den zentralasiatischen Republiken zählt auch Russland in der sogenannten „Shanghai-Gruppe". Ihr gemeinsames strategisches Interesse ist die Aufrechterhaltung von Ruhe und Stabilität zur Ausbeutung der Erdöl- und Erdgasvorkommen sowie deren Transport durch Pipelines nach China. Auch Xinjiang selbst ist Chinas größte Erdölreserve. Daher macht auch das Reich der Mitte die sorgenvolle Erfahrung des Westens: Allah hat den islamischen Boden mit Erdöl gesegnet. Wenn China die Probleme in seinem islamischen Grenzland anders bewältigen will als durch Militär und Polizei, wird es andere Lösungsansätze finden müssen, denn sowohl Marxismus als auch die chinesische Spielart des Kapitalismus haben sich dort als untauglich erwiesen.

9) Zeitbombe Überalterung: Die „Kleinen Kaiser" – Lieblinge der Familie, Sorgenkinder der Nation

China hat eine neue Kampagne: „Unsere Kinder sind zu dick!" Wer in China unter 40 ist, hat Hunger nicht mehr erlebt. Sie sind Opfer des neuen Wohlstands, aber auch Opfer der Ein-Kind-Politik. Das Einzelkind wird ja noch mehr verwöhnt, als chinesische Eltern und Großeltern traditionell Kinder verwöhnen. Chinas neue Generation wird statistisch gerechnet sieben Zentimeter größer und drei Kilo schwerer als ihre Eltern. Die Ein-Kind-Politik hat viele sogenannte „kleine Kaiser" geschaffen, Söhne, denen die ganze Liebe der Familie gilt. Der Generation der „kleinen Kaiser" wird ein unziemliches Anspruchsdenken nachgesagt, zumal die gute Ausbildung eines Kindes auch ein Drittel des elterlichen Einkommens verschlingen kann. Die neunjährige Pflichtschule ist seit 1986 zwar unentgeltlich, aber besonders auf dem Land mit Kosten für Schulbücher, Transport und Heizanteil belastet. Das öffentliche Schulbudget ist zum Beispiel in Shanghai zehnmal höher als in der Provinz Hunan. Diese Schere hat sich seit 2005 auf 50-mal erweitert. Ein Platz in einer Elite-Mittelschule im teuren Shanghai kann 100.000 Yuan (10.000 Euro) Jahresgebühr kosten (plus diskrete Geld-Kuverts an Direktor und Lehrer).

Die von Deng Xiaoping initiierte rigorose Ein-Kind-Politik mit heute 90 Millionen Einzelkindern, die China 400 Millionen Bürger „ersparte", neigt sich dem Ende zu, weil sie mehr gesellschaftliche Probleme geschaffen hat, als sie verhindern sollte. Sie führte in die Sackgasse. Die Abtreibungen nach vorheriger – verbotener – Ultraschallbestimmung des Geschlechts haben einen Überschuss an männlichen Geburten von 119 zu 100 hervorgebracht; im Süden regional sogar schon 138 zu 100. Für Söhne gilt in China wirklich noch der Begriff „Stammhalter", und Mädchen galten im alten China als „verschüttetes Wasser". Konfuzianische Verhaltensmuster sehen den Sohn als Träger der Familientradition (Ahnenverehrung), und er wird als Erbe des Bauernhofes benötigt.

Bald wurde den Bauern ein „zweiter Versuch" zugestanden. Dann erhielten Eltern, die beide aus Ein-Kind-Familien stammen, die Erlaubnis für zwei Kinder. Auch zeigte sich immer deutlicher, dass die Ein-Kind-Politik an den zwei Enden der Einkommensskala nicht wirksam ist: Für die Reichen spielen

Geldstrafen keine Rolle, und bei den Armen kann der Staat Geldstrafen gar nicht eintreiben. Der „teure" zweite Sohn wird gar zum Statussymbol. So zahlte der Schuhfabrikant Du Jaiwei in Guangzhou demonstrativ die 60.000 Yuan (6.000 Dollar) Pönale, und der berühmte Filmemacher Chen Kaige (*Leb wohl, meine Konkubine*) konnte es sich leisten, seinen zweiten Sohn in den USA zur Welt bringen zu lassen, was diesem auch die US-Staatsbürgerschaft verschaffte. Und die Ein-Kind-Politik gründlich missverstanden hat jener Sohn eines KP-Führers, der mit vier Geliebten je ein Kind zeugte.

Künftig sollen Verstöße gegen die Ein-Kind-Politik (von welcher Minderheitenvölker überhaupt ausgenommen sind) nicht nur bestraft, sondern deren Einhaltung belohnt werden, etwa durch Rentenzuschüsse. Bauern mit zwei Töchtern bekommen ab dem 60. Lebensjahr 600 Yuan (60 Euro) Alterszuschuss jährlich. Bei einer Tochter (oder die zweite gestorben) steigt der Zuschuss auf 1200 Yuan. Auf diese Weise soll das Ein-Kind-System bewahrt bleiben und gleichzeitig die Balance der Geschlechter verbessert werden.

Wenn in dieser derzeitigen Grauzone der Ein-Kind-Politik regionale Machthaber eine Geldquelle entdecken und hohe Geldstrafen kassieren wollen, drohen ihnen schwere Unruhen und Ausschreitungen wie jene vom Mai 2007 in der südchinesischen Provinz Guangxi: verwüstete Amtsgebäude, brennende Polizeiautos, Todesopfer. Familienplanungstrupps hatten bei Razzien von Haus zu Haus als „Strafnachzahlung" für außerplanmäßige Kinder Hab und Gut der Bewohner beschlagnahmt.

China ist zur am schnellsten alternden Gesellschaft geworden. Heute sind 10 Prozent der Chinesen über 60 Jahre alt, 2060 wird es ein Drittel sein. Westliche Experten scherzen: „China wird alt, noch bevor es reich geworden ist." Die Lebenserwartung ist seit 1950 von 40 auf über 72 Jahre gestiegen. Für 2040 wird mit 1,6 Milliarden der Scheitelpunkt der Einwohnerzahl angenommen. Das Land bekommt ein enormes Rentenproblem, für welches noch überhaupt keine Vorkehrungen getroffen worden sind. Ganz im Gegenteil: Die „Rentenlücke" wird immer größer. Heute sind 160 Millionen Arbeiter und Angestellte rentenversichert. Das sind 15 Prozent der Werktätigen – und nur die Hälfte des weltweiten Durchschnittsniveaus. Während sich Chinas Wirtschaftsleistung und Lebensstandard in den zwanzig Jahren von 1980 bis 2000 vervierfacht hat, bekamen davon Chinas Senioren nur die Hälfte ab.

China gerät ohnehin in eine „automatische" Geburtenkontrolle: Heute sind schon 25 Millionen Männer „überzählig" – im China-Jargon „blanke Knüppel" genannt. Ihre Not führt zum Wiederaufleben des alten Brauchs des Frauenraubs. Eine Notiz in *China Daily* vom 1. August 2005: In Sichuan wurde die 16 Jahre alte Qing Yang gekidnappt und für umgerechnet 500 Euro an einen verzweifelten Junggesellen verkauft. Dazu die Regierung: In den letzten vier Jahren konnten 42.000 Frauen befreit werden, von vielen mehr verliert sich die Spur. Der Frauenhandel – Durchschnitts-„Preis" 900 Euro – floriert in Verbindung mit der Korruption der lokalen Behörden. Chinas Führung ist sehr besorgt über ein wachsendes explosives Potenzial sexuell Frustrierter. Im Jahre 2020 könnte die Zahl der Junggesellen auf 40 Millionen angestiegen sein, warnt Li Weixiong von der Familienplanungskommission: „China steuert auf ein riesiges Problem zu." Gegenprogramm: Die Regierung will Schulgeld- und Medizinkostenzuschüsse an Eltern mit Töchtern zahlen. Und: In das chinesische Astronautenteam wurde eine Frau aufgenommen.

B) Schicksalsfrage Energie

1) Wettlauf um die letzten Ölschätze

„Hätte China die gleiche Autodichte wie die USA, *ergäbe das die
Länge eines sechsspurigen Autostaus von der Erde bis zum Mond."*
Analyse der American Chamber of Commerce in China

Sommer 2005: An den Tankstellen im Perlfluss-Delta, Chinas
größte Energie verbrauchende Region, wird das Benzin ratio-
niert. Der Nachschub stockt wegen zwei Taifunen – ein Menetekel an der Wand, wie abhängig das Boomland China von
Energieimporten, besonders Erdöl, geworden ist. Chinas Energiebedarf ist von 1995 bis 2005 um 89 Prozent gestiegen.

Zwischen China und den USA hat ein Wettlauf in globalem
Maßstab um die letzten Rohstoffreserven der Erde eingesetzt.
Sie werden zum Zankapfel. China ist hinter den USA zum
zweitgrößten Erdölverbraucher der Welt aufgestiegen. Wenn
jeder Chinese schon jetzt ebenso viel Öl verbrauchte, wie die
Amerikaner (derzeit ein Drittel), reichte die gesamte Weltöl-
produktion nicht aus.

Das Reich der Mitte ist seit 1995 Erdöl-Nettoimporteur und
muss heute schon als drittgrößter Ölimporteur der Welt die
Hälfte seines Erdölbedarfs einführen (USA: zwei Drittel), mit
jährlich zweistelligen Zuwachsraten und 50 Mrd. Dollar Importkosten. Bis 2020, wenn China der größte Autobauer der
Welt ist (pro Jahr plus ein Drittel), wird der Importbedarf auf
zwei Drittel der Eigenproduktion steigen, sobald die Urbanisierung Chinas 50 Prozent erreicht hat (1978: 18 %, 2007: 44 %)
und die derzeitige Zahl von 34 Mio. Autos (1995 waren es 10
Mio.) auf offiziell geschätzte 450 Mio. zur Jahrhundertmitte gestiegen ist (USA 2050: 220 Mio.). Beijings 3,3 Mio. Autos bekommen täglich 2.400 Stück Zuwachs. (Vor 30 Jahren gab es

überhaupt keine Privatautos.) In China wurden 2007 9 Mio. Autos verkauft, ein Drittel mehr als im Vorjahr. Das 1999 entwickelte Modell „Cherry" schaffte bereits im Rekordtempo die Million.

Das sind alles Zahlen, die schwindlig machen: China zählt 38 Motorfahrzeuge pro tausend Einwohner, die USA 770, Deutschland 590. Der Weltdurchschnitt von 130 Pkw pro tausend ist erreicht, wenn China noch 110 Mio. Fahrzeuge zulässt. Bei Erreichung des US-Durchschnitts würden 880 Mio. Autos auf Chinas heute 50.000 Kilometer langen Autobahnen rollen, welche die 150 Millionenstädte verbinden. (24.000 neue Autobahnkilometer allein zwischen 2001 und 2006, weitere 24.000 km bis 2012 – mehr als Deutschland und Kanada zusammen. Chinas Autobahnbau wird mit dem Eisenbahnbau der USA im 19. Jahrhundert verglichen.)

Wie soll die nationale Energieversorgung bewältigt werden? China verbrauchte 2007 15 Prozent des Energiebedarfs der Welt, aber die Zuwachsraten sind viermal größer als im Rest der Welt. China konsumiert pro erwirtschaftetem Dollar viermal mehr Energie als die USA und zwölfmal mehr als Japan. Der Durst des Drachens nach Erdöl und sein Hunger nach Rohstoffen treiben die Preise auf dem Weltmarkt in immer neue Rekordhöhen. Die von China ausgelöste Preisexplosion wurde auch für China teuer. Die gesamten Rohstoffimporte kosteten China 2004 120 Milliarden Dollar, ein Jahresplus von 61 Prozent. Das kann nur durch neue Exportrekorde finanziert werden. China kam 2005 auf 9 Prozent der gesamten Weltexporte, 2025 sollen 25 Prozent erreicht sein.

Im Mai 2006 eröffnete China die erste Erdöl-Pipeline mit dem Ausland, und zwar eine im Rekordtempo gebaute 1.000-Kilometer-Strecke von Kasachstan. 2008 wird die zweite Pipeline – aus Russland, Ziel: 30 Mio. Jahrestonnen – in Betrieb genommen. Drei Erdgas-Pipelines aus Zentralasien sind in

Planung. 600 chinesische Öltanker fahren aus aller Welt die kostbare Fracht ein. Das Reich der Mitte will sich aus der Energie-Klemme durch Flucht in den Atomstrom befreien. Der US-Konzern Westinghouse erhielt einen Großauftrag von 8 Mrd. Dollar. Bis 2020 ist eine Versechsfachung der Atomstromkapazität geplant. Das Reich der Mitte wäre dann Weltmarktführer bei Atomstrom. Obwohl China im nächsten Jahrzehnt 70 Prozent aller neuen AKW der Welt errichten wird (Kostenpunkt: 50 Milliarden Dollar), wird dadurch kein Befreiungsschlag aus der Energiefalle gelingen. Der Atomkraftbeitrag von 4 Prozent zur landesweiten Energieproduktion 2005 wird dennoch nur auf 6 Prozent des für 2020 erwarteten Energiebedarfs ansteigen. 55 Prozent der Primärenergie-Nachfrage wird dann weiterhin aus Kohle gewonnen werden müssen (heute: 70 Prozent, EU: 13 Prozent), 25 Prozent aus Öl (heute: 20 Prozent), 12 Prozent aus erneuerbarer Energie wie Wind (bis 2008 geplant: 400 Megawatt, darunter der größte Windpark der Welt), Wasser (darunter der pharaonische 40 Milliarden Euro teure „Drei-Schluchten-Damm" am Yangze mit 76 Milliarden Kilowattstunden, das sind 6 AKW) und geothermische Ressourcen. Aus 20.000 Bergwerken holt China die weltgrößte Ausbeute an Steinkohle, die sich seit 2000 auf 2 Milliarden Tonnen fast verdoppelt hat. Diese Ausbeute des einzigen Minerals, von dem China über den Weltdurchschnitt verfügt, und zwar in Rekordmenge, hat einen hohen Preis: 4.000 tote Kumpel jährlich sind auch ein Rekord.

Welchen Stellenwert in der nationalen Sicherheit Erdöl und Erdgas bekommen haben, zeigen die beiden ersten Todesurteile gegen Öldiebe, die eine der wichtigsten Pipelines des Landes angezapft hatten. Die Hinrichtung soll durch ihre angebliche Abschreckungswirkung das 30.000 Kilometer lange Pipeline-Netz vor Nachahmungstätern schützen, gibt es doch jährlich über 15.000 Fälle von „Erdölkriminalität": Entführung von Tanklast-

zügen; Dorfgemeinschaften, die eigene Bohrlöcher (neben denen der Staatsbetriebe) graben; Banden, die mit illegalem Öl
eigene Kleinraffinerien und Tankstellen betreiben. „Und das
manchmal sogar unter dem Schutz regionaler Behörden", klagt
man in Beijing.

2) Säbelrasseln in Asien

„Der Drache ist sehr sehr hungrig."
Andy Rothmann, Rohstoff-Analyst
der Investbank CLSA in Shanghai

China hat seit dem 11. Juli 2005 einen neuen Feiertag: den „Tag
der Seefahrt". Das klingt recht harmlos, soll es auch, markiert
aber eine Epochenwende in China. Der 11. Juli 2005 war der
600. Jahrestag des Beginns der Weltreisen des „chinesischen
Columbus", Admiral Zheng He, mit einer Flotte der größten
Segelschiffe, die je gebaut wurden: 130 Meter lange Neunmas-
ter. Die „Santa Maria", mit welcher Christoph Columbus 87
Jahre später in die See stach, nahm sich dagegen aus wie eine
Nussschale. Zum Zeitpunkt der Entdeckung Amerikas durch
Columbus war aber die Dschunkenflotte (doppelt so groß wie
die spanische Armada 180 Jahre später), mit welcher der mos-
lemische Eunuchen-Admiral und seine 28.000 (!) Mann Besat-
zung Expeditionen bis in den Jemen und nach Kenia durchführ-
te, auf Befehl des Kaiserhofes nach einem reaktionären Putsch
schon 60 Jahre lang mutwillig zerstört gewesen. China hatte
sich selbst von der Welt isoliert mit allen Folgen, die es seither
erlebte. China verlernte die Hochseefahrt.

Reform-Patriarch Deng Xiaoping warf Chinas Binnenorien-
tierung radikal über Bord – nur vergleichbar mit Japans Öffnung Ende des 19. Jahrhunderts. Heute will das erstarkte China

wieder in die Ozeane aufbrechen – als Handelsmacht, wie die Führung in Beijing beteuert. Aber es geht auch und vor allem um die Sicherung der Zufuhr der Rohstoffe und Energieträger, die als Chinas Schicksalsfrage absolute nationale Priorität hat. „In 15 Jahren wollen wir Nummer eins im Schiffbau sein", verkündet Vize-Marineminister Zhang Guangqin. Die Militärs lassen schon den Wunsch nach dem Bau des ersten Flugzeugträgers anklingen. Auf Admiral Zhengs Besuchsstationen liegen heute Chinas lebenswichtige Versorgungswege: vom Arabischen Golf über den Indischen Ozean und die Straße von Singapur zu Chinas 1.400 Häfen, über die 90 Prozent der Importe abgewickelt werden. In Shanghai wird der größte Ozean-Terminal der Welt gebaut.

Im US-Verteidigungsministerium läuten die Alarmglocken. Man spricht dort von einer „Perlenkette", die sich Chinas Strategen entlang Asiens Küsten anlegen: Anlaufstellen von Kambodscha über Myanmar (vormals Birma) und Bangladesch bis zum pakistanischen Hafen Gwadar vor der Straße von Hormus, der Erdölschlagader der Welt. Gwadar wird von den Chinesen großzügig ausgebaut, und die Aktivitäten dort erregten erste internationale Aufmerksamkeit durch einen Bombenanschlag auf chinesische Pipelinebauer. Der Korrespondent der deutschen Zeitung *Die Welt,* Johnny Erling, zitiert aus der chinesischen Militärzeitung *Guofang Zhishibao:* „Wer das Meer besitzt, hat die Zukunft in den Händen." Die Ozeane seien heute „wichtige Bühnen des internationalen politischen Kampfes".

Wenn die Chinesen so viel Erdöl verbrauchten wie die Amerikaner, dann reichte die gegenwärtige Weltproduktion nicht einmal für China allein. Deshalb kümmert sich China schon heute um die Beschaffung von morgen. China kauft die Rohstoffmärkte leer und aus strategischem Versorgungsdenken kauft es nicht nur Erdöl, sondern ganze Erdölfelder. Der Hunger und die Jagd nach Rohstoffen treiben das Reich der Mitte an entfernte Ufer. International wenig beachtet, vollzog sich schon im November 2004 im pazifischen Raum ein strategischer Umbruch, als Chinas Staats- und Parteichef Hu Jintao auf einer Südamerika-Tour den Zugang zu Rohstoffen en gros einkaufte – ganze Bergwerke und riesige Sojaplantagen – und auch die dortigen maroden Transportwege und Häfen funktionstüchtig machen will. Um es mit den Worten von Staats- und Parteichef Hu zu sagen: „Von Indonesien bis Brasilien gewinnt China neue Freunde."

Sind es in Südamerika die USA, die ihren Hinterhof an China verlieren, so sind es die Europäer in Afrika. Der Staatschef von Gabun traf den Punkt: „Die Chinesen zahlen gut und verpflichten sich zu Infrastrukturinvestitionen, für welche jahrzehntelang kein Interesse aus Europa zu gewinnen war." Und der Handelsminister von Sambia: „China war schon da und half, als der Rest der Welt in andere Richtungen geschaut hatte." Allein im Erdölstaat Nigeria sind heute 300 chinesische Firmen tätig, weitere 500 in anderen Staaten des Schwarzen Kontinents. China kann den Afrikanern hochwertige Konsumgüter zu billigeren Preisen anbieten. Überall, wo China als Nachzügler auftaucht, trifft es auf die etablierten Ölmultis als Platzhirsche. Energieimporte sind auch für die USA eine Frage der nationalen Sicherheit geworden. Also muss China in besondere Problemzonen der Welt ausweichen, deren Regime auf der politischen Watchlist der USA stehen, wie Iran, Sudan, Myanmar oder Usbekistan. Die Unterstützung dieser Regime, zum Beispiel durch seine Veto-Befugnis im UNO-Sicherheitsrat, bringt China auf Kollisionskurs mit den USA.

Wird China eine aggressive Supermacht? Das entspräche nicht Chinas Tradition. Das Reich der Mitte hat sich gegenüber der Welt immer als Kultur- und Zivilisationsstifter gesehen sowie als hegemoniales Zentrum mit kulturell-zivilisatorischer Vorherrschaft über Nachbarn. Für den chinesischen „Clausewitz", Sun Zi (ca. 500 v. Chr.), lag die wahre Kriegskunst unter anderem darin, eine Schlacht gar nicht notwendig zu machen, nämlich mit militärischer Einschüchterungsmacht eine Entwicklung so zu manipulieren, dass sie letztlich im eigenen Interesse mündet – also nahezu das Gegenteil von Clausewitz' „Krieg als Fortsetzung der Politik mit anderen Mitteln". China hat keinen einzigen Militärstützpunkt im Ausland.

Im Sommer 2005 sorgte Generalmajor Zhu Chenghu von der Nationalen Verteidigungsakademie für ziemliche internationale Aufregung, als er öffentlich kundtat, China würde nicht zögern, die Atomwaffe einzusetzen, wenn die USA wegen eines Konflikts um Taiwan China angriffen. Das Außenministerium in Beijing ruderte umgehend zurück: China folge seit 1964, dem ersten Atomtest, der Doktrin, niemals Nuklearwaffen als Erstes einzusetzen. Dennoch: China und die USA kommen sich immer öfter in die Quere, und die demonstrative militärische Zusammenarbeit zwischen China und Russland ist wohl ein Wink mit dem Zaunpfahl, den asiatischen Pazifikraum nicht mehr länger als Hegemonialgebiet der USA zu sehen.

Nicholas D. Kristoff, langjähriger Korrespondent der *New York Times* in Beijing, ist der Überzeugung, es sei nur noch eine Frage der Zeit, bis China seine Maske fallen lässt und seine neue Stärke ausspielt. 1994 warnte er in seinem kritischen Buch *China erwacht! Die zwei Gesichter einer Weltmacht*: „China ist nicht nur eine rein wirtschaftliche Konkurrenz wie Japan, sondern kann auf vielen Gebieten destabilisierend wirken. Nicht zuletzt kommt Chinas Aufbruch auch ein strategischer Aspekt zu. Das Land verfügt nicht nur über die mit Abstand zahlenmäßig größte Armee der Welt, sondern benützt seinen wirtschaftlichen Aufschwung, um einen folgenschweren Ausbau des Militärs zu finanzieren, welcher dereinst ganz Asien aus dem Gleichgewicht bringen könnte. Schließlich ist die Volksrepublik China uneins mit neun ihrer Nachbarstaaten über die See- und

Landgrenzen, hat in den letzten fünfzig Jahren mit vier davon Kriege geführt und scheint das gesamte Südchinesische Meer für sich beanspruchen zu wollen – einschließlich wichtiger internationaler Schifffahrtsrouten, über die Öl aus dem Nahen Osten nach Japan gelangt. China entwickelt sich zur regionalen Supermacht, die ganz Asien beherrscht, und könnte sogar versuchen, Stützpunkte in Birma im Indischen Ozean zu erlangen. Es wird seine Zeit dauern, bis das chinesische Militär mit den neu erstandenen Panzern, Kriegsschiffen, U-Booten, Kampfflugzeugen und Bombern vertraut ist, aber irgendwann nach dem Jahr 2000 könnte es geschehen, dass die Welt aufwacht und sich angesichts Chinas als bedeutender Militärmacht verdutzt die Augen reibt. Im Westen hat man noch gar nicht angefangen, die Konsequenzen abzuwägen, was geschieht, wenn China ein moderner Staat wird: Man stelle sich ein zweites Japan vor, aber mit rund zehnmal so vielen Menschen – plus Atomwaffen."

Der Direktor des Forschungsinstituts der Deutschen Gesellschaft für Auswärtige Politik, Professor Eberhard Sandschneider: „China muss im Moment noch die Regeln des Westens akzeptieren. In einigen Jahren wird es dies wahrscheinlich nicht mehr tun. Dann fangen die Lektionen für den Westen an."

Anfang 2007 bekamen die USA einen (ersten) Schuss vor den Bug, der den Weltstrategen in Washington gehörig in die Glieder fuhr: China schoss einen Satelliten ins All, der einen anderen Satelliten, einen ausgedienten Wettersatelliten, zerstörte. Chinas Führung dementierte heftig, dass sie das Kapitel der Militarisierung des Weltraums aufgeschlagen habe. Es hätte sich nur um einen wissenschaftlichen Test gehandelt. Das weltweite Aufsehen wurde von Beijing sichtlich genossen; weniger jedoch das Augenmerk der Weltöffentlichkeit auf das enorme „Modernisierungsprogramm" der chinesischen Streitkräfte. Schon im Herbst zuvor hatte China einen US-Satelliten mit Laser-Kanonen „angeleuchtet". Das Blenden von Satelliten gilt als entscheidend in künftigen Weltmacht-Kriegen.

Ebensolche Kopfschmerzen bereitet den US-Strategen das rasche Entwicklungstempo chinesischer Interkontinentalraketen und Atom-U-Boote mit solchen Raketenwaffen. Damit rückt das Territorium der USA in das Bedrohungsfeld chinesischer Atomwaffen. Würden die USA im Ernstfall noch zu ihrer Garantieerklärung für Taiwan stehen?

3) USA – China: Globale Rivalen oder siamesische Zwillinge?

„Es gibt in der Welt von heute nur eine Zivilisation ersten Ranges, und die ist hier in den USA. Europa ist zweiter Rang, und Asien liegt zwischen viertem und sechstem Rang."

Ladies Home Journal, USA, 1923

Der Wettlauf um die knapp werdenden Energieressourcen der Welt entwickelt sich zu einem brisanten Rivalitätsverhältnis, seit China als politischer und militärstrategischer Mitspieler mit den USA auftaucht – noch dazu sind die begehrtesten Rohstoffzentren der Welt auch die besonders heiklen Krisenzonen der Welt. China neigt zu energischem Vorgehen, wenn es gilt, den „Platzhirsch" USA auszumanövrieren. Der frühere deutsche Botschafter in China und China-Publizist Konrad Seitz schreibt in *China: Eine Weltmacht kehrt zurück*: „Der globale Umbruch vollzieht sich vor allem auf Kosten der USA." Washington wird jedenfalls umdenken müssen. Das Zeitalter der pax americana in Asien geht zu Ende. Jack Welsh, der legendäre Chef von General Electric, ebenfalls ein China-Profi, sieht in der ökonomischen Vernetzung durch die Globalisierung aber auch einen positiven Effekt: „Je mehr wir gegenseitig voneinander abhängig sind, desto besser für alle. Das sieht man am Beispiel des enormen Finanzbedarfs der USA. Wenn China aufhörte, unsere Staatsanleihen zu kaufen, geriete Amerika in eine Rezession – und das kann China nicht wollen, dessen wichtigster Absatzmarkt die USA sind."

USA und China: Globale Rivalen, aber vielleicht auch siamesische Zwillinge. Die USA haben sich selbst durch verfehlte Wirtschafts- und Kriegsausgabenpolitik in die Schuldenfalle, in die Abhängigkeit von China gebracht. Jedes Kind in den USA wird mit einer Schuldenlast von 150.000 Dollar geboren. Die Sparquote beträgt in den USA 4 Prozent, in China 41 Prozent.

Die Importe der USA aus China sind seit 1990 um 1.200 Prozent gestiegen. Das (gewerkschaftsfeindliche) US-Supermarktimperium Wal-Mart zählt zu Chinas größten Einkaufskunden. Der Produktionssektor in der US-Wirtschaft sank von 32 Prozent im Jahre 1960 auf 14 Prozent 2002. 2007 betrug das US-Handelsbilanzdefizit gegenüber China 300 Mrd. Dollar. Es war so hoch wie Chinas gesamter Handelsüberschuss. Das Reich der Mitte ist übrigens auch eines der weltgrößten Importeure. Die jährlichen Rüstungs- und Kriegsausgaben der USA haben 2007 den neuen Rekord von 660 Mrd. Dollar erreicht (fast 2 Mrd. täglich), während in China täglich 200 Mio. Dollar ausländische Investitionen einfließen. Zahlungsbilanzüberschuss Chinas 2006: 250 Mrd. Dollar, d. h. 9 Prozent des GDP (2001: 1 Prozent), Zahlungsbilanzdefizit der USA: 6 Prozent des GDP. US-Nobelpreisträger Joseph Stiglitz: „Die USA können nicht China für eigene Schwachpunkte verantwortlich machen."

Seit 2006 sind die EU und China der jeweils größte Handelspartner mit 15,5 Prozent von Chinas Außenhandel. Bei der Summe von 272 Mrd. Dollar (Jahresplus 25 %) importierte die EU 182 Mrd. von und exportierte 90 Mrd. nach China. Im Handelsbilanzdefizit fließen täglich 330 Mio. Euro aus der EU nach China ab …

China könnte bis zur Jahrhundertmitte der weltgrößte Agrarimporteur werden und die USA sind der größte Agrarexporteur. Man ist also aufeinander angewiesen.

4) „Panda-Schmuser" und „Drachen-Töter"

„Rohstoff ist Zündstoff."
Strategische Studie des US-Verteidigungsministeriums

Die USA konnten nach dem Zusammenbruch der Sowjetunion nur für kurze Zeit den Status einer unangefochtenen Monopol-Supermacht in Anspruch nehmen. Dann tauchte China auf, und die USA trachten eifersüchtig, den Monopolanspruch von gestern gegen den Aufsteiger zu bewahren. Das „amerikanische Imperium" zeigt allerdings deutliche Erschöpfungserscheinungen, verzettelt sich in umstrittene, teure Kriege. Es kann sich aber die kostspielige imperiale Überdehnung immer weniger leisten. Wie wird der irritierte amerikanische Riese auf die Konkurrenz des Rivalen reagieren? Wo ist die „rote Linie", die China nicht überschreiten darf – jenes China, das sich den lateinamerikanischen Hinterhof der USA als strategische Versorgungsbasis für Rohstoff- und Nahrungsmittelnachschub aufbaut; jenes China, das sich das Erdöl bei Amerikas Feinden holt und deshalb zum Beispiel mit der Veto-Waffe im UNO-Sicherheitsrat gegen eine Verurteilung des Iran oder des Sudan droht? Zu welchen Waffen werden die USA greifen, wenn die Schuldenlast unerträglich wird: zu wirtschaftlichem Protektionismus und/oder militärischem Druck, um China „zu zügeln"?

Die Machtelite in Washington hat sich noch keine klare Meinung über den künftigen Kurs in der China-Politik gebildet. Zwei Denkschulen stehen einander gegenüber: die sogenannten „Panda-Schmuser" und die „Drachen-Töter". Die „Panda-Schmuser" glauben, dass China als Stabilitätsfaktor in der Weltpolitik gewonnen werden könnte, dass mit zunehmendem Wohlstand sogar ein Demokratisierungsprozess von oben möglich sein könnte. Die „Drachen-Töter" halten das aufsteigende China für eine nationale Bedrohung, die eingedämmt werden sollte.

Einen dritten Weg praktiziert die Regierung Bushs: „Panda-Kontrolle". Sie geht davon aus, dass China noch längere Zeit und sehr intensiv an seinem raschen wirtschaftlichen Aufbau interessiert ist und daher ein ruhiges, stabiles internationales Umfeld benötigt. Ein solches China würde außenpolitische Vorsicht walten lassen. Gleichwohl würde Washington China stets wissen lassen, welche Schritte es als Störfaktor empfindet. Skeptiker dieser Regierungslinie nennen das ein Hinausschieben notwendiger strategischer Entscheidungen: Washington habe gegenüber China überhaupt keine „rote Linie", weil es eine solche nicht wisse. Die „Drachen-Töter" hingegen wissen genau, was sie wollen. Ein Vorgeschmack war das lautstarke Veto im US-Kongress gegen die Versuche chinesischer Firmen, hinter denen die chinesische Regierung steckt, sich „privat" in den strategischen Erdölsektor der USA einzukaufen und dadurch Information und Mitentscheidung zu erlangen. Nach diesem kurzzeitigen Wirbel ist die US-Regierung wieder zur Politik der Zweideutigkeit – Kritiker sagen: Unentschlossenheit – gegenüber China zurückgekehrt. Diese Politik hat zumindest fünfzig Jahre dazu beigetragen, das Taiwan-Problem nicht außer Kontrolle geraten zu lassen. Chinas Führung weiß bis heute nicht, wie die USA wirklich auf ein militärisches Vorgehen gegen Taiwan reagieren würden. Und die „Panda-Schmuser" erinnern die „Drachen-Töter" daran, dass eine US-Eindämmungspolitik in Asien mit Sanktionen und Embargos schon einmal gescheitert war, nämlich jene gegen Japan Ende der Dreißigerjahre. Sie hatte die dortige Kriegspartei nur gestärkt und zu der Vorwärtsstrategie des Angriffs auf Pearl Harbor verleitet.

Wachsende chinesische Verwirrung über die Haltung amerikanischer Regierungskreise gegenüber China widerspiegelte am 9. Oktober 2005 ein programmatischer, scharfer Leitartikel im Parteiorgan, dessen klare Sprache von ganz oben gekommen sein musste. So heißt es anklagend: Was sollen diese periodischen Pendelausschläge? Sieht man China als einen künftigen militärischen Gegner – und handelt danach – oder als Konkurrenzfaktor im kapitalistischen System? In jüngster Zeit schlage das Pendel deutlich in die erste Richtung. Drei Fakten: Erstens das Sicherheitsprotokoll der USA mit Japan, in welches auch die Straße von Taiwan eingebunden ist – eine grobe Einmischung in innerchinesische Angelegenheiten. Zweitens die Rede des US-Verteidigungsministers Rumsfeld über eine chinesische Aufrüstung, „wo China doch von niemandem bedroht werde". Da müsse man sich doch wundern: Was ist mit der US-Militärmacht vor Chinas Küste und auf Taiwan? Drittens der Strategiereport des US-Verteidigungsministeriums, wonach China militärische Kapazitäten „weit über Taiwan hinaus" aufbaue und damit nicht nur die regionale Balance gefährde, sondern die Weltordnung herausfordere. Das klinge nach Wiederaufleben des Schlagwortes von der „chinesischen Gefahr". Erinnert sei an die Wolfowitz-Doktrin 1992 für eine dauerhafte militärische Überlegenheit der USA nach dem Kalten Krieg. Darin war die Absicht zum Ausdruck gebracht worden, nach der Sowjetunion keinen militärischen Rivalen mehr gegen die USA aufkommen zu lassen. Damit konnte nur China gemeint sein! Weshalb dieser Pendelausschlag jetzt? Offensichtlich, um die wachsend kriegsmüde US-Öffentlichkeit von den ausbleibenden Erfolgen im Irak abzulenken, ziehe man die Karte einer chinesischen Bedrohung. Das alles vor dem Hintergrund eines verschärften Wettlaufs um die Erdölversorgung. Der US-Pazifikbefehlshaber Admiral William Fellon nannte vor dem Streitkräfteausschuss des US-Senats eine chinesische Raketenbedrohung der USA als Begründung, China schon in seinem eigenen Sicherheitsraum einzudämmen. Ziel dieser Strategie sei, Alliierte wie Japan und die Philippinen zu stärken, Singapur und Indien zu gewinnen. Vor einer solchen Strategie könne nicht genug gewarnt werden. Ein stolzes Land wie China, das wiederholt von ausländischen Mächten überfallen und besetzt worden ist, empfinde eine US-Aufrüstung vor seiner Haustür als Bedrohung. Daraus könne sich ein Rüstungswettlauf geradezu automatisch entwickeln. Es müssten alle Anstrengungen unternommen werden, damit es zu keinem kostspieligen, gefährlichen Kalten Krieg in Asien kommt. So weit der Leitartikel.

Eine nüchterne Bilanz chinesischer Emanzipation im machtpolitischen Kräftespiel mit den USA zieht Professor Wang Jisi, Direktor des Instituts für Internationale Strategische Studien an der Parteihochschule des ZK der KP Chinas, in der Zeitschrift *Foreign Affairs*, Ausgabe September/Oktober 2005, vor dem Besuch von US-Präsident Bush in China: Die Transformation des Primats der USA hinüber in eine multipolare Welt sei unvermeidlich, wenn auch nicht unmittelbar, solange es den USA gelingt, menschliches Kapital an Innovations- und Produktivitätskraft so wie bisher zur Entfaltung zu bringen. Kurzfristig würde die – wörtlich – „harte Macht" der USA sogar zunehmen, weil die Rüstungsausgaben dort schon fast die Hälfte aller Rüstungsausgaben weltweit betragen sollen. Die Beziehungen zwischen China und den USA in gleicher Augenhöhe seien zwar nicht von Konfrontation, aber von Rivalität bestimmt, sodass sich ein wirklich freundschaftliches Staat-zu-Staat-Verhältnis nicht entwickeln könne. Beide Staaten sollten daher in ihrem Streben nach Stabilität extrem sensibel die Interessen des anderen im Auge haben und verstehen: „Die Geschichte hat bewiesen, dass die USA und China weder ein ständiger Feind waren noch dass China in den USA einen Feind sehen möchte." Wie sensibel die Lage ist, zeigt der Professor an einem Beispiel: „China bezieht Erdöl von Venezuela und Sudan, deren Beziehungen zu den USA weitab von Freundschaft sind, während die USA ein Auge auf das Erdöl in Zentralasien werfen, hart an Chinas Grenze."

Donald Rumsfeld, damals US-Verteidigungsminister, sah die Chance für einen Systemwechsel in China. Im *Spiegel*-Interview entfaltete er seine Gedanken: „Seit den Tagen Deng Xiaopings hat China die bewusste Entscheidung getroffen, das Wirtschaftssystem so weit zu öffnen, dass die Menschen Wachstum und Lebenschancen bekommen. Damit daraus ein Erfolg wird, müssen die Chinesen jede Menge Menschen ins Land lassen. Sie werden Bedarf an vielen Computern haben; Informationen en masse werden ins Land fließen. Mehr und mehr Chinesen werden so erkennen, dass die erfolgreichen Länder der Erde freie politische und wirtschaftliche Systeme besitzen. Daraus dürften Spannungen in einem System entstehen, das weniger frei ist. Falls sich der Wunsch nach einem eher abgeschotteten politischen System durchsetzt, wird die Wirtschaft leiden. Falls das ökonomische System zur Blüte kommt, wird sich auch die Politik mäßigen und öffnen."

Wie beurteilt eigentlich Altvater Henry Kissinger die Entwicklung seines politischen Kindes: die amerikanisch-chinesischen Beziehungen? „Ich beobachte China seit mehr als dreißig Jahren", sagte der Professor und Außenminister, der 1972 Nixon und Mao zusammengeführt hatte, Ende 2005 dem *Spiegel*-Magazin, „und ich bin beeindruckt, wie systematisch und umsichtig es seine Probleme angeht. Ich bin dagegen, China zum Dämon der Weltgemeinschaft zu erklären. Ich habe oft gesagt, dass der Wunsch, China zu belehren, wie es sich in der Welt benehmen soll, falsch ist. China hatte bereits etliche tausend Jahre gelebt, bevor es überhaupt Amerika gab. Natürlich kann das internationale System durch den Aufstieg Chinas ins Wanken geraten – wenn wir uns nämlich nicht auf die neue Konkurrenzsituation einstellen. Aber es geht um eine ökonomische Herausforderung, nicht um eine Aggression von Hitler'schem Ausmaß. China hat schneller als andere Länder verstanden, was Globalisierung bedeutet und erfordert, und es hat gelernt, die Innovationen anderer für sich zu nutzen. Indien liegt übrigens in dieser Hinsicht nicht weit hinter China. Beide sind nicht Nationen im europäischen Sinn, sondern kulturelle Gemeinschaften mit einem riesigen Markt. Damit umzugehen, darin liegt die Herausforderung der Zukunft. Ich appelliere an die Staatsmänner unserer Tage, ihr Denken nicht von Angst bestimmen zu lassen."

Kommt es irgendwann doch zum großen „clash" mit China? Nicht unausweichlich. Im Gegensatz zu anderen Rivalitäten dieses Jahrhunderts, wie jener mit dem islamischen Extremismus, gibt es zwischen den USA und China keinen Kulturkonflikt nach dem Muster von Samuel Huntingtons Zusammenstoß der Zivilisationen. China hat kein Missionierungsbedürfnis. Anders als es das Rivalitätsverhältnis zwischen den USA und der Sowjetunion war, ist das Verhältnis zwischen den USA und China Rivalität und Partnerschaft zugleich. Und so formulierte Deutschlands langjähriger Außenminister und China-Veteran Hans-Dietrich Genscher: „Die Chinesen sind keine Abenteurer."

5) Das Umwelt-Desaster: Bedrohung für die Welt

„Lass den hohen Berg sein Haupt beugen! Mach den Fluss gefügig!"
Mao Zedong, 1958, Gedicht zu Chinas Aufbau

„Wer sich gegen das Wasser stellt, stellt sich gegen das Leben."
Altchinesische Weisheit zur Umweltvorsorge

Mitte November 2005 klopften die apokalyptischen Reiter jahrelanger Umweltsünden an Chinas Tür: Auf dem Fluss Songhua wälzte sich ein 100 Tonnen umfassender Giftteppich Krebs erregenden Benzols auf die nordchinesische Industriemetropole Harbin zu. Die Folge: Eine Woche lang waren neun Millionen Menschen ohne Trinkwasser aus den Leitungen. In den Supermärkten prügelten sich die Menschen um die letzten Wasserflaschen. Der Schock saß tief, denn wieder einmal hatten die regionalen Behörden eine aufziehende Umweltverseuchung erst verschwiegen, dann dementiert und schließlich verharmlost – und vor allem die Zentrale in Beijing nicht informiert. Solches Versagen braucht Schuldige: Der Vizebürgermeister erhängte sich und der Umweltminister musste den Hut nehmen.

Kaum war der Schock von Harbin überwunden, braute sich in Südchina Unheil zusammen: Im Dorf Dongzhua explodierte der Zorn im Zusammenhang mit dem Neubau eines Kohlekraftwerkes. Bauern befürchteten die Verseuchung ihrer Fischgewässer und fühlten sich um Entschädigungssummen betrogen, die korrupte Funktionäre in ihre Taschen steckten. Die Dorf-Revolte wurde von Polizeitruppen zusammengeschossen. Es war dies immerhin die größte Gewaltaktion seit der Niederschlagung der Tiananmen-Unruhen 1989. Als Sündenbock wurde der zuständige Polizeikommandant verhaftet.

Besonders alarmierend ist eine im Oktober 2006 von offizieller chinesischer Seite wiedergegebene Studie des United Nations Environment Programme (UNEP). Danach werden die Mündungsgebiete der beiden großen Flüsse Yangze und Pearl River als „ökologisch tot" klassifiziert. Hauptursache sind die 500.000 Tonnen Ammoniak und 30.000 Tonnen Phosphate, die jährlich in Chinas Flüssen ins Meer strömen. Im Juni 2006 starben bei einer tausend Quadratkilometer umfassenden „Algenblüte" im Yangze-Mündungsdelta über 12 Mio. Fische. Der Yangze-Delfin ist als Spezies ausgestorben.

Chinas Führung erkennt nun spät, aber doch das Menetekel an der Wand: die wachsende Wut und den Mut zum Widerstand gegen willkürliche Umweltvernichtung durch gnadenlose Wachstumspolitik. In ganz China bekannt sind schon die sogenannten „Krebsdörfer", wo so gut wie jeder Einwohner körperlich schwer geschädigt und das Leiden der rußgeschwärzten Jammergestalten grenzenlos ist und wo das verkrüppelte Vieh auf den Feldern in Todeszuckungen verreckt. 10 Prozent von Chinas landwirtschaftlicher Nutzfläche gelten als verseucht.

Vieles im China von heute erinnert an Japans Giftküchen der späten Sechzigerjahre, als die „Itai-Itai" („Auweh-Auweh")-Krankheit die aufstrebende Industrienation mit ihren violetten oder schwefelgelben Flüssen schockierte: schmerzhafte Knochenerweichung durch Kadmiumvergiftung. Japan zog die Lehren und machte kehrt durch eine beispiellose Umweltsanierung – ohne „negative" Auswirkungen auf das Wirtschaftswachstum.

Wird China die Notbremse ziehen (können), bevor es seine Lebensgrundlage zerstört? Der Weihnachtskommentar in der offiziösen *China Daily* liest sich wie ein Aufschrei gegen das Opfern der Umwelt auf dem Altar atemloser Wachstumspolitik: „Wir singen Hymnen auf unsere Entwicklungsleistung. Aber wir müssen innehalten und drastische Maßnahmen ergreifen, wenn nicht weiterhin Menschenleben als Preis für

Wachstum hingegeben werden sollen." Die geistige Elite im Reich der Mitte fürchtet durch barbarische Modernisierungsmuster um den Bestand des kulturellen Wertesystems jahrtausendealter chinesischer Zivilisation.

Chinas Kultur ist eng mit dem Wasser verbunden: im Süden oft zu viel, im Norden oft zu wenig. China verfügt bei zwanzig Prozent der Weltbevölkerung über acht Prozent der landwirtschaftlichen Nutzfläche der Welt und nur sechs Prozent des nutzbaren Wassers, von dem aber pro bewirtschaftetem Dollar viermal so viel verschwendet wird wie im Rest der Welt. So heikel ist die Lage, so heikel die Zukunftssicherung.

Die Weltraumbilder vom trüben Himmel über China – und weit darüber hinaus – sind alarmierend. Klimaerwärmung, Ozonloch, Schadstoffbelastung der Lebensmittel: alles nicht nur wegen China, aber auch wegen China. Das Wirtschaftsboom-Land überholt gerade die USA als weltgrößter Umweltverschmutzer. Chinas Öko-Desaster droht seinen Aufstieg zu gefährden, denn Umweltschäden und die von ihnen verursachten Krankheiten kosten den Staat pro Jahr 35 Milliarden Dollar. Je länger Umweltsanierung hinausgeschoben wird, desto teurer wird sie.

China verzeichnet einen größeren Zuwachs an Treibhausgasen als alle anderen Länder der Welt zusammen. Die Schwefeldioxid-Emission liegt pro erwirtschafteten Dollar 70-fach über Japan und 60-fach über den USA. Welches riesiges Sparpotenzial vorhanden ist, zeigt der Umstand, dass China bei einem Weltwirtschaftsanteil von 9 Prozent 15 Prozent des Weltenergieaufkommens verbraucht. 70 Prozent von Chinas Energie werden aus Kohlekraftwerken (jedes zweite der Welt) gewonnen – mangelhaft oder gar nicht gefiltert. 25 Prozent des Kohlendioxid-Ausstoßes der Welt kommen aus China – und das bekommt sogar schon Kalifornien auf der anderen Seite des Pazifiks zu spüren. Der Kohlendioxidausstoß liegt pro Kopf gemessen aber immer noch unter dem Weltdurchschnitt und beträgt „nur" ein Sechstel des US-Durchschnitts. Verhängnisvoll ist die stürmische Liebe der Chinesen zum Auto. Vollmotorisierung in China mit 800 Millionen Autos auf herkömmlicher Benzin- und Dieselverbrennungsbasis hieße Ausgabe von Gasmasken auch bei uns hier. Brennende Augen, beißende Nasen, Gesichtsschutztücher, Atemnot: Nach Angaben der Weltbank sterben in China jährlich 400.000 Menschen an den Folgen der Luftverschmutzung. Die 4-Mio.-Industriemetropole Linfen voll qualmender Dreckschleudern ist laut internationaler Statistik die „giftigste" Stadt der Welt.

Regelrechter Notstand herrscht in China bereits wegen des Mangels an sauberem Wasser beziehungsweise Wasser überhaupt – abgesehen von den Unwetterüberschwemmungen als Folge der globalen Klimaerwärmung. 60 Millionen Chinesen leiden an Wassermangel, 600 Millionen leiden an verschmutztem, oft vergiftetem Wasser in 400 der 700 Großstädte. Der – oft unkundige – Einsatz chemischen Düngers hat sich vervielfacht. China verfügt pro Kopf an Wasser nur über ein Viertel des Weltdurchschnitts, dennoch benötigen chinesische Fabriken pro Produktionseinheit zehnmal mehr Wasser als vergleichbare Betriebe im Westen. „Wir stehen vor einer gewaltigen Wasserkrise", befürchtet der Umweltexperte Ma Jun. 80 Prozent der täglich 620 Tonnen Schmutzwasser fließen unbehandelt zurück. China ist das beim ausländischen Kapital beliebteste Land für umweltschädigende Industrieinvestitionen – Sozialdumping wird durch Umweltdumping ergänzt, oft mithilfe lokaler Machthaber.

Das chinesische Ministerium für Wasserwirtschaft beschäftigt 60.000 Mitarbeiter, die sich um die wachsende Zahl von Streitfällen zwischen Dörfern um Wasser zu kümmern haben. So nimmt in China auch die Fläche an Bodenerosion und Versteppung immer rascher zu, ebenso die Häufigkeit von Sandstürmen. 2006 erlebte Beijing schon 15 dieser Staub- und Sand-stürme und der schwerste seit Jahrzehnten zwischen 11. und 18. April 2006 warf 330.000 Tonnen Sand der Wüste Gobi auf die Olympiastadt. Nur 100 Kilometer nordwestlich der Haupt-stadt versinkt das Dorf Longbaoshan unter Sanddünen: Die Wüste rückt voran. Die landwirtschaftliche Nutzfläche sinkt (in einem Jahrzehnt um die Fläche halb Österreichs), der urbane Lebensstandard steigt, die Hälfte des Getreides wird bald zur Fleischproduktion verfüttert: China ist auf dem Weg, zum größten Lebensmittelimporteur der Welt aufzusteigen. Apoka-lyptische Berechnungen prophezeien, dass China die doppelte Menge der heute auf der Welt exportierten Getreidemenge be-nötigen würde. Das macht China von den USA, dem größten Lebensmittelexporteur der Welt, abhängig.

Chinas Führung hat die ganze Umweltproblematik wohl er-kannt und die Umweltbehörde SEPA im Ministeriumsrang mit Sondervollmachten ausgestattet. Ihr 46-jähriger Chef, Vizemi-nister Pan Yue, ist sehr aktiv, aber seine härtesten Gegner sitzen nicht in den Zentralbehörden in Beijing, sondern in den Pro-vinzverwaltungen. Er zieht mit offenen Worten eine düstere Bi-lanz: „Über einem Drittel des Territoriums geht saurer Regen nieder, die Hälfte des Wassers unserer sieben größten Flüsse ist unbrauchbar, ein Viertel der Bürger hat keinen Zugang zu sau-berem Trinkwasser, ein Drittel der städtischen Bürger muss verdreckte Luft einatmen, allein in Beijing sind 75 Prozent aller Krebserkrankungen umweltbedingt." John McAlister, Chef des Wasserrecyclingunternehmens AquaBioTronic.Com: „Chinas Wirtschaftserfolg steht vor vielfachen Herausforderungen, aber Wasser ist die wirkliche Achillesferse."

Weniger als 20 Prozent des in China anfallenden Mülls wer-den umweltverträglich entsorgt. Laut einer Studie des China Council for International Cooperation on Environment, einer chinesischen NGO, werden bis 2020 Chinas dann 800 Mio.

Stadtbewohner eine Müllhalde produzieren, die so groß ist wie die der ganzen Welt 1997. Pan Yue: „Mich treibt die Sorge, dass China von der Werkbank der Welt zur Müllhalde der Welt verkommt. Unsere Umweltschäden könnten bald den Erfolg unserer Wirtschaftsentwicklung auffressen."

Die SEPA und das National Bureau of Statistic haben 2006 erstmals eine Umweltkostenrechnung aufgestellt („Green GDP"). Danach betrugen die Umweltschäden 2004 64 Mrd. Dollar oder 3 Prozent des GDP. Auf Beseitigung von Umweltschäden fielen 36 Mrd. oder 1,8 Prozent des GDP, davon 56 Prozent für die Beseitigung von Wasserverseuchung. Wenn China wie beabsichtigt die Sanierung der Umwelt in Angriff nimmt, wird allein der gröbste „Cleanup" umgerechnet 106 Mrd. Euro kosten. Das sind 7 Prozent des Jahres-BIP. Es verwundert wohl nicht, dass Chinas Führung ihre eigenen Umweltziele verfehlt hat: statt Reduktion von Energieverbrauch und Treibhausgasen ein deutlicher Zuwachs.

Der Umwelthorror erlangt gefährliche politische Sprengkraft: 2007 blockierte China die Veröffentlichung einer schockierenden Umweltstudie der Weltbank zur Lage der Welt, die ursprünglich gemeinsam mit chinesischen Regierungsstellen erarbeitet worden ist. Danach starben in China im Jahresabstand 750.000 Menschen vorzeitig an den Folgen der Umweltverseuchung (Luft und Wasser). 42 Mio. Chinesen waren von Überschwemmung oder Dürre betroffen. Begründung des plötzlichen Vetos aus Beijing: Die Veröffentlichung im Internet könnte „soziale Unruhen" auslösen …

Chinas Wirtschaftswunder wird mit einem beispiellosen Raubbau an der Natur erkauft: Von der Werkbank der Welt zur Dreckschleuder der Welt. Für den Aufstieg beutet China seine Umwelt, also sich selbst aus. Fazit der offiziellen Staatsagentur für Umwelt am 12. Februar 2007: „Keines der angestrebten Umweltziele ist 2006 erreicht worden. Jeden zweiten Tag ist ein

Umweltzwischenfall zu verzeichnen. Jährlich gehen von Bürgern im Zusammenhang mit Umwelt 600.000 Beschwerden ein." Pikanterie am Rande: Unter den vom Amt gebrandmarkten 18 größten industriellen Umweltfrevlern befinden sich die vier großen, staatlichen Energieproduzenten.

C) Geht dem Riesen die Luft aus?

„China gleicht einem Elefanten, der Fahrrad fährt. Wenn er langsam fährt, könnte er herunterfallen und eine große Erschütterung auslösen."

James Kynge, britischer Autor von *China – Der Aufstieg einer hungrigen Nation*

Chinas Rekorderfolge haben einen hohen Preis. Immer stärker bekommt China aber auch den Gegenwind der Globalisierung zu spüren. Es ist wie ein Teufelskreis: Durch Chinas Energie-Rohstoffhunger steigen die Weltmarktpreise. Dadurch werden aber auch für China die Energie- und Rohstoffimporte teurer.

Die *Financial Times* hat die Erodierung des Standortvorteils Chinas analysiert:

China wird um drastische Energiesparmaßnahmen nicht herumkommen. Steigende Energiekosten und drastische Umweltschutzmaßnahmen verteuern die Produktionskosten. Es gibt einen Aufwertungstrend des Renminbi-Yuan: Die Alternative wäre Inflation, welche sich die Regierung aus politischen Stabilitätsgründen (Tiananmen-Unruhen 1989) nicht wünschen kann. China hat schon seit einigen Jahren und besonders seit der Energieverteuerung einen Inflationsdruck in der „Pipeline", der durch dirigistische Maßnahmen wie Subventionierung der Treibstoffpreise für den Konsumentenpreisindex zurückgehalten werden konnte. Die Steigerung der Lohnkosten verteuert ebenfalls die Produktionskosten: Chinas Löhne und Gehälter wachsen real dreimal so rasch wie jene in Europa und haben zuweilen zweistellige Zuwachsraten. In den letzten vier Jahren sind daher die Produktionskosten um 72 Prozent gestiegen (bei zwei bis drei Prozent Jahresinflation): teure Umweltschutzgesetze, Facharbeitermangel und besser ausgestattete Arbeitsplätze, weil Chinas Arbeiter anspruchsvoller werden, sind weitere Ursachen. Ein führender österreichischer Manager hat die Erfahrung gemacht, dass man zum Beispiel in der Ostukraine schon billiger produzieren könne als in Chinas Boomregionen. Diese Entwicklung ist nicht unlogisch, denn kein Entwicklungsland mit Ehrgeiz kann das Ziel haben, ein armes Billigproduktionsland zu bleiben.

China wird das Renten- und Sozialversicherungsproblem bewältigen müssen: Es wird die Investitionsvergeudung (besonders für nationale Prestigeprojekte) zurückschrauben müssen. Der österreichische Hongkong-Reeder Helmut Sohmen ortete auch aus anderen Überlegungen Entspannungstendenzen an der Globalisierungsfront mit China: „Wenn hier mehr Wohlstand kommt, werden auch das Streben nach Lebensqualität und soziale Belange ein größeres Gewicht erlangen. Die Welt wird sich wieder ausgleichen. Und auch Europas Wirtschaft wird davon profitieren, wenn sich die asiatischen Massen mehr leisten können. Europa muss durch technische Innovation, Präzision und Qualität punkten."

Peter Tan, Chef von Flextronics Asia im Januar 2007: „China ist eindeutig nicht mehr der billigste Produktionsplatz. Die Zahl gut ausgebildeter Arbeitskräfte hinkt dem Bedarf nach und drückt das Lohnniveau nach oben. Auch die stille Aufwertung der chinesischen Währung macht zu schaffen. Die Lohnkosten eines Industriearbeiters in Shanghai betragen inklusive der Sozialkosten 350 Dollar, aber in Manila 200, in Bangkok 150, in Indonesien 100."

Der größte Schuherzeuger der Welt (180 Mio. Paar im Jahr), Yue Yuen, mit Fabriken in China, Vietnam und Indonesien, reagierte auf die Anti-Dumping-Zölle der EU gegen China einfach mit einer Produktionsverlagerung in die beiden anderen Standorte. Und hinter der Ecke lauert schon der nächste Tigerstaat zum Sprung in die Weltwirtschaft: Indien.

Vorsicht China!

V. Tibet heute

A) Mit der Eisenbahn über den „Mont Blanc"

Im Bahnhof der zentralchinesischen Provinzhauptstadt Xin-
ning, die in einem regelrechten Modernisierungsrausch Manhattan Konkurrenz macht, fährt seit 1. Juli 2006 täglich um 8 Uhr
abends der Eisenbahnzug K 917 ab; ein Monster von einem
Zug, wie es ihn sonst nirgends in der Welt gibt: Zwei Diesellok-
ungetüme (weil die Motoren in der Höhenluft nur die halbe
Leistung erbringen) und 17 Hightech-Waggons, davon ein
Speise- und ein Versorgungswagen; das teuerste Ticket 80 Euro
in der weichen (Schlafwagen-)Klasse und auf Wochen ausge-
bucht. Vor uns liegt eine 28-Stunden-Fahrt hinauf auf 5.085
Meter, höher als der Mont Blanc, und dahinter Lhasa, Hauptstadt eines jahrhundertelang von der Außenwelt verborgenen,
geheimnisvollen Landes.

Mit dieser Eisenbahnlinie, ein in der Rekordzeit von fünf
Jahren errichtetes Wunderwerk an Ingenieurkunst und 3,3
Mrd. Euro teures Renommierstück der chinesischen Modernisierungspolitik, hat Tibet mit einem Mal den Mythos der Un-
erreichbarkeit verloren. Der 1.400 Kilometer lange Schienen-
strang, der täglich 3.000 Reisende nach Lhasa bringt, hat für
Tibet ein neues Zeitalter eröffnet. Alles, was mit Eisenbahnver-
kehr zusammenhängt, hat in der tibetischen Sprache eine offizielle neue Wortschöpfung bekommen. 8 Prozent der Eisen-
bahnstrecke führen über 675 Brücken und durch 10 Tunnels.

632 Kilometer der höchsten Bahnlinie der Welt führen über
tückischen Permafrostboden, welcher für die Ingenieure die
größte und einzigartige Herausforderung darstellte. Der Dauerfrostboden taut im Sommer tagsüber an der Oberfläche auf.
Der Boden unter dem Schienenkörper darf aber nicht aufwei-
chen. Also wurde er mit 10.000 nach dem Eiskastensystem
funktionierenden Kühlstäben gespickt. Entlang der Strecken
stehen noch die berühmten Gleisbaumaschinen von Plasser

und Theurer in, so die Aufschrift, chinesischer Lizenz – hoffentlich legal. Auch sonst kommt man auf der Fahrt aus dem Staunen nicht heraus. Der behindertengerechte Zug gleitet hermetisch versiegelt und völlig geräuschlos wie ein Raumschiff über das menschenleere Dach der Welt. Nur hie und da deutet ein freudiger Aufschrei chinesischer Reisender, dass ein Lebewesen gesichtet worden ist: eine vom Aussterben bedrohte Tibet-Antilope; Maskottchen der neuesten chinesischen Umweltschutzpolitik. Zahlreiche Brücken sollen den Wildwechsel zwischen Sommer- und Winterweiden gewährleisten und der Zug hinterlässt während seiner Fahrt keine wie immer gearteten Abfälle.

Ab 3.000 Meter Höhe wird zusätzlicher Sauerstoff in die Waggons geleitet. Ab 4.000 Meter reicht für manche Passagiere auch dieser Druckausgleich nicht mehr aus. Dann werden kleine Nasenschläuche ausgegeben, die an Sauerstoffpipelines entlang der Waggonwände angeschlossen werden können. An der Station am Scheitelpunkt am Danggula-Pass betrugen Luftdruck und Sauerstoffgehalt nur noch die Hälfte jenes in Beijing. Der bergweltgewohnte Österreicher und die Tibeter (Mönche, Studenten) hatten mit der Höhenkrankheit kein Problem, doch so mancher Chinese bekam weiche Knie oder kippte einfach um. Damit erübrigt sich auch die Mär von der chinesischen Massenbesiedlung Tibets. Sie vertragen das Höhenklima nicht. Doppelte, Ultraviolettlichtfilternde Waggonfenster schützen vor der Höhensonne. Darüber hinaus hat die Natur in großer Höhe einige Überraschungen auf Lager: Luftdicht verpackte Chipstüten blähen sich auf und platzen, Laptop-Chips knirschen und melden sich ab, Speisen müssen in Druckkochtöpfen zubereitet werden, da sie in dieser Höhe sonst nicht mehr garen.

Mitternacht: Einfahrt im Bahnhofsneubau in der chinesisch geprägten Neustadt von Lhasa, dem der Architekt die schräge Form des Potala, des verwaisten Sitzes des Dalai Lama, gegeben hat. Ein Trick, um der Eisenbahn ein tibetisches Gesicht zu geben? Die Modernisierung bricht über Tibet herein. Droht ein Kulturschock? Die Bahn ist nicht unumstritten. Einerseits ist sie ein strategischer Trumpf, dient der Machtkonsolidierung und der Ausbeute von Rohstoffen. Andererseits purzeln in Tibet die Preise durch das leichtere Einführen von Lebensmitteln und anderen Importgütern. Jedenfalls ist die Bahnlinie Chinas Griff nach Tibet. Sollte deshalb keine Bahn gebaut werden? Der Dalai Lama im Exil äußerte sich vorsichtig und ausgewogen: „Die Bahn ist nicht das Problem. Wie sie genutzt wird, darauf kommt es an."

B) Wie chinesisch wurde Tibet?

Vor dem Potala, dem verwaisten Sitz des Dalai Lama, haben die Chinesen einen großen Platz geschaffen. Er erinnert nicht nur an den Tiananmen-Platz, er hat auch den gleich großen chinesischen Flaggenmast, der sich dem Potala entgegenreckt, und er hat, vis-a-vis des Potala, ein zehn Meter hohes obelisk-ähnliches Befreiungsdenkmal, auf dem tibetische Volksmassen chinesischen Soldaten zujubeln.

Hier, an der Beijinger Hauptstraße im Herzen Tibets, prallen zwei Systeme, zwei Welten aufeinander: Menschen, die sich im Anblick des Potala auf die Erde werfen, und einen Steinwurf vom Potala-Platz entfernt das soeben eröffnete hypermoderne Kaufhaus. Straßenzüge, auf deren einer Seite sich in den Glasfassaden der chinesischen Neubauten das tibetische Architekturerbe auf der anderen Seite widerspiegelt. Höllischer Lärm, Verkehrsstaus, Abgasgestank, Parkplatznot in der höchsten Autostadt der Welt.

Die Mehrzahl der auf 450.000 angewachsenen Stadtbevölkerung sind bereits Chinesen, während provinzweit an die 500.000 Chinesen (inklusive Beamte und Soldaten) neben 2,8 Mio. Tibetern leben. (Ebenso viele Tibeter leben außerhalb Tibets in den angrenzenden chinesischen Provinzen. Die Bevölkerungszahl der Tibeter hat sich seit 1951 verdoppelt. Sie sind wie alle Minderheiten von der chinesischen Ein-Kind-Politik befreit.)

Kein Zweifel: Das moderne Zeitalter kommt nach Tibet mit chinesischem Gesicht. Doch Chinas Führung hat die grobschlächtige Unterdrückungspolitik von früher längst aufgegeben. Sie lässt die süßen Früchte der Modernisierung wirken: Wohlstandszuwachs, wenn auch noch bescheiden, Konsumstreben, Elektronik für die Jugend. Hörbares Zeichen sind die CD- und DVD-Player, aus denen chinesische Raubkopien dröhnen, und sichtbares Zeichen sind die zerquetschten Red-Bull-Dosen, die vor Karaoke-Bars herumliegen. Wenigstens Plastiktüten sind in Lhasa aus Umweltschutzgründen verboten. Gewaltige Infrastrukturinvestitionen erschließen Dörfer mit Straßen und Strom; Telefon- und Internetverkehr in den entlegensten Tälern versorgt die Mönche mit ihrem liebsten Spielzeug: dem Handy.

China gibt in Tibet den Ton an und hat das letzte Wort. Die Tibeter machen aber nicht den Eindruck, dass man sie ihre Kultur und Religion so einfach vergessen machen könnte, auch wenn das Spital für traditionelle tibetische Medizin in Lhasa als neues Phänomen auch schon Zivilisationskrankheiten zu heilen hat. Altes Brauchtum, alte Trachten bestimmen den Alltag. So gut wie jedes tibetische Haus, jede Wohnung, auch von Parteigenossen, hat einen reich ausgestatteten Gebetsraum oder Hausaltar, wo jeder Tag mit einer Kulthandlung beginnt. Zum Jokhang-Tempel, der allerheiligsten Kathedrale im Herzen der Stadt, dem Barkhor-Basarviertel, strömen ohne Unterlass die Pilgermassen: drei Schritte vor, hinwerfen, drei Schritte vor, hinwerfen.

China will Ruhe und hat den Kampf gegen Religion eingestellt. Aus den Verwüstungen durch die Roten Garden während der chinesischen Kulturrevolution, die nur 13 religiöse Stätten unbeschädigt überstanden hatten, sind 1.700 Klöster mit viel Geld in aller Pracht wiedererstanden. An die ein Prozent der Tibeter sind wieder Mönche, viele davon Mönch auf Zeit, und sie spielen kein staatlich lizenziertes Religionstheater vor. Sie meinen es ernst. Die besten Zeugen sind die vielen tausend chinesischen Touristen, die sich in den Tempeln und Klöstern den religiösen Ritualen anschließen. So mag es sich die Führung in Beijing mit dem Konzept Tibet als Kulturmuseum wahrscheinlich nicht gedacht haben, aber mit dem Erstarken alles Religiösen in China suchen die Chinesen in Tibet nicht nur Naturerlebnisse, sondern auch ihre Wurzeln des Buddhismus. Die Votivgaben, Bitten um eine gute Universitätsprüfung, um einen guten Ehepartner, sprechen für sich.

Ähnlich wie im Westen hat sich auch in China unter dem Druck der „seelenlosen" Moderne eine Begeisterung für den alternativen, mystischen Lebensstil des tibetischen Buddhismus entwickelt. In Massen suchen chinesische Zeitgeist-Apostel jene Landschaft heim, die ihnen als „Shangri-La" vorgesetzt wird. Buchhandlungen und Zeitungsstände in Chinas Städten sind voll von Literatur über tibetische Kultur.

Der lieben Ruhe willen hält sich die chinesische Regierung mehr als früher auch an Sprach- und Schriftautonomie in Tibet. Dennoch liegt noch viel zu viel im Argen, sodass bis heute Eltern vor allem in den armen Nomadengebieten ihre Kinder Fluchthelfern anvertrauen, die sie auf gefährlichen Pfaden über den Himalaya ins Exil nach Nordindien bringen (oft ein Abschied für immer). Dort werden sie in Kinderheimen (SOS-Kinderdorf) untergebracht und in Schulen des Dalai Lama unterrichtet. Den Mangel an demokratischen Freiheiten teilen die Tibeter mit den Chinesen, doch sorgt hier ein besonders intensives Kontroll- und Strafregime für ständigen Zuzug zur Exilgemeinde in Nordindien.

Die chinesische Truppenpräsenz in Tibet hält sich in Kasernen im Hintergrund. Tibet ist ein Kleinod, auf das China gerade in diesen Zeiten nicht verzichten würde: In Zeiten der Rohstoffknappheit birgt es unermessliche Schätze, in Zeiten der Wasserknappheit entspringen in dem Wasserschloss Asiens alle großen Flüsse des Kontinents inklusive des Verkaufsschlagers „Himalayawasser Tibet 5.100 Meter". Tibet erlebt den Wind des Wandels. Mit der modernen Wirtschaft ziehen chinesische Manager und Verwalter ins Land, womit auch der Griff Beijings verstärkt wird. Das kunstbegabte und gastfreundliche Hirten- und Bauernvolk steht einmal mehr vor einer großen Heraus-

forderung in seiner langen Geschichte: den technischen Fortschritt mit der religiös geprägten Lebenstradition in harmonischen Einklang zu bringen. Tibet verändert sich, aber einmal
mehr wird das uralte Land aus den Prüfungen der Zeit in neuer Gestalt hervorgehen als Tibet.

C) Das Bett für den Dalai Lama ist gemacht …

Der Potala-Klosterpalast des Dalai Lama ruht wie Tibets Krone auf dem Haupt von Lhasa, top renoviert und schöner denn je. Das geheimnisvolle Innere mit seinen 2.000 verwinkelten Hallen, Kammern, Kapellen, Prunksärgen der Dalai-Dynastie, ist der Tabernakel der tibetischen Kultur und das größte Schatzhaus der Welt. Allein das Grabdenkmal des 5. Dalai Lama ist mit 5.500 kg Blattgold überzogen und mit Perlen und Edelsteinen übersät. Emsige Mönche schwirren durch die dunklen Gänge, um die Altäre und unzähligen Buddha- und Götterstatuen mit den notwendigen Kulthandlungen zu betreuen. Denn ab den frühen Morgenstunden drängen nicht nur chinesische Touristen, sondern auch tibetische Pilger zu den Weihestätten.

Der interessanteste Raum ist die Thronhalle mit dem verwaisten Thron des Dalai Lama. Während draußen Gebetspauken dröhnen und Gebetsmühlen knarren, ist es hier drinnen ganz still, wenn die Besucher in tiefer Verneigung kleine Opfergaben Richtung Thron werfen. Der Platz vor dem Thron ist übersät mit Geldscheinen und Hadas, den traditionellen weißen Gebetsschals. Auch die Wohnräume und die Privatbibliothek des 14. Dalai Lama sind frei zugänglich. Sogar das Bett ist hergerichtet, als könne er morgen schon einziehen.

Der 14. Dalai Lama ist seit dem Zeitpunkt seiner Flucht nach Indien 1959 eine Unperson; ein Verräter, der sein Volk betrogen hat, wie es der (chinesische) Parteichef von Tibet formuliert. Chinas Führung hat eine andere Tibet-Strategie im Sinn: Warten auf die Zeit nach diesem Dalai Lama. Dann könnte vielleicht ein Wunsch-Nachfolger auf den Thron manipuliert werden. Bis dahin wird der Kult um den Panchen-Lama, des anderen und pflegeleichten Religionsführers, als Ersatz-Dalai in allen Tempeln und Klöstern gefördert. Die Tibeter lassen angesichts ihrer schweren jüngeren Geschichte und der drohenden Strafen nicht erkennen, ob es gelingt, den Dalai Lama vergessen zu machen. Sie wollen darüber nicht reden. Dafür verrät sich aber ein Pilger, der unvorsichtigerweise seine Kappe lüftete, um den Schweiß von der Stirn zu wischen: An der Innenseite unter der Kappe trug er ein Dalai-Lama-Bild. Funktioniert der historische Kompromiss, wonach die Tibeter ihre Religion (wieder) leben dürfen, aber ohne den 14. Dalai Lama? Der Preis sind die chinesischen patriotischen Erziehungs-Kampagnen in Schulen und Klöstern, in welchen die Distanzierung vom Dalai Lama in dessen Kapazität als politische Figur (nicht als religiöse Figur) geübt wird.

Tibet war und ist ein Klösterreich. Es ist das höchstgelegene Siedlungsgebiet der Welt und der unendliche Himmel ist hier zum Greifen nahe. Der Widerspruch zwischen der Kargheit der Landschaft und der aus Glaubenskraft gespeisten genialen Kunstfertigkeit seiner in enger Naturverbundenheit lebenden Menschen ist enorm. Davon kann sich jeder zivilisationsmüde Westler auf der Suche nach Seelenfrieden überzeugen. Wenn er die Modernismen ausblendet, findet er bei einer Wanderung durch die mystische Bergwelt und die schummrigen Klöster sein magisches Traumreich. Felsenbilder, Eremitenklausen, das Knattern von Gebetsfahnen im Wind; das rhythmische Schlagen der Gebetstrommeln, das Röhren der Tuben, das Flackern Hunderter Yakbutterkerzen vor rätselhaften Altären, Studierstuben mit uralten religiösen, medizinischen, astrologischen Zeichnungen und Schriften, der ranzige Duft in über und über mit Himmel-und-Hölle-, Götter-und-Dämonen-Malereien übersäten Klösterwänden kann einen schon in Trance versetzen, bis man nicht mehr weiß, ob man sich noch in dieser Welt oder schon im Jenseits, vielleicht gar in der Welt der vollkommenen Glückseligkeit befindet. Es gehört zu den Klosterritualen, dass man plötzlich aus den Träumen gerissen wird, wenn die Mönche in der Gebetsstunde beginnen, sich gegenseitig die Sünden zuzuschreien. Die Heimat des Dalai Lama als Land mystischer Weisheiten, die davon orakeln, dass das Olympiajahr 2008, dessen Gastland China ist, die Führung in Beijing des olympischen Friedens willen überzeugen könnte, dem Oberhaupt der Tibeter die Rückkehr zu ermöglichen.

D) Chinesen in Tibet

Dies ist die typische Biografie eines chinesischen Ehepaares in Tibet: Zhao Changming (33) und seine Frau Peng Xiu Chun (35) stammen aus einem armen Dorf in Zentralchina, wo sie geheiratet hatten. Auf der Suche nach Einkommen hörten sie von Freunden, dass es in Tibet Jobs gibt. Zhao ging 2000 als Busfahrer nach Lhasa und holte bald seine Frau nach. Tüchtig und emsig, wie Chinesen sind, riskierte er mit einem Bankkredit den Kauf seines Autobusses in dem Unternehmen, den er nun mit seiner Frau als Unterstützung auf eigene Rechnung fährt. Nein, reich sei er nicht geworden. Er habe gerade den Bankkredit zurückzahlen können. Er hofft auf Touristen durch die Eisenbahnlinie. Nein, in Tibet wolle er auf keinen Fall bleiben. Etwas Geld machen und dann zurück in die chinesische Heimat. Das Höhenklima macht ihn und seine Frau krank. Es gefällt ihnen hier nicht. Die beiden Kinder haben sie schon in ihr Dorf zurückgeschickt.

E) Wallfahrt zum Nabel der Welt

Die Pilgerreise zu Asiens heiligstem Berg, der 6.600 Meter hohen schneebekrönten Naturpyramide Kailash, Urquell der drei
Lebensströme Indus, Ganges, Bramaputra, war früher so müh-
sam, dass schon der monatelange Bittgang in die tibetische Ein-
samkeit Sündenreinigung erhoffen lassen konnte. Heute führt
eine viel strapazierte Piste zum 4.800 Meter hohen Basislager
Darchen am Fuße des majestätischen Weltenberges.

Zwischen den Hütten und Zelten herrscht die fiebrige Aufbruchstimmung eines religiösen Gemeinschaftserlebnisses. Die
Gläubigen kommen zu Fuß, auf Yaks, sie kommen in den Staub-
wolken klappriger Lkw, auf deren Ladeflächen ganze Fami-
lienclans mit Kind und Kegel, Vieh und sogar mit ihren Toten
eintreffen, für die hier auf heiligen Plätzen hoch oben eine
Himmelsbestattung vorgesehen ist: der Körper den Geiern als
das letzte und größte aller Opfer.

Hier in Darchen sind alle vom Wunsch beseelt, die 56 Kilometer lange Kora, die Umwanderung des Angelpunkts des tibetischen Kosmos anzutreten, wo Himmel und Erde einander
treffen; auf einem uralten Pilgerpfad hinauf bis zum 5.660 Meter hohen Dölma-Pass, dem Pfad der Erleuchtung vor dem
Thron der Götter. Die rituelle Umwanderung des Kailash ist
ein Glaubensakt durch Meditation, dem nicht endenden He-
runterbeten von Mantras wie: „Om mani padme hum". Man
kann sich entlang der ausgetretenen Pfade der Magie kaum
entziehen: den Felsenbildern, den Rauchaltären, den angeblichen Fußabdrücken Buddhas, den angeblichen Hufspuren der
Dämonen, den Mani-Steinen, den bunten Fahnen, die mit dem
Wind die Kraft der Gebete ins Universum tragen (ihre Buntheit
stellt sicher, dass jedes Element der Natur vertreten ist), den
Glücksschärpen, den Lung-Tas (Windpferden) mit Gebeten be-
druckte Zettel, die in die Höhe geworfen werden, den Eremi-

tenklausen. Jeder Stein, jedes Wasser ist in der Überzeugung der Gläubigen voll wundersamer Naturkräfte.

Die Bauern- und Hirtenpilger sind keine Religionswissenschaftler. Sie folgen uralten Instinkten: Pilgerreise als ein Wegstück der ewigen Reise durch Leben und Tod, als die beste Vorbereitung für das nächste Leben, Einswerden mit dem Absoluten, Erkennen der höchsten Wirklichkeit hier an der kosmischen Weltachse. Kein Wunder also, dass hier die Roten Garden der chinesischen Kulturrevolution besonders arg gewütet hatten. Mao Zedong duldete keine Konkurrenzreligion. Nur wenige Gebetsstätten am Kailash haben die Verwüstungen überstanden.

Tibet 2006: Wie fühlt man sich bei der Wallfahrt? Der chinesische Mönch Xiangyuan: „Ich komme aus einer armen Bauernfamilie in Zentralchina. Ich bin heute den 185. Tag unterwegs. Ich möchte den Kailash 324-mal umwandern." Weshalb? Wo man doch schon mit 100 Umrundungen die Erleuchtung erlangen kann? „In der heutigen dunklen Zeit lastet die Schuld schwerer auf den Menschen als früher. Deshalb mache ich lieber ein paar Runden mehr." Der tibetische Volksschullehrer Tseten Norbu: „Ich hoffe, dass ich mit der Wallfahrt die Sünden sühnen konnte. Es ist für mich sehr wichtig, in meinem nächsten Leben einen guten Start zu haben, um die Aufgaben meistern zu können, die auf mich warten." Auch der 79-jährige Lama Jampa Rabgyel aus dem Saga-Kloster ist glücklich, dass er am Abend dieses Lebens noch einmal die Kora bewältigen konnte. Frage: Wie sieht es mit dem Mönchs-Nachwuchs aus? „Die Zeiten haben sich geändert. Früher war es üblich, dass die Familien einen Sohn dem Klosterleben überantworten. Heute suchen sie für den Sohn einen Universitätsplatz." Der Lehrer Tsering Yongzom glaubt fest daran, dass auch in modernen Zeiten die eigene Kultur bewahrt bleiben kann. Voraussetzung sei allerdings, dass man seine Kultur nicht passiv überrollen lasse. Es solle die eigene Kultur modernisiert werden, anstatt andere Kulturen zu übernehmen.

Zur Feier des vollzogenen Glaubensaktes gibt es nach der Wallfahrt am Lagerfeuer bei Yakbuttertee jahrhundertealte Lieder und Tänze. Blick zurück auf den Kailash, der steil in den kristallblauen Himmel stößt. Der heilige Berg, von dem es heißt: Wie der Tau durch die Morgensonne, so werden die Sünden der Menschen durch seinen Anblick getilgt.

F) Tibet geht der Schnee aus

Lhasa hatte früher den Ruf einer Sonnen-Stadt. Heutzutage regnet es immer öfter, heißt es im Umweltamt der tibetischen Hauptstadt. Keine andere Gegend der Welt bekommt die Folgen des Klimawandels so deutlich zu spüren wie das tibetische Hochland. Die Gletscher schmelzen im dramatischen Rekordtempo ab. 130 Quadratkilometer sind schon verloren gegangen, 12 Prozent in den letzten 40 Jahren. Die Schneegrenze ist auf über 5.000 Meter gestiegen. Die Durchschnittstemperatur in Tibet ist seit den Achzigerjahren um 0,42 Grad gestiegen und der Aufwärtstrend beschleunigte sich von 2005 bis 2007 auf plus 3 Grad. Was das Wegschmelzen des „dritten Pols der Erde" für die Welt bedeutet, unterstreichen Tibetforscher wie Thomas Kraft vom Geographischen Institut der Universität Köln in dramatischen Zahlen: „Ein Drittel der Weltbevölkerung ist von Trinkwasser abhängig, das vom Himalaya in Richtung China und Indien fließt."

Die Erbauer der am 1. Juli 2006 eröffneten Eisenbahnlinie nach Lhasa bekamen schon nach wenigen Monaten die ersten Probleme der Erderwärmung zu spüren. Es war der heißeste Sommer seit Beginn der Aufzeichnungen, und der Sommertau des Permafrostbodens, massiver als berechnet, hat Risse im Gleiskörper verursacht. Ende August war der Speisewagen eines Zuges entgleist. Die Eisenbahnkonstrukteure sind zuversichtlich, das Problem durch zusätzliche Kühlstäbe im Gleiskörper in den Griff zu bekommen: Wir können hier eine Erderwärmung bis plus zwei Grad bewältigen, erklärt Eisenbahningenieur Wang Yongping. Bei einem Temperaturanstieg darüber hinaus brauchen wir uns ohnehin keine Sorgen zu machen, denn dann würde die Welt ganz andere Probleme haben. Dann würden ganze Städte im Wasser versinken.

Ende August ist Erntezeit in Tibet. Kleine Traktoren haben

die Yaks ersetzt. Die Bauern können bessere Ernten einfahren, seit die Monsunwolken aus Indien immer öfter die Kraft zum Weg über den Himalaya entwickeln. „Mir macht es gar nichts, wenn in Lhasa Palmen wachsen", greift ein Bauer zu schwarzem Humor. China ist neben den USA der größte Produzent von Treibhausgasen. An die 80 Prozent der Energie werden in China aus Kohlekraftwerken gewonnen, abenteuerliche Dreckschleudern. In Tibet beginnt man, andere Wege einzuschlagen. Erste Solarkraftwerke auf dem Dach der Welt sollen den wachsenden Energiebedarf decken und Sonnenenergiekollektoren auf den ärmsten Bauernhäusern verringern den Heizmittelverbrauch in dem trotz Aufforstungsprogramm holzarmen Hochland.

G) Wo liegt Shangri-La?

Mit dem Wissen über ein magisches Traumreich fesseln die Buddhisten seit Jahrhunderten die Fantasie der Welt: Shangri-La heißt das paradiesische Wunderland. Niemand hat diesen sagenumwobenen Ort der allerhöchsten Glückseligkeit je erlebt. Niemand hat Shangri-La je gesehen. Nur eines wissen die Klösterchroniken zu berichten: Dieses kaum zugängliche Reich, das vom apokalyptischen Ende der Welt verschont bleiben wird, liegt jenseits der Berge, die so hoch sind, dass sie sogar die Vögel zu Fuß überqueren müssen, also am Dach der Welt.

Beginnen wir zu suchen. Versuchen wir das Rätsel zu klären. Die einen sagen, der Name für dieses Naturparadies kommt aus dem tibetischen Begriff Shambala, er bedeutet die Harmonie von Mensch und Natur, Heiligkeit des Friedens, steht für Ruhe und Selbstbesinnung, und es liegt bei dem heiligen Berg Kailash im Himalaya-Massiv. Andere wollen das magisch-schöne Gebiet in einem abgelegenen wild-romantischen engen Flusstal am Rande der tibetischen Hochebene entdeckt haben. Die Chinesen wollen es besser wissen und haben am Rande Tibets eine alte chinesische Ortsbezeichnung Xiang-Ge-Li-La entdeckt. Also tauften sie diese tatsächlich traumhaft schöne Gegend ganz offiziell Shangri-La.

Der Lokalaugenschein in diesem chinesischen Shangri-La bietet eine Überraschung sondergleichen: Diese trotz großer Höhe sanfte Landschaft mit smaragdgrün funkelnden Wiesen und Weiden, schneeumkränzt von mächtigen Sechstausendern, und Almhütten sieht aus wie eine Bilderbuch-Kopie von Österreich. Aber so etwas überstiege sogar die Kopier-Künste der Chinesen. Kann es also sein, dass ganz einfach Österreich das wahre Shangri-La ist und wir es nur noch nicht wahrgenommen haben? Nein, das kann nicht sein, denn Shangri-La ist fern der realen Welt, ein Utopia, ein Garten Eden. Und dorthin ist der Weg das Ziel.

Dazu der Dalai Lama, also ein Experte: Gleichgültig ob Shangri-La ein Ort auf diesem Planeten ist oder nicht, so kann er dennoch nur von denen gesehen werden, deren Geist und karmische Tendenzen rein sind. Shangri-La ist also jener Ort, den man letztlich in sich selbst findet.

Vorsicht China!

VI. Indien: Das nächste China?

Indien: Das nächste China?

„Indiens Zug ist nicht mehr aufzuhalten und ein Abspringen nicht mehr möglich. Indiens Kultur hat die Fremdherrschaft der Mogulen überlebt, die der Briten und wird auch Coca Cola überleben. Ich liebe die Aufbruchstimmung. Ich liebe die Globalisierung, die alle Grenzen sprengt. Die ganze Welt steht uns offen. Noch nie in der Geschichte der Welt hatten so viele Menschen Aufstiegschancen. Das ist das 21. Jahrhundert. Jetzt geht es darum, wer findiger ist, wer hart arbeitet, wer fleißig studiert.“

Angehöriger der indischen „Scooter“-Klasse, der aufstrebenden Mittelschicht, im Eisenbahnzug von Kolkata (Calcutta) nach Delhi zu dem TV-Weltenbummler Rob Hof

Als jüngster asiatischer „Tiger“ ist Indien in den Weltwirtschaftsring gestiegen, nachdem es sein introvertiertes staatssozialistisches System abgeschüttelt hatte. Auslöser war Indiens „China-Schock“ gewesen, als es 1990/91 von China überholt wurde. China und Indien: Das sind die beiden einzigen Milliarden-Staaten mit zusammen zwei Fünftel der Menschheit auf dem Weg zum Drittel der Erdenbürger. Indien wird 2030 mit 1,4 Milliarden Einwohnern China ein-, danach überholen. In beiden Staaten ist die große Bevölkerungszahl Motor des Wirtschaftswachstums mit Spitzenzuwachsraten in der Welt. (Die Lebenserwartung beträgt in China 73 Jahre und in Indien 65 Jahre – immerhin fünf Jahre länger als in Russland.)

Chinas Reformpolitik ist 30 Jahre alt. Indiens Reformstart hängt 15 Jahre nach. Indien ist auch heute noch zehnmal weniger in die Weltwirtschaft integriert als China und verbucht zehnmal weniger ausländische Investitionen. Indiens Armutsrate ist dreimal höher als jene in China. 300 Millionen Inder arbeiten für einen Dollar am Tag. Die Alphabetisierungsrate beträgt in China 91 Prozent, in Indien 61 Prozent (Frauen

75 Prozent zu 45 Prozent). China verfügt über sechsmal mehr Mobiltelefone. China verzeichnet 4.800 Milliarden Dollar Sparguthaben, Indien 220 Milliarden. China verfügt über 1.400 Milliarden Dollar Devisenreserven, Indien 222 Milliarden. Dennoch deuten in Indien alle Anzeichen auf eine Wiederholung des chinesischen Wirtschaftswunders. Was spricht für Indien: ein relativ gesunder Bankenapparat und Kapitalmarktsektor, eine verbritisierte Elite, relative Rechtssicherheit und eine trotz aller Abstriche demokratisch-stabile Staatsform. Indien gilt als zweitgrößter englischsprachiger Talente-Pool. Man spricht davon, dass Indien den Sprung aus der Agrargesellschaft hinweg direkt in das Computer-Zeitalter unternimmt. Das Wirtschaftswachstum seit 1980 betrug in China 868 Prozent, in Indien 311 Prozent, in den USA 118 Prozent, in Deutschland 56 Prozent. Indien erlebt eine Bildungsrevolution über Kasten- und Geschlechter-Grenzen hinweg. Indiens größtes Kapital sind seine jungen Menschen. Das Durchschnittsalter Indiens liegt bei 25 Jahren! Die „Generation Aufbruch" beflügelt den nationalen Ehrgeiz, Global Player und Nr. 3 hinter USA und China zu werden.

Die unterschiedliche Wahrnehmung Chinas und Indiens durch den ausländischen Besucher (Geschäftsmann) beschreibt die *Frankfurter Allgemeine Zeitung* in einer Sonderbeilage so: „Wer in Shanghai landet, schwebt mit dem Transrapid in das Bankenviertel Pudong, steigt in Fünf-Sterne-Hotels ab, aber Shanghai ist nicht China. Wer in Bombay (Mumbai) landet, bleibt im Verkehrsstau stecken, ekelt sich vor dem Gestank und bedauert die Obdachlosen am Straßenrand. Aber Bombay ist nicht Indien. Er kennt (noch) nicht die Forschungszentren und Computerunternehmen in Bangalore oder Hyderabad (Spitzname: Cyberabad). China ist nicht so gut, wie es scheint, Indien nicht so schlecht. In China verdienen nur wenige ausländische Konzerne Geld – ihre milliardenschweren Investitionen sind eine Wette auf die Zukunft. Vielleicht ist Indien da ehrlicher mit dem Investor: Hier ahnt er, worauf er sich einlässt." Aber es ist noch immer eine skurrile Tatsache, dass die Marktwirtschaft im „kommunistischen" China besser funktioniert als im freien Indien – dank der demokratisch gewählten Kommunisten, die in der indischen Politik das – bremsende – Zünglein an der Waage spielen. Der indische Parade-Industrielle Ratan Tata, der gerade sein 2.200-Dollar-Auto auf den Markt bringt, mahnt seine Landsleute: „In China wird nicht in kleinen Schritten, sondern im globalen Maßstab gedacht. Wer das tut, scheint auch die Fähigkeit zum Siegen zu haben." Eine Umfrage von Mercer Human Resource Consulting unter 600 in Asien investierenden multinationalen Konzernen zeigt eine wachsende Lohnkosten-Kluft zwischen China und Indien: China wird „teurer". So kostet ein leitender Manager in Indien im Durchschnitt 8.600 Euro im Jahr, in China mehr als das Doppelte.

Indiens Metropole des 21. Jahrhunderts, Bangalore, ist das neue Silicon Valley der Welt geworden. 900.000 Inder waren 2005 schon im IT-Bereich tätig. Das Wachstum der indischen IT-Branche beträgt tausend Beschäftigte pro Woche und 33 Prozent im Jahr. Was spricht gegen Indien: bürokratische Exzesse, mangelnde Infrastruktur. Indiens Pluralismus ist nicht so zielorientiert, wie es China vormacht. Entscheidungsprozesse ziehen sich in die Länge. Heinrich von Pierer, langjähriger Siemens-Chef und China-Indien-Veteran über den Unterschied: „Die Chinesen planen mit einer Rigorosität sondergleichen. Wird in China etwas beschlossen, wird es mit unglaublicher Geschwindigkeit durchgezogen. In Gremien, die wir nicht genau kennen, werden Ziele vereinbart und durchgesetzt. Chinesen haben ein Sendungsbewusstsein." In diesem Sinne ist Chinas Vorteil seine international respektable moderne Infrastruktur. Peter Borger, Siemens-Chef und Vorsitzender der Euro Cham-

ber in China, nannte im April 2005 die neuen Modernisierungs-
vorhaben: 1.000 Hochgeschwindigkeitszüge, 55 neue U-Bah-
nen, größter Tiefseehafen der Welt mit einer 35 Kilometer langen Stelzenautobahn von Shanghais Küste zur Hafeninsel.

Indiens Aufholjagd hat erst eingesetzt. Sein religiöser, ethnischer und gesellschaftlicher Pluralismus (Stichwort: Kastenwe-
sen) macht eine zentral-autoritäre Führung unter modernen
Umständen gänzlich unmöglich – das musste schon Indira
Gandhi mit ihrem gescheiterten emergency rule erfahren –,
kann aber Schocks besser auffangen, die durch wachsende soziale Ungleichgewichte zwischen Regionen und Bevölkerungs-
gruppen entstehen. Ein erfahrener asiatischer Diplomat hatte
einmal verglichen: „Indien brodelt an der Oberfläche über einem stabilen Unterbau. China hat eine stabile Oberfläche über
einem brodelnden Unterbau." In diesem Sinn hat Indien ein
besseres politisches Fundament. Indien hat eine längere Erfahrung mit marktwirtschaftlichen Mechanismen. Es ist in der
Eliteausbildung voran, China in der Infrastruktur. Beide haben
einen Mittelstand von zusammen 500 Millionen. Das ergibt
immerhin einen Markt von der Größe der EU und einen fast
doppelt so großen wie jener der USA.

Das gilt besonders angesichts der wachsenden Komplemen-
tarität der beiden Volkswirtschaften China – Indien: 40 Prozent
der Weltbevölkerung, 50 Prozent des Weltressourcenverbrauchs.
Indien hat seine Stärke im Servicesektor, China im Produktionssektor. In die Computersprache übersetzt – und es geht tatsächlich um die Weltführung in dieser Zukunftsbranche –,
macht Indien die Software, China die Hardware. US-Technolo-
gie-Multis verlegen ihre Produktion nach China und ihre crea-
tive centers nach Indien. Zusammen ergibt das dann einen US-
Computer, der erzeugt wird, ohne je einen US-Arbeitsplatz
berührt zu haben.

Vorzeige-Held des indischen Aufstiegs ist der neue Stahl-König der Welt, Lakshmi Mittal, Spross einer alten Industriellen-Dynastie und schon die Nr. 5 der Reichen in der Forbes-Richlist. „Man kann nicht zu Hause bleiben, wenn man der Größte werden will", begründet er selbstbewusst seine Einkaufsstrategie. Sein spektakulärer Kampf um den französisch-luxemburgischen Stahlkonzern Arcelor und die stümperhafte Abwehrschlacht der dortigen Spitzenmanager zeigen exemplarisch den Niedergang einer verblendeten alten Welt. Arcelor-Chef Guy Dolle erging sich in arroganten Beleidigungen gegenüber dem „dahergelaufenen" indischen Herausforderer: „Wir sind Parfum, diese sind Kölnisch-Wasser" oder, noch ärger: „Wir brauchen kein Affengeld." Starke Worte aus schwachen Brüsten. Inzwischen sitzt Lakshmi Mittal auf dem Thron von Arcelor. Das kommt davon, wenn man sein Weltbild nicht dem Lauf der Welt anpasst.

Chinas Regierungschef Wen zögerte nicht, bei seinem „Tauwetterbesuch" in Indien (dem alten Rivalen um die Nummer-eins-Führung auf dem asiatischen Kontinent) am 11. April 2005 die Absichten beim Namen zu nennen: „Wenn sich China und Indien zusammentun, können sie Weltmarktführer werden." China lud Indien ein, gemeinsam das asiatische Jahrhundert zu gestalten. Erste Früchte: Der Handel zwischen beiden Staaten hat sich seit 1998 versiebenfacht, und der indische Computer-betriebs-Riese Infosys, noch vor wenigen Jahren völlig unbekannt, will mit einer 65-Millionen-Dollar-Investition in Shanghai ein zweites Standbein aufbauen.

Wenn China und Indien einmal auf vollen Touren laufen, brauchen sie von uns nichts mehr. Dann brauchen sie nur noch Rohstoffe und Energiequellen. Die Produktion für die eigenen Bevölkerungsmassen, die in das Konsumzeitalter eintreten, zu günstigeren Preisen als ein Warenimport, wird für eine sich selbst tragende Aufbaukonjunktur sorgen. China – Indien: ein Traumpaar in Asien hat sich gefunden. Von der alten Rivalität ist nur der Wettlauf zum Mond geblieben.

Vorsicht China!

VII. Japan: Die dritte Öffnung

Japan: Die dritte Öffnung

„Niemand hat Japan jemals beschuldigt, es einem leicht zu machen, Japan zu verstehen."

Winston Churchill

12. November 1990: Auftakt der zehntägigen Zeremonien der Thronbesteigung des neues Kaisers Akihito (Herrschername für die japanische Zeitrechnung: „Heisei"). Die altertümlichen Rituale, die nun am Ende des 20. Jahrhunderts anbrechen, übertreffen an mystischen Deutungen um vieles vatikanische Kultgeheimnisse. Dem ausländischen Gast gelang es nur durch allerhöchste Protektion, dem Beginn der Regentschaft des 125. Tennos beiwohnen zu dürfen.

Entlang einer Galerie im Hofe des Palastes trippelt der neue Kaiser, schwer an der Last uralter Zeremonialgewänder tragend, zum acht Tonnen schweren Chrysanthemen-Thron, der aus der alten Kaisermetropole Kyoto herbeigeschafft worden ist. 74 Höflinge helfen ihm, das meterhohe antike Kunstwerk aus Lack und Holz zu besteigen. Die tausend obersten Japaner im Frack brechen als Zeugen des Staatsaktes in ein dreifaches „Tenno Heika Banzai" („Möge der Kaiser 10.000 Jahre leben") aus.

Zehn Tage später erreichten die Zeremonien mit einem in der Welt wohl einzigartigen religiösen Geheimritual den Höhepunkt und Abschluss: „Daijosai", Japans „heilige Nacht". Im Ostgarten des Palastes sind zwei einfache Bambus-Holz-Tempelchen, Yukiden und Sukiden, errichtet worden. Am Abend schreitet der Kaiser nach einem rituellen Reinigungsbad barfuß und in eine schneeweiße Seidentunika gehüllt vor Mitternacht in den einen und nach Mitternacht in den anderen zum Ritual des Reisopfers, der Heiligung des Reises, und, so die Überlieferung, zur mystischen Begegnung (laut manchen alten Schriften: mystischen Vereinigung) mit der Sonnengöttin Amaterasu, der Urmutter Japans. Zwei Priesterinnen („Uneme") dienen ihm bei den Ritualen, wenn die Sonnengöttin herabsteigt. In jedem der Tempelchen befindet sich eine bettähnliche Raststatt („shinza") mit je einem Paar Hausschuhen, einem Kamm, einem Fächer und einem Betttuch. Am Morgen danach ist etwas vom göttlichen Geist auf den Kaiser und damit auf die Nation übergegangen, denn der Tenno ist die Essenz alles Japanischen. Später werden die Tempelchen in einem Reinigungsritual abgebaut, das Holz verbrannt und die Zeremonialgegenstände begraben.

1. Juni 1999: Der österreichische Bundespräsident Klestil, auf Staatsbesuch in Japan, wartet im Palast auf die Begegnung mit dem Kaiser. Als der Tenno, ein ungemein liebenswürdiger Mann, erscheint, brüllt der Hofmarschall zu den Umstehenden mit einer Lautstärke, als gelte es, zum Angriff auf Pearl Harbor zu blasen, in einem gewöhnungsbedürftigen Englisch: „Nicht bewegen, der Kaiser kommt!" Die Hofschranzen sind ohnehin schon zu Salzsäulen erstarrt.

Durch hartnäckiges Insistieren beim Hofmarschallamt hatte der Bundespräsident erreicht, dem Tenno am nächsten Tag aus seinem goldenen Käfig Ausgang zu verschaffen und zu einer flotten Wiener Aufführung der „Fledermaus" in der Tokioter Suntory-Hall einzuladen. Man sah es dem befreienden Lachen des Kaiserpaares an, dass es einer seiner glücklichsten Abende war.

Die gnadenlose Starrheit und Verzopftheit des japanischen Hofprotokolls am Ende des 20. Jahrhunderts war symptomatisch dafür, dass die Öffnung Japans 1945 durch die Amerikaner – ebenso wie die erste Öffnung 1868 – innerlich unvollständig geblieben ist. Die von den USA verordnete Demokratie, das Wechselspiel von Regierung und Opposition, die Transparenz der Entscheidungen, der Wettbewerb in der Wirtschaft haben nie richtig funktioniert. Nach enormen wirtschaftlichen Erfolgen bis in die Achtzigerjahre, engte das System die Nation wie eine Zwangsjacke ein, denn im Vergleich zu der Planwirtschaft in Japan war die Kommandowirtschaft in der Sowjetunion reine Anarchie gewesen. Japan fiel in konservative Erstarrung und die unflexibel gewordene Wirtschaft ab 1990 in eine Stagnation – allerdings auf hohem Niveau. Japans Nachkriegsmodell, die „Japan AG", hatte sich leergelaufen. Die Angst des Westens vor einem Erfolgs-Monster Japan war unbegründet geblieben. Wird es im Falle Chinas ähnlich sein?

„Japan muss sich neu erfinden", predigte Sony-Gründer Akio Morito vergeblich seinen tauben Landsleuten. Fort mit dem gouvernantenhaften Staat! Fort mit der Diktatur der Bürokraten! Doch es bedurfte erst des China-Schocks in Japan, um die Nation wachzurütteln. Waren es also zweimal die USA gewesen, die Japan aus dem Dämmerschlaf rissen, so ist es heute China.

Japan wartete auf seinen Gorbatschow. Dieser kam in der Gestalt des Mannes mit der Löwenmähne: Jonichiro Koizumi. Sein Programm: alte Zöpfe abschneiden! (Das traf zuerst die Krawatten, zu deren Verbannung in der Sommerhitze Koizumi die Nation in einer Art japanischer Kulturrevolution aufgerufen hatte: „Energie sparen bei der Kühlung der Büros.")

Obwohl ein Kind des alten Systems (er erbte den Parlamentssitz seines Vaters), brachte der Premier im Polohemd Ende 2005 das Kunststück fertig, seine eigene, seit 50 Jahren regierende Liberaldemokratische Partei zu Neuwahlen zu zwingen, die der Premier mit eigenen Reform-Kandidaten bestückte. Das Wunder geschah: Den Japanern war endlich der Knopf aufgegangen. Sie statteten Koizumis Reformprogramm mit einem Erdrutschsieg aus. Japans Wirtschaft, in welcher sich enorme Innovationsreserven aufgestaut haben, reagierte mit einem neuen Sonnenaufgang. Die Exporte ziehen nach langer Flaute wieder an.

Leicht wird es die neue Reformära in Japan nicht haben. Das Land würgt mit 170 Prozent des GDP an einer der höchsten Staatsverschuldungen einer entwickelten Volkswirtschaft, weil 15 Jahre lang durch Defizit-Spending vergeblich gegen die Stagnation und Deflation angekämpft worden war. Auch die demografische Entwicklung lässt nichts Gutes erwarten: Japan wird 2050 nur noch 90 Millionen der heute 120 Millionen Einwohner haben, während man Chinas Bevölkerungszahl zu diesem Zeitpunkt irgendwo zwischen 1.400 und 1.600 Millionen vermutet.

In Europa wird China allenfalls als wirtschaftlicher Konkurrent wahrgenommen. In Japan sieht man die Dinge doch etwas anders. Japan sieht sich chinesischen Ambitionen im Wortsinne im Wege liegen. Mit besonderem Unbehagen wird der Ausbau der chinesischen Marine verfolgt.

Jedenfalls muss Japan als Erstes seine Mentalität entstauben, um bei Chinas Aufbruch in die Welt nicht ins Hintertreffen zu geraten, hatte doch ein guter Kenner diese Mentalität in dem einfachen Satz zusammengefasst: „Japan genießt das Alleinsein, weil es sich für etwas Besonderes hält."

Vorsicht China!

VII. Russland: Drache küsst Bär …

A) Rohstofflager für China

„China und Russland vereint das gemeinsame Ziel, nicht länger
der Underdog gegenüber den USA zu sein."
Andreas Riemer, Institut für Strategie und Sicherheit
der Landesverteidigungsakademie Wien

Das war ein Paukenschlag gewesen, der den US-Strategen im
Pentagon noch lange in den Ohren dröhnen wird: China und
Russland hielten im Sommer 2005 erstmals, und ganz groß
angelegt, gemeinsame Militärmanöver ab. Die militärische Ver-
brüderung hatte regelrechten Show-Charakter. Luftlande-Ein-
sätze und andere Militärspektakel sollten nicht nur „terroristi-
sche und separatistische Kräfte" einschüchtern, sondern auch
den USA ein deutliches Signal geben: Die Ära der US-Hegemo-
nie im ostasiatischen Raum ist abgelaufen, das Spekulieren auf
die uralte Gegnerschaft zwischen dem Bären und dem Drachen
zahlt sich nicht mehr aus. Russland ist zu Chinas größtem Waf-
fenlieferanten aufgestiegen, wohl auch wegen des „Tiananan-
men"-Waffenembargos der USA und der EU.

Groß ist die Erblast auf der russisch-chinesischen Nachbarschaft. Das „Tataren-Joch" aus dem Mittelalter ist bis heute ein
nationales Trauma in Russland, aus dem sich die Zurückdrän-
gung der „Gelben Gefahr" bis weit hinter Sibirien als Zielset-
zung entwickelt hatte. Für China ist es das Trauma der „Ungleichen Verträge", in denen es das Gebiet von Amur und Ussuri
verlor, und erst recht der Name der russischen Pazifikmetro-
pole eine Erinnerung an Demütigung: Wladiwostok („Beherr-
scherin des Ostens") heißt sie. In einem solchen Geist unter
beiden Völkern konnte auch die kommunistische Bruderschaft
nicht lange währen: Gegenseitige Hegemonialvorwürfe mün-
deten 1969 in regelrechte Grenzkämpfe, über denen das Damoklesschwert des Atombombeneinsatzes schwebte. Daran erin-

nert bis heute in der russischen Grenzstadt Blagowjesch-tschensk die große Lenin-Statue, die am Ufer des Amur wie ein monströser Grenzposten den ausgestreckten Arm – zukunfts-weisend oder drohend? – China entgegenreckt. Darunter wimmelt es bereits von Chinesen, die die Wirtschaft der Stadt fest im Griff haben.

1973 war der österreichische China-Pionier Professor Gerd Kaminski in Beijing mit dem Vize-Regierungschef und späteren Reform-Patriarchen (ab 1979) Deng Xiaoping zusammengetroffen, der gerade aus der politischen Wüste zurückgerufen worden war und ein Jahr später schon wieder gestürzt werden sollte. Deng enthüllte koloniale Sünden der Sowjetunion und besonders Stalins (dessen großes Bild bis in die Achtzigerjahre am Tiananmen-Platz prangte, um den Kreml zu ärgern!). Aus den Gesprächsnotizen: „Jede Hilfe haben sie uns teuer mit Krediten verrechnet, um uns abhängig zu machen ... 6 Milliarden Dollar im Koreakrieg ... Die Rückgabe des von der Kuomintang-Regierung an Japan zwangsverpachteten Hafens Dalien mussten wir Stalin abkaufen ... Für das veraltete Material haben sie uns 1 Milliarde Dollar verrechnet ... Dennoch ist das jedem Chinesen jeder Preis wert gewesen ... Zwischen 1962 und 1964 haben wir alle Schulden getilgt ... Man kann daraus die Lehre ziehen, dass man sich auf eigene Kräfte stützen muss ...“

Das Tauwetter begann 1989 mit Gorbatschows Besuch bei Deng Xiaoping, aber die Rivalität war noch nicht ganz überwunden. Während draußen am Tiananmen-Platz die Studentenkundgebungen Demokratie einforderten, mahnte Gorbatschow bei Chinas Patriarchen Deng Xiaoping, der sein Gesicht zu verlieren drohte, „Glasnost“ nach sowjetischem Vorbild ein. Deng antwortete nach Gorbatschows Abreise mit Panzern gegen Demonstranten. Drei Jahre später war die Sowjetunion und mit ihr die russische Wirtschaft zusammengebrochen, während das autoritäre China zum steilen Wirtschaftsaufstieg ansetzte.

Drache und Bär: Nach konfliktreichen Jahrhunderten haben sie sich nun halbwegs aneinander gewöhnt, wenn auch unter wachsamer gegenseitiger Beäugung. Dies gilt besonders für das technologiehungrige China, dessen Geheimdienst unterbezahlte russische Experten zum „Technologietransfer" der anderen Art verleitet: Es häufen sich in Russland die Spionageprozesse gegen Topmanager national heikler Industriebereiche wegen Geheimnisverrats an China.

Russland und China: Eine Vernunftehe ohne Liebe, eine Freundschaft voll Misstrauen, man erobert heute nicht mehr Territorien, sondern die Wirtschaft. China ist die Wirtschaftsmacht, und Russland kann vom Verkauf seiner Bodenschätze – Erdöl – an das rohstoffhungrige China ganz gut leben. Die Sorge vor (islamischem) Terror und nationalistischen Unabhängigkeitsbewegungen schmiedet beide Reiche zu einer Art „Verteidigungskoalition" zusammen, bei welcher unter dem Vorwand der Aufrechterhaltung der Stabilität das erste Opfer die Demokratie ist.

B) Geht Sibirien verloren?

Heute ist Russland der ärmlich-träge Vetter an der Seite des dynamischen China und chinesische Geschäftsleute – angeblich schon 500.000 – überschwemmen Sibirien. An den zu „Wild-Ost"-Basaren angeschwollenen Grenzstationen geben chinesische Händler ziemlich herablassend den Ton an. Die russischen Kunden auf Hamsterfahrten werden von ihnen für ziemlich hinterwäldlerisch eingeschätzt („Kauft, so viel ihr wollt! Wir haben genug von allem! Bei uns herrscht echter Kapitalismus!") und einem chinesischen Grenzbeamten rutscht es heraus: „Russland wird Chinas Hilfe brauchen, um seinen Osten aufzubauen."

Muss Russland die Rache der Geschichte, den Verlust Sibiriens fürchten? In der von einer Hochhaus-Skyline geprägten chinesischen Nord-Metropole Harbin, einst Russlands Verwaltungszentrum seiner halbkolonialen chinesischen Gebiete rund um die mandschurische Eisenbahn, leben heute mehr Menschen als im gesamten russischen Fernen Osten. Seit dem Zusammenbruch der Sowjetunion sind 2 der 9 Millionen Russen aus Fernost abgewandert, während in den benachbarten Provinzen jenseits der Grenze 107 Millionen Chinesen leben.

Kurzausflug 2005 von China über den Amur in das russisch-fernöstliche Chabarowsk. Dort ist der Markt bereits fest in chinesischer Hand. Russische Produkte haben keine Chance. Darüber schimpfen zwar die Menschen, aber die konkurrenzlos niedrigen Preise sind ein unschlagbares Argument.

Große Überraschung: Auf den Feldern in dem kurzen sibirischen Sommer werden Melonen (!) angebaut: 4 Rubel (10 Eurocent) das Prachtexemplar am Straßenrand. Auch hier: Chinesen am Feld und im Verkauf. Was geht da vor sich? Des Rätsels Lösung: Chinesen haben ehemalige Kolchosen gepachtet – inoffiziell, denn der Kreml ist weit weg. Die chinesischen

Pächter sind hier von April bis Oktober mit einem ganzen Heer von Arbeitschinesen tätig, denn, so die harten Worte: „Die Russen arbeiten nicht richtig. Sie arbeiten zwei Tage und geben sich dann am dritten Tag dem Wodka hin …"

Am 1. April 2007 wurde auf den Märkten Sibiriens ein Verbot für Ausländer als Anbieter verhängt. Putin, der Patriot, hat zugeschlagen.

Vorsicht China!

IX. Eine Reise durch das neue Asien

A) „Beijing 2008": Olympia aus High Tech, Yin Yang und Feng Shui

„Man kann das Ausmaß der Bauvorhaben für das olympische Ereignis nur mit dem Bau der Großen Mauer vergleichen."

Olympisches Vorbereitungskomitee in Beijing

„Die Welt soll staunen und unseren Fortschritt sehen."

Studentin, die als Olympia-Hostess tätig ist

„Das ist die erste Olympiade nicht Chinas, sondern aller Chinesen der Welt."

Ai Weiwei, Olympia-Architekt

Man versteht auf Beijings Straßen sein eigenes Wort nicht mehr. Es ist nicht nur der Verkehrslärm. Überall wird noch dazu gebohrt und gehämmert; Baulärm Tag und Nacht: 700 Kilometer neue Straßen, 87 neue U-Bahn-Kilometer mit 52 Stationen, 33 Sportstätten und das Olympische Dorf am 5. Autobahnring, welches man am Horizont ausmachen kann, wenn sich die Smog-Glocke hebt. Eine Million Wanderarbeiter ist an den Baustellen tätig – auch sonntags unter Scheinwerfern um drei Uhr früh – für sechs Euro Tageslohn.

Generalmobilmachung in China für Olympia 2008, 30 Mrd. Euro teure Olympische Spiele der Superlative (das Vierfache der Olympiakosten von Athen), Chinas Paukenschlag seines großen Auftritts auf der Weltbühne. China rüstet sich für die große Selbstinszenierung. Deshalb wird die Olympische Flamme auch am höchsten Gipfel der Welt, dem Mount Everest (chinesisch: Qomolangma, an der Grenze zu Nepal) lodern. An der Finanzierung der enormen Kosten „der ersten Olympiade aller Chinesen" tragen nicht nur Sponsoren, sondern auch Chinesen in aller Welt mit gewaltigen Summen bei. Sie können (sollen) auch das Nutzungsrecht der olympischen Stätten nach den Spielen pachten. Das Finanzierungskonzept erinnert an die Spiele in Los Angeles. Sieben Monate vor der Eröffnung soll Olympia fertiggestellt sein. Chinas vormaliger Sport-Attaché an der Botschaft in Athen: „Wir wollen eine Wiederholung von 2004 vermeiden, dass der letzte Bauarbeiter erst knapp vor der Eröffnungsfeier das Stadion verlässt."

Wenn im August 2008 die Olympia-Flagge hochgezogen wird, soll es der Welt glatt die Rede verschlagen. Was hat sich Chinas Führung nicht alles einfallen lassen für ihren Olympia-Slogan „One World, One Dream, Beijing 2008":

- Kultur, Chinas alte Kultur, soll auftrumpfen: Die Verbotene Stadt und andere Kulturschätze sind blitzblank renoviert. Kultur-Stars aus aller Welt und vor allem die neuen Stars aus China sind im Programm. Meisterregisseur Zhang Yimou („Hero"), das Genie der digital unterstützten Masseninszenierung, zelebriert die Eröffnungszeremonie: „Ich werde der Welt fantastische, unvergessliche Eindrücke bieten." Sowohl der Vater von Zhang Yimou als auch der Vater seines kongenialen Freundes Ai Weiwei waren in der (Un-)Kulturrevolution schlimm verfolgt worden. Das hindert die Söhne nicht, Parade-Patrioten ihres Heimatlandes zu sein.

- Eine „Grüne Olympiade" soll es werden. China verspricht blauen Himmel über Beijing. Wie das in der Auto- und Industrie-Hölle der 18-Millionen-Metropole bewerkstelligt werden soll? Beijings Versprechen an Olympia: „Jede Sportstätte soll in 30 Minuten erreichbar sein." In China ist das ganz einfach: Beijing bekommt 16 Tage Sonderurlaub. Die Durchzugsstraßen bekommen Olympia-Sonderfahrspuren. 1,3 Mio. Autos werden stillgelegt, alle Fabriken im Umkreis von 120 Kilometern werden geschlossen. Und auch dem Wettergott werden Beine gemacht: Rund um die Hauptstadt werden Raketenbatterien heranziehende Regenfronten abschießen.

Auch die Verschönerungsanstrengungen sind reif für das Guinness-Buch der Rekorde. Nichts wird dem Zufall überlassen. Botaniker verzögern die Blütezeit von Blumen und Sträuchern bis zu den Hitzemonaten Juli, August. Alle Gebäude Beijings innerhalb des 2. Autobahnrings werden neu aufgeputzt. Im olympischen Stadtteil wurden 500.000 Bäume gesetzt und ein künstlicher See wurde angelegt. Die gesamte Begrünung erfolgt mithilfe von Recyclingwasser.

Die gewaltige Taxi-Flotte der chinesischen Hauptstadt ist bereits in abgasfreundlichere Modelle ausgetauscht worden – gegen den Unmut der Taxibesitzer – und die Autobusse wurden auf Erdgas umgestellt. Mit den Umweltschutzmaßnahmen mithilfe des Arguments „Olympia" will Chinas Führung auch ein Signal in das eigene Land senden. „Wir wollen für ganz China grüne Zeichen setzen", so Olympia-Chefumweltplaner Yu Xiaoxuan.

• „Smiling Beijing": Eine halbe Million Olympia-Helfer ist registriert. 600.000 Einwohner Beijings haben in Abendkursen Englisch für die Betreuung der Gäste gebüffelt. Eine Erziehungskampagne für gutes Benehmen gegenüber Ausländern wird vom „Amt für geistige Zivilisation" geleitet: Chinesen dürfen nicht mehr ihrem alten Laster, dem Ausspucken als Zeichen des Wohlbehagens, frönen und müssen sich ordentlich in Schlangen anstellen, statt an Bushaltestellen und Kartenschaltern Ellbogenkämpfe aufzuführen. Bei dieser olympischen „Kulturrevolution" erinnert sich der Autor des Buches noch an den Besuch des österreichischen Bundespräsidenten Rudolf Kirchschläger, welchem als Zeichen besonderer Wertschätzung eine Begegnung mit dem damals schon sehr greisen Reformpatriarchen Deng Xiaoping ermöglicht worden war: Der kleine Mann war von zwei stämmigen Leibwächtern unter den Achseln angehoben hereingetragen worden. Seine Beine baumelten über dem Boden. Dann wurde der noch immer quicklebendige Mann in ein riesiges Sofa versenkt. Zwischen den beiden Staatsmännern war der damals obligatorische nachttopfartige Spucknapf platziert. Jedes Mal, wenn Deng tief aufzog, ging ein sichtbares Zucken durch die hagere Gestalt des Bundespräsidenten. Aber das österreichische Staatsoberhaupt brauchte keine Sorge haben, denn Deng traf nach lebenslangem Training zielsicher in den Spucknapf knapp vor Kirchschlägers Beinen. Chinas Reformpatriarch aus der tiefen Provinz Sichuan genoss ein Privileg, das unter Funktionären schon damals nicht mehr üblich war. Jetzt soll das Laster auch den letzten Chinesen abgewöhnt werden; wenn es sein muss, mit Strafmandaten.

Alte Mobilisierungstraditionen des KP-Regimes in modernem Gewand zeigt die Kampagne für „Ordentliches Anstellen": Wer an einem 11. Tag des Monats (die Doppel-Eins als Symbol des Schlangestehens) in Beijing weilt, kann an den Bushaltestellen die Funktionäre des „Amts für geistige Zivilisation" bei den Exerzierübungen mit den Fahrgästen beobachten.

- Hightech-Olympiade: Die neuen Sportstätten stellen alles in den Schatten, was bisher gebaut worden ist. Mittelpunkt ist das 400 Mio. Euro teure Stadion, wegen seiner Architektur „Vogelnest" genannt: 36 Kilometer Stahlträger sind ineinander zu einer Megaplastik verwoben. Das „Vogelnest" ist ein gemeinsames Konzept der Schweizer Architekten Jacques Herzog und Pierre de Meuron sowie des chinesischen Paradekünstlers (Kasseler Documenta 2007) und Dissidenten Ai Weiwei. Dessen Vater, der „Poet der Nation", war während der (Un-)Kulturrevolution gefoltert worden. Sein Sohn errichtete ihm ein großes Denkmal und findet im Gespräch mit dem deutschen Korrespondenten Georg Blume bittere Worte: „Wir leben immer noch in einem kommunistischen

Staat. Manche Strukturen haben sich nicht verändert. Zugleich leben wir im 21. Jahrhundert und genießen die Freiheit des Kapitalismus. Zwar gibt uns der materielle Fortschritt im Alltag viele neue Entscheidungsmöglichkeiten. Doch glaube ich, dass uns die alten Strukturen immer noch prägen. Die Leute da oben haben ihre Macht nicht aufgegeben, und sie nutzen heute die Wirtschaftsentwicklung, um sich das Kapital in die eigene Tasche zu stecken. Das geht auf Kosten derjenigen, die keine Macht besitzen und all ihre Rechte verschenken, nur um ein bisschen mehr Lohn zu verdienen."

Neben dem „Vogelnest" als Olympiatempel des 21. Jahrhunderts steht als Wasserstadion der 100 Mio. Euro teure mächtige „Wasserwürfel" mit seiner wabenartigen, Wasserblasen nachempfindenden, blau irisierenden Kunststoffhaut aus der Weltraumtechnik, lichtdurchlässiges Teflon. China wäre nicht China, würde nicht in jedem Millimeter hypermoderner Olympiaarchitektur auch eine gehörige Portion altes China stecken. Der olympische Stadtteil am Nordrand Beijings ist genau an jener Nord-Süd-Geisterlinie errichtet, an der alle Nationalsymbole und Monumente der chinesischen Hauptstadt aufgereiht sind. Das runde Olympiastadion und das eckige Wasserstadion bilden ein Yin-Yang-Paar aus Himmel-Erde, Weiblich-Männlich, also gegensätzlicher Kräfte der kosmischen Ordnung, die bereit sind zu harmonischem Einvernehmen. In der Bauplanung ist auch alles darüber hinaus trotz der Huldigung des Fortschritts nach alten Feng-Shui-Regeln ausgemessen und ausgependelt.

Das Basketballstadion hat Fassaden, an denen das Geschehen im Inneren über die ganzen Wände als großes TV-Bild für Zuschauer sichtbar ist, die über keine Eintrittskarte verfügen. Und der Neubau der Zentrale des chinesischen Fernsehens wird Beijings neues Wahrzeichen und verspricht Abenteuergefühl: Zwei 270 Meter hohe Wolkenkratzer neigen sich zueinander und verbinden sich an der Spitze zu einem dritten, trampolinartig nach außen ragenden Hochhaus als Querträger. Besorgte Stimmen, dass Beijing doch auf einer Erdbebenlinie liege, werden von den Behörden beruhigt: „Wir haben ein Eins-zu-Dreißig-Baumodell dreißig Tage lang auf einer Testplattform durchgerüttelt. Ohne Probleme."

Das sind also die chinesischen Olympischen Spiele: Alle Welt, alle Menschen sollen staunen – und die chinesischen Sportler sollen die Medaillen abräumen. Der große Rivale heißt USA und er soll auf den zweiten Rang verwiesen werden. Die Aufrüstung an der Sportfront erfolgt in Talentschmieden, wo die Knochen und Muskeln der kasernierten Jüngsten schon von Kindesbeinen an mit Methoden geknetet und zurechtgebogen werden, die westlichen Jugendschützern die Haare zu Berge stehen lassen würden.

Wenn Beijing zu den Olympischen Spielen ruft, dann könnten sich auch, so fürchtet die „Staatssicherheit", Dissidenten und andere Unzufriedene angesprochen und von diesem Brennpunkt der Welt angezogen fühlen. Der frühere chinesische Bürgerrechtsaktivist und heutige Direktor von *Radio Free Asia* in Hongkong, Han Dongfeng, warnt: „Es gibt Hunderttausende, die sich Gehör verschaffen wollen. Stellen Sie sich vor, wenn Millionen nach Beijing marschieren. Wie viele Soldaten bräuchte man, um sie aufzuhalten? Was könnte das auslösende Moment sein? Die Olympischen Spiele? Darüber sollte man nachdenken."

Han Dongfeng denkt von Berufs wegen nach, denn bei ihm laufen alle über Telefon und Internet kommenden Informationen über die täglich 200 und mehr Unruhefälle in China ein. Er hat offensichtlich schon einen besseren Überblick als die chinesische Zentralregierung, denn von dort kommen zuweilen diskrete Anfragen. Han Dongfeng: „Die Regierung hat die umfassende Kontrolle über die Provinzen verloren und die unter Willkür, Korruption und sozialer Benachteiligung leidenden Bauern (750 Mio.) sind heute das größte Unruhepotenzial. China hat die Tradition, dass Dynastien von Bauernrevolten gestürzt worden sind. Die letzte war Maos kommunistische Revolution. Jetzt ist wieder eine Neuorganisierung der chinesischen Gesellschaft fällig."

Chinas Führung vertraut auf die Macht von Glückssymbolen, wie zum Beispiel der Glückszahl 8. So ist es kein Zufall, dass die Olympischen Spiele am 8.8.2008, 8 Uhr abends eröffnet werden. Das ist eben das Chinesische: die Verbindung von Hightech mit metaphysischer Tradition.

Am Tiananmen-Platz im Herzen Beijings zählt eine riesige Digitaluhr – so wie bei der „Heimkehr" Hongkongs – die Tage und Stunden bis zum großen Ereignis. Doch wenn dann am 24. August 2008 das olympische Abschlussfeuerwerk Beijings Nachthimmel erleuchtet, lauert schon der nächste Knalleffekt: Die Expo 2010 in Shanghai soll alles in den Schatten stellen, was es bisher an Weltausstellungen gegeben hat.

B) Shanghais Ziel: Metropole der Welt

1) Kraftfeld des nationalen Ehrgeizes

„Pekinger können über alles reden, Kantonesen alles essen und Shanghaier alles machen."

Selbstschätzung der Shanghaier

Man schreitet durch das Flughafengebäude, das an eine Weltraumstation erinnert, zur Magnetschwebebahn. In dieser geht es mit einem leichten Säuseln in acht Minuten und 430 Stundenkilometern Spitzengeschwindigkeit 30 Kilometer in den Hochhausdschungel der Stadt. Dort geht es aufwärts in das höchste Hotel der Welt im Jin Mao Tower, Chinas Megapagode aus Glas und Stahl. Dort geht es in ein Hightech-Zimmer im 83. Stock in 400 Meter Höhe. Die Hotelhalle vom Typ „Raumschiff Orion" ist 35 Stockwerke hoch. Chinesische Besucherscharen bewundern die Leistung. Vom Swimmingpool im 57. Stock bis hinauf zur Dach-Bar „Wolke 9" im 87. Stock ist Shanghais historische Uferpromenade, der „Bund", nur noch im Liliputformat auszunehmen. Dahinter verläuft sich bis zum Horizont die Glitzerwelt der 8.000 Hochhäuser. Abwärts mit dem Blitz-Aufzug (Kabine mit Druckausgleich) und weiter hinab in den Verbindungstunnel unter den Huangpu-Fluss zum „Bund": selbstverständlich kein normaler Tunnel. Man wird in kleinen Waggons durch eine Hightech-Geisterbahn mit Showeinlagen aus Laserstrahlen gerollt.

Shanghai steht wie keine andere Stadt für den Aufbruch Chinas in die Zukunft. Das Kind der Kolonialzeit ist Chinas spektakuläres Aushängeschild, Schaufenster der Modernisierungspolitik und laut eines US-Magazins die derzeit aufregendste Metropole, eine Stadt, die sich unentwegt selbst überholt. Heute ist Shanghai das New York Asiens, morgen das New York der

Welt? Superlative gehören hier zum Alltag. In diesem neuen Mekka der globalisierten Wirtschaft türmt sich nationaler Ehrgeiz, ballt sich die Kraft einer neuen Weltmacht – eine Stadt im Gründertaumel, voll knisternder Energie, gierig nach Rekorden, ein Hauch von Größenwahn. Der Orient des 3. Jahrtausends stellt den Okzident in den Schatten.

Komplette Altstadtviertel wurden und werden plattgemacht. 600.000 Menschen mussten der Abrissbirne weichen – nicht ganz freiwillig: Bauernopfer der Modernisierung. Shanghai platzt aus allen Nähten und erstickt trotz fünfspuriger Highways in den Blechlawinen. Wenn der autoverrückte Shanghaier sein Traumauto erwerben will, dann muss sein erster Weg zum „Shanghai Automobil Auction Center" führen. Dort ersteigert er eine Nummerntafel und damit die Zulassung. Auktionator ist – man ist ja modern – der Computer, der eingetippte Angebote am Monatsende (Spitzname: „Shanghai Folter") akzeptiert oder verwirft. Die Glücklichen zahlen mit an die 45.000 Yuan (4.500 Euro) fast den Gegenwert eines Kleinwagens.

China wäre nicht China, würden nicht auch im ärgsten Modernisierungswahn die alten Geister ein Wörtchen mitzureden haben. Dort, wo sich heute mehrere Stadtautobahnen in drei Etagen spektakulär ver- und entknoten, war es zu rätselhaften Verkehrsunfällen gekommen – bis die Ursache feststand: Ein verärgerter Drache ließ seinen Zorn spüren. Deshalb wurde ihm zwischen den Autobahnknoten eine große Drachensäule als neue Wohnstatt errichtet. Und tatsächlich: Die Zahl der Verkehrsunfälle ging zurück …

Shanghai richtet sich schon jetzt auf die Erweiterung seines Siedlungsraums auf 100 Millionen Menschen ein. Dazu sind 9 Satellitenstädte in Millionengröße in Bau – jede als „Blick zur Welt" von einem ausländischen Architekten im Stil seiner Nation nach ökologischen Vorgaben und verkehrsberuhigt konzipiert. Die Wohnstadt Anting baut der deutsche Architekt Albert

Speer. Ihr Mittelpunkt wird ein Goethe-Schiller-Brunnen sein, ein Geschenk der Stadt Weimar.

Was hat den international renommierten Architekten bewogen, nach Shanghai zu gehen? Albert Speer:„Die Dynamik der Menschen ist faszinierend. Europa schläft irgendwie. Es ist der Reiz, etwas verwirklicht zu sehen. Was jetzt in den Bau geht, ist in einem Jahr fertig. Wie lange sie dieses Tempo durchhalten? Ich glaube, in den nächsten 10, 15 Jahren geht ihnen die Puste nicht aus." Sein deutscher China-Manager Johannes Dell erzählt aus Erfahrung: „Es kann schon vorkommen, dass die Chinesen von dir ein Universitätsinstitut wollen, und der Baubeginn soll noch in diesem Jahr sein. Es ist aber schon September."

Die Übersetzung des Namens der 20-Millionen-Metropole heißt „über dem Meer". Lästerzungen unken, dass Shanghai angesichts des Klimawandels bald „unter dem Meer" heißen muss. Schon jetzt sinkt der Boden des Schwemmlandes unter den Hochhäusern.

2) Börse als Pulverfass

„Boss und Benetton statt Marx und Mao."
Mian Mian, Shanghais provokante Pop- und Szene-Poetin

Shanghai beherbergt das größte „Spielcasino" der Welt, obwohl offizielle Geldspiele in China streng verboten sind: Der Ersatz dieses Verbots ist die Börse von Shanghai und ein ganzes Volk befindet sich im Aktienfieber. Dort und in den 3000 Wertpapierhandelshäusern im ganzen Land toben die spielsüchtigen Chinesen ihren „Volkskapitalismus" aus. Und weil sie wirtschaftlich mangelhaft erfahren sind, wird dort das Geld der kleinen Leute verspielt. Aktienspekulation als Opium des Volkes: Dort, vor den wild blinkenden Kursanzeigetafeln, trinken

Oma und Opa ihren Nachmittagstee und gönnen sich eine neue Aktie (zum Rekordkurs), weil sie fest davon überzeugt sind: „Vor den Olympischen Spielen wird die Regierung keinen Zusammenbruch des Aktienmarktes zulassen." Selbst an den Garküchen am Straßenrand erklingen aus dem Radio die neuesten Börsenkurse. Anteile an Immobiliengesellschaften sind die heißeste Ware, aber auch die gefährlichste. Der aufgeblähte Immobilienmarkt ist eine Zeitbombe. Reichtum über Nacht und das noch dazu ohne Arbeit: Eine 60-jährige Putzfrau soll laut *Chongqing Morning Post* (Schlagzeile: „Göttin der Börse") ihren „Spieleinsatz" von 20.000 Yuan in zwei Monaten verdoppelt haben. Ein Volk von Klein- und Kleinstaktionären im Nervenstress unter der Folter der Ungewissheit. „Am schlimmsten sind die Wochenenden, wenn die Börse geschlossen ist", klagt ein Bankkunde.

Die Shanghaier Börse ist in ihren Flegeljahren schwer Insiderverseucht durch Finanzcliquen. Die Aktienkurse des völlig aufgeblähten Börsenindex gleichen einer Achterbahnfahrt und die Zeche zahlen die 100 Millionen (!) Kleinaktionäre, die ihre letzten Ersparnisse in das Börsenroulette werfen. Beständige Warnungen der Regierung stießen auch 2007 auf taube Ohren. Seit der (Wieder-)Gründung der Shanghai Stock Exchange sprang der Composite Index von 98 auf über 5.000 im Oktober 2007.

Für Chinas Führung und ihren Wirtschaftskurs ist die Börse von Shanghai Erfolgsbarometer und Albtraum zugleich: Kurssteigerung plus 70 Prozent in einem Jahr und Kurssturz um 20 Prozent nach der Verdreifachung der Aktienkaufsteuer als – vergebliche – Abkühlungsmaßnahme. Börsenpanik, Massenverkäufe um jeden Preis, Enttäuschung und Wut: Die USA wissen aus eigener Erfahrung ein (Klage-)Lied über den Casino-Kapitulismus zu singen. Hier in Shanghai steht das Pulverfass, dessen brennende Lunte der Traum eines ganzen Volkes vom schnellen Reichtum ist.

C) Kanton und Shenzhen:
Kapitalismus als patriotische Tat

„China AG"
Inoffizielle Bezeichnung an der Hongkong-Böse der langen Liste
börsennotierter Firmen aus der engeren Volksrepublik

Guangzhou (Kanton) ist die alte, Shenzhen die neue Metropole der Boom-Region „Perlfluss-Delta". Kanton war immer Festland-Asiens größter Basar und wird es auch bleiben. Dennoch bleibt nicht alles beim Alten. Die Moderne dringt hier mit südlichem Chaos ein: Stadtplanung unbekannt, Hochhäuser im Freistil. Auch der Lebensstil und die Essgewohnheiten passen sich der globalen Moderne an. Auf dem pittoresken Markt blieben an diesem Tag die geselchten Hunde als Ladenhüter übrig. Im Käfig miaut eine Katze. Sie hat überlebt, zumindest an diesem Tag.

Shenzhen, als Konkurrenz-Hongkong hinter dessen Grenzen geplant, ist am Reißbrett innerhalb von 20 Jahren im Zeitraffertempo entstanden, durchzogen von einer Hauptachse, an der sich hypermoderne Glasfassadentürme reihen. Die dort tätigen Manager wohnen aber doch lieber im gediegenen „Portofino". So nennt sich ein dem italienischen Vorbild nachempfundenes Villenviertel.

20.000 Firmen profitierten in dem Hongkong-Zwilling Shenzhen von der Verlagerung von Arbeitsplätzen aus der britischen Ex-Kolonie, aber das Kapital ist im Globalisierungszeitalter zum Nomaden geworden. Die ersten Firmen wandern von Shenzhen nach Vietnam aus. Doch es geht auch anders. Besuch bei dem Unternehmer Fei Zuxi im Hightech-Park von Shenzhen. Herr Fei war nach der verheerenden Kulturrevolution nach Österreich emigriert. Es blieb aber nicht beim Tellerwaschen in China-Restaurants. 1990 gründete der Austro-Chinese mit dem Patent eines Österreichers eine Firma für Spezial-asphalte. Heute asphaltiert seine Firma Novophalt nach technischen Weiterentwicklungen ein Viertel der chinesischen Autobahnen und macht 50 Millionen Euro Umsatz. Was ist das Geheimnis chinesischer Unternehmererfolge? „Der chinesische Geschäftsmann erkennt Möglichkeiten, die der westliche Geschäftsmann noch nicht sieht", formuliert es Herr Fei und setzt augenzwinkernd fort: „Und wichtig ist es, in China den richtigen Partner zu finden. Das Zauberwort heißt ‚Guanxi' (Beziehungen)."

Der chinesische Partner der Firma, Herr Li Hong Wei, 40 Jahre jung („Ich gehöre schon zum alten Eisen. Hinter mir drängen die 25-Jährigen."), KP-Mitglied, schildert seine steile Karriere zum Multimillionär so: „Ich kam 1980 nach Shenzhen, studierte Management und begann in der Gebietsverwaltung. Bald startete ich mit einer kleinen Export-Import-Firma. Obwohl sich mein Einkommen deutlich verbesserte, wollten die Freundinnen nicht so richtig anbeißen, denn ‚Geschäftsmann' galt damals noch nicht als besonders gesellschaftsfähig." Und heute? Was sagt die Partei? „Ich trage zur Entwicklung Chinas bei. Und das nützt beiden Seiten. Ich zahle jetzt auch mehr Steuern." In dieser Retortenstadt ist das, was sich in China an modernem Geist entwickelt hat, auch am deutlichsten ausgeprägt.

D) Chinas neues Herz: Chongqing, die größte Stadt der Welt

Chinas größter Fluss, Yangze („Der große Drache"), die Schlagader des Reiches, verbindet an seinen Ufern das Leben von 500 Millionen Menschen. Die „Kanonenboote am Yangtsekiang" waren einst zum Symbol der halbkolonialen Beherrschung Chinas geworden.

2.400 Kilometer flussaufwärts von Shanghai liegt tief im Landesinneren das „Kind" des in China ehrfürchtig „Mutterfluss" genannten Yangze; ein Kind, das gewaltig über sich hinausgewachsen ist: das „unbekannte" Chongqing mit 34, bald 50 Millionen Bewohnern. Chongqing (sprich: Tschongdsching) ist das neue Herz Chinas mit rasendem Modernisierungspulsschlag. Wo heute eine futuristische Wolkenkratzer-Skyline den Besucher am Hafen begrüßt, stand vor fünfzehn Jahren noch kein einziges Hochhaus und in weiteren zehn Jahren soll – mit ein paar historischen Ausnahmen – kein einziges Gebäude der Stadt mehr stehen, das vor 1980 errichtet worden ist: Eine Rekord-Metropole im Modernisierungsrausch, in der die Gigantomanie auf die Spitze getrieben wird.

Chongqing war 1997 von Chinas Führung zur Metropole der Modernisierungspolitik im Landesinneren auserkoren worden, zum Hauptquartier der Eroberung des „Wilden Westens" Chinas mit den Waffen des Fortschritts. Das lässt sich die Regierung 40 Milliarden Dollar jährlich an Aufbauinvestitionen für Chongqing kosten, um die Ungleichentwicklung zwischen den Küstenprovinzen und dem Landesinneren auszugleichen. Chongqing wird der Knotenpunkt eines Wirtschaftsraumes, der bis nach Zentralasien und Indien reicht.

Möglich wurde dieses pharaonische Projekt durch einen anderen Monumentalbau: Den Drei-Schluchten-Damm, dessen Stauseen Chongqing an die Weltmeere und die Weltmärkte anschließt. Seit dem 6. Mai 2006 steigt der Wasserspiegel, der Chongqing zu einem Tiefwasserhafen für Containerfracht zum und vom Pazifik verwandelt.

Der Drei-Schluchten-Damm hat das Gesicht Chongqings aber auch auf eine andere Weise verändert: 400.000 der 1,6 Millionen Bauern, die umgesiedelt werden mussten, ließen sich in der Stadt nieder. Für sie musste Wohnraum aus dem Boden gestampft werden. Der Baumboom an modernen Wohnhäusern übertrifft alle Rekorde von Shanghai oder Beijing. Im Amt des Bürgermeisters, der keine Stadt, sondern einen mittelgroßen „Staat" regiert, geht es zu wie im Planungsstab eines Armeehauptquartiers. Der Planungschef erläutert: „Während der Errichtung des Drei-Schluchten-Dammes erkannte die Führung, dass das größte Problem nicht der Bau selbst wird, sondern die Umsiedlung der Menschen. Der erste Schritt war die Schaffung von Unterkünften. Der nächste Schritt war die Schaffung von Arbeitsplätzen für sie. Die meisten sind in der Bauwirtschaft untergekommen. Dort verdienen sie mit (umgerechnet) 100 Dollar monatlich fast zehnmal mehr als früher in der Landwirtschaft. Auf diese Weise haben es hier schon 3 Millionen Bauern aus der Armut geschafft."

Chongqing, die Bühne für den neuen Akt von Chinas großem Sprung vorwärts, will aber auch ein modernes Produktionszentrum werden. So plant ein chinesischer Erfolgsunternehmer hier den ersten voll chinesischen Eigenbau-Pkw, den „Lifan", auf den Weltmarkt zu bringen. Aus dem Unternehmer spricht der chinesische Ehrgeiz: „Wir wollen von dem Ruf wegkommen, alles nur zu imitieren. In Zukunft soll es statt ‚made in China' ‚made by China' heißen."

Am schwülen Abend sitzt Chinas Erfolgsgeneration an der Uferpromenade, die mit Shanghais Glitzerkulisse konkurriert, in italienischen oder französischen Restaurants mit Hauben-Qualität, in deren Küchen es weder Italiener noch Franzosen gibt.

E) Die neue „Große Mauer" Chinas: Der Drei-Schluchten-Damm

Für China als künftige Weltmacht scheint keine Herausforderung zu groß: Der Drei-Schluchten-Damm am Yangze ist die größte Talsperre der Welt; ein neues Weltwunder vom Format der Chinesischen Mauer. In der Vergangenheit waren Millionen Menschen durch Überschwemmung des wilden Flusses ums Leben gekommen.

13 Jahre lang hatten 27.000 Menschen auf dieser größten Baustelle der Welt 100 Millionen Kubikmeter Erde ausgehoben, Beton gegossen und die Technik installiert. Das Bauwerk der Superlative weist Serienrekorde auf: Die größte der drei Staumauern ist 2,3 Kilometer lang und 185 Meter hoch und bändigt 39 Milliarden Kubikmeter Wasser. Fünfstufige Schleusen heben 10.000-Tonnen-Frachter zur Fahrt durch die 660 Kilometer lange Stauseen-Kette, doppelt so große Seen wie der Bodensee. 1,6 Mio. Menschen müssen umgesiedelt werden; 300.000 mehr, als ursprünglich geplant, räumt der Chef der Baubehörde, Pu Haiqing, ein. 13 Städte und über 1.000 Ortschaften, inklusive der Friedhöfe, mussten weichen. Mehrere Uferstädte wurden an höherer Stelle neu gebaut. Die Gesamtkosten des Projekts sind ebenfalls gigantisch: 40 Milliarden Euro. Im Endausbau sollen 26 Riesenturbinen mit 84,7 Milliarden Kilowattstunden Strom ein Neuntel des chinesischen Strombedarfs decken und somit 13 Atomkraftwerke unnötig machen. (Aber noch viel mehr AKW sind geplant.) Gegen das pharaonische Lieblingsprojekt der damaligen chinesischen Führung hatte 1992 ein Drittel des Nationalen Volkskrongresses, des Hybrid-Parlaments, gestimmt. Eine Sensation.

Die Kritiker werden nicht müde, vor Gefahren apokalyptischen Ausmaßes zu warnen: Erdbeben, Korruption (am Baumaterial: Zement abgezweigt?), Terrorgefahr, Umweltverschmutzung, Seuchengefahr. Der Stausee würde sich bald in die größte Giftbrühe der Welt verwandeln, da die Industrie- und Haushaltsabwässer der 34-Millionen-Metropole Chongqing und anderer Uferstädte völlig ungeklärt in den Fluss flössen. Der Yangze, mit 6.400 Kilometern der drittgrößte Fluss der Erde, wird schon seit Jahrzehnten als Müllkippe Chinas missbraucht. Vor jeder Stadt schwimmen tote Fische, rostige Fässer, Plastikflaschen im Wasser, über dem sich Schaumkronen türmen. Der Yangze-Süßwasserdelfin Baiji, der älteste seiner Spezies und einst als Gottheit verehrt, wird seit 2006 nicht mehr in Chinas zum Abwasserkanal verkommenen „Mutterfluss" gesichtet.

F) Die neue Seidenstraße: Chinas wilder Westen

„Die Entwicklungen dort betreffen die Europäer unmittelbar.
Es darf uns daher nicht gleichgültig sein, wohin die heutigen
und künftigen Eliten der Staaten Zentralasiens sich ausrichten."
Frank-Walter Steinmeier, deutscher Bundesaußenminister in
einem Plädoyer zum „Mythos Seidenstraße"

Der Orient des Reichs der Mitte liegt im Westen: Kebab neben Peking-Ente, Moscheekuppeln neben Pagoden, arabische Schrift neben chinesischen Schriftzeichen, Männerbärte, Kopftücher. Chinas „wilder Westen" ist vom Islam der 6 Millionen Uiguren geprägt, eines der größten Minderheitenvölker Chinas. Mit ihnen leben nach massiver Einwanderung schon ebenso viele Chinesen in dieser größten Provinz Chinas (halb so groß wie Indien): Xinjiang („Neues Grenzland"); in unseren alten Atlanten noch als Ost-Turkestan bezeichnet; vom Westen aus das Einfallstor nach China.

Dort, wo von China aus Xinjiang beginnt, liegt das Westende der Großen Mauer. Die Wüsten-, Steppen- und Oasenregion war Chinas alte, bis zum zentralasiatischen Tianshan-„Himmels"-Gebirge vorgeschobener Verteidigungspuffer gegen Invasionsgefahr.

Durch dieses Gebiet verlief aber auch die älteste, längste und spätestens seit Marco Polo berühmteste Handelsroute der Welt: die Seidenstraße; ein Geflecht von 12.000 Kilometern Karawanenwege durch Zentralasien. 2.000 Jahre lang verband sie China und Europa. Ihre große Blütezeit war der Handelsverkehr zwischen der Han-Dynastie und dem Römischen Reich.

Die Seidenstraße war viel mehr als ein Handelsweg. Sie war die Passage zivilisatorischer Errungenschaften und kultureller Impulse. Mit der Selbstabschottung Chinas, dem Niedergang islamischer Transitstaaten und den Vorstößen der europäischen Seefahrt verfiel die Seidenstraße in einen Dorn-röschenschlaf, so dass ihre größten Kulturschätze erst im spä-ten 19. Jahrhundert wiederentdeckt worden waren.

Seit der Öffnung Chinas und dem Zusammenbruch der Sowjetunion hat in Xinjiang eine neue Ära begonnen: die Wiederanknüpfung der alten Handelswege zu einer Landver-bindung zwischen China und Europa; die Geburt der neuen Seidenstraße. Der Erdöl-Boom tut sein Übriges und macht Xinjiang zum Schatzhaus Chinas.

Im Eiltempo werden Transitverbindungen errichtet: Schie-nenstränge, Straßen, Pipelines zwischen China und den zen-tralasiatischen Ex-Sowjetrepubliken und dann weiter nach Europa. Zu einem der Erdölfelder in Xinjiang führt mit 500 Ki-lometern die längste Wüstenautobahn der Welt. Chinesische Händler, chinesisches Know-how und chinesisches (Staats-) Kapital für Großinvestitionen überschwemmen die zentral-asiatischen Ex-UdSSR-Republiken, besonders das benachbarte Kirgisistan am „Dach" der Seidenstraße. Die unter Sowjetzeit hermetisch abgeriegelte Grenze verliert zusehends trennenden Charakter, die Grenzstation gleicht einem riesigen Basar. 20.000 chinesische Händler und Wanderarbeiter prägen heute das Bild der dünn besiedelten Bergrepublik. China hat Kirgisistan den milliardenteuren Ausbau der Seidenstraße angeboten – ge-gen eine Kapitalbeteiligung am lukrativen Goldbergbau. Auch Chinas Präsenz im benachbarten Kasachstan erlebt einen ähn-lichen Aufschwung. Von Kasachstan versorgt die erste, 2005 er-öffnete Pipeline aus den von chinesischen Staatsunternehmen erschlossenen Erdölfeldern das Reich der Mitte mit dem drin-gend benötigten Rohstoff.

Von China aus wird die kontinentale Landbrücke nach Eu-ropa neu erreichtet. Das Reich der Mitte hat im ehemaligen Hinterhof der alten Sowjetunion ein neues Zeitalter eingelei-tet – das chinesische Zeitalter.

G) Hongkong: Chinas Schatzkammer

Wer glaubt, China habe Hongkong geschluckt, sieht sich am Grenzübergang eines Besseren belehrt. Plötzlich reißt ein Uniformierter die Autotür auf, hält eine Pistole ans Gesicht und drückt ab. Nein, kein Schuss, sondern „nur" ein rotes Licht im Pistolenlauf: SARS-Fieberkontrolle der Hongkong-Behörden. Ja, und noch etwas: In Hongkong herrscht Linksverkehr. (Die Schnapsideen während Maos Kulturrevolution, in China auf Linksverkehr umzustellen und das Rot der Ampeln zum Signal für freie Fahrt umzudrehen, war nicht verwirklicht worden.)

Im Sommer 2007 beging Hongkong den 10. Jahrestag der „Rückkehr zum Mutterland". Allen damaligen Unkenrufen zum Trotz hat sich an seinem freiheitlichen System so gut wie nichts geändert und man fährt nach wie vor vom Victoria-Hafen zur Queens Road. Die chinesische Volksbefreiungsarmee sitzt in der Prince-of-Wales-Kaserne.

Die britische Kolonie bis 1997 verblüfft bei jedem Besuch aufs Neue, obwohl sie ihr „Heldenzeitalter" lang hinter sich hat: Die längste Rolltreppe der Welt steil aufwärts oder die tollste moderne Architekturkulisse der Welt mit abendlichen Laser-Lichtspielen bieten immer neue Highlights. Ein Mega-Flughafen, für welchen eine der Inseln einfach abrasiert worden war, und welcher durch eine Kette von Autobahntunnels und eine 1,4 Kilometer lange Hängebrücke mit der Innenstadt verbunden ist, macht Hongkong zur Drehscheibe Asiens. Die gleiche Funktion hat Hongkongs Börse für die Finanzwelt Asiens. Ende 2006 überrundete die Börse von Hongkong ihre Rivalen von London und New York an IPOs (Initial Public Offerings), wobei die Börsengänge von Firmen aus dem engeren China den Hauptteil des Volumens bildeten.

Im Herzen der 7-Millionen-Metropole liegt der berühmte Hongkong-Club: Treffen mit dem österreichischen Hongkong-

Reeder Helmut Sohmen, Schwiegersohn des legendären Hongkong-Tycoons Sir Yue-Kong Pao. Was hat sich in Hongkong seit der Rückgabe verändert? „Ganz einfach, Hongkong hat sich neu erfunden. Hongkong wird noch lange unentbehrlich bleiben. Hongkong hat heute etwas, was Shanghai für die Geschäftswelt noch lange nicht bieten kann: Rechtssicherheit. Alle chinesischen Firmen, die international reüssieren wollen, verankern sich in Hongkong. Hier ist die Finanzwelt zu Hause." Hongkongs Börsenfüchse wissen ihren Standortvorteil wohl zu schätzen: „In Hongkong können sich Investoren nicht nur auf objektive Gerichtsurteile verlassen, hier können sie diese auch durchsetzen. Drüben in China? Na ja." Hongkong ist die Schatzkammer Chinas, wo das große Geld sicher aufgehoben ist – auch das der neuen chinesischen Großkapitalisten.

„Ein Land – zwei Systeme": Hongkong ist für Chinas Führung wirtschaftliches Vorbild und ideologischer Feind zugleich. Nicht mehr der Kapitalismus trennt heute die zwei Systeme, wohl aber Freiheit, Demokratie und Menschenrechte. Das chinesische „Sonderverwaltungsgebiet" Hongkong wird aber mindestens so lange seine Freiheit genießen können, solange es auch als Köder für eine Taiwan-Lösung dienen soll.

H) Macau wird das Monaco Asiens:
Las Vegas überrundet

Ganz einfach: In Hongkong wird das Geld verdient, in Macau wird es verspielt, und die chinesische Staatskasse streicht es ein. Macau, die noch kleinere Schwester des kleinen Hongkong, 65 Kilometer entfernt am anderen Ufer des Perlfluss-Deltas, wird zum Monaco Asiens. Der Umsatz der 12 Spielhöllen, darunter Hyper-Casinos mit angeschlossenen Hotelpalästen mit bis zu 3.000 Suiten, übertrifft schon das legendäre Las Vegas: 7 Mrd. Dollar durch 22 Mio. Besucher im Jahre 2006, davon die Hälfte Chinesen in der nur 513.000 Seelen kleinen portugiesischen Exkolonie! Asien hat heute viel Geld. Schwärme von Tragflügelbooten jetten die Spieler hinüber nach Macau. Und wer es noch eiliger hat, sein Geld loszuwerden, nimmt den Hubschrauber-Service. Der asiatische Spieler setzt in Macau im Durchschnitt 85 Dollar ein, der amerikanische Spieler in Las Vegas 25 Dollar.

Riesenumsätze mit chinesischen Parteifunktionären macht Macaus Aushängeschild „Casino Lisboa", sodass schon gewitzelt wird, hier fänden an den Spieltischen Parteisitzungen statt. Leider verlieren die Genossen, die ihren Untertanen zu Hause das Spielen verbieten, viel Geld. Es ist ohnehin nicht das ihre. Der Finanzchef für öffentliche Wohnbauten in Chenzhou, Li Shubiao, verspielte in Macau 14 Mio. Dollar aus dem Sozialfonds. Der Radio- und TV-Chef von Chongqing, Zhang Xiaochuan, verjubelte 24 Mio. Dollar. Vom Unglück heimgesuchte Spieler finden dann Trost im angeschlossenen Hotel, wo sich wasserstoffblonde Osteuropäerinnen intensiv um Kunden bemühen. (Das super-kommunistisch-stalinistische Nordkorea hat Zweigstellen von Macau-Casinos an seine Grenze zu China hingestellt, um chinesische „Brudergenossen" auszunehmen.)

Der 18. November 2004 war kein besonders guter Tag des

Wiedersehens mit Macau gewesen: Boliden des Grand Prix von Macau röhrten durch die engen Straßen. Welch eine Veränderung: Noch vor zwanzig Jahren faulte das alte Stück Portugal in China bei lebendigem Leib vor sich hin. Modergeruch lag in den verschlafenen Straßen, melancholischer „Saudade"-Weltschmerz, kein Flugplatz, kein funktionstüchtiger Hafen. Dann setzte von China aus die erstaunliche Wiedergeburt ein. Macau wurde von einem Modernisierungs-Tsunami überrollt. Die alte, pittoreske Spielhöllendschunke und das „Casino Lisboa" reichten bald nicht mehr aus. Heute signalisiert die Skyline von Macau, wie hoch Asien hinaus will. Die Ära der schmuddeligen Kaschemmen ist zwar Geschichte geworden, aber der portugiesische Charme dennoch nicht ganz verschwunden.

Auch in Macau demonstriert Beijing nach der Rückgabe der portugiesischen Besitzung 1999 – die letzte europäische in Asien – politische Korrektheit bei Vertragsverpflichtungen: Offizielle Amtssprache ist noch immer Portugiesisch und die offizielle Währung ist der Pataca, die einstige Silbermünze des portugiesischen Weltreichs.

J) Taiwan: Das unverdiente Stiefkind

„Wir wollen immer mehr erreichen als 100 Prozent. Wir müssen die Besten sein, um wahrgenommen zu werden."
Taiwan-Premier Su Tseng-chang über den Ehrgeiz der Insel

Mit 105 Starbuck's-Filialen hat Taiwans Hauptstadt Taipeh die weltgrößte Dichte dieser amerikanischen Coffeeshop-Kette. Taiwan ist die einzige chinesische Demokratie, Frucht amerikanischer „Erziehung", aber mit weltweit politischer Isolierung, Folge der Macht der größten Diktatur der Welt auf dem Festland.

Als Trost für die internationale politische Ächtung baute sich die Wirtschaftswunder-Insel 2004 das höchste Gebäude der Welt: „Taipeh 101", einen halben Kilometer hoch. Auf die Frage, weshalb der bambusartige Wolkenkratzer 101 und nicht 100 Stockwerke zählt, antwortete der Regierungschef von Taiwan: „Wir wollen immer mehr erreichen als 100 Prozent." Das wird eindrucksvoll entlang der Sun-Yatsen-Autobahn bewiesen, der Nord-Süd-Achse der Insel und Schlagader des taiwanesischen Wirtschaftswunders: Hier sind die heimlichen Giganten der Globalisierung angesiedelt, die wir alle nicht beim Namen kennen – außer BenQ aus leidlichem (Siemens-)Anlass –, obwohl die Produkte von dort zu unserem Alltag gehören. Nicht zuletzt verdanken alle „YouTube"-Fans ihr digitales Himmelreich dem 27-jährigen taiwanesischen Mitgründer Steve Chen. YouTube startete 2005 und wurde 2006 für 1,65 Milliarden(!) Dollar an Google verkauft. Das „kleine China" auf der Insel gilt nach Japan als die gesündeste und robusteste Wirtschaft Asiens und hat bewiesen, dass es keiner diplomatischen Beziehungen bedarf, um international erfolgreich zu sein. Taiwan ist längst kein Billiglohnland mehr, sondern hat millionenschwere Produktionsstätten nach Festland-China verlegt. Taiwans Wirtschaft zählt mit 80 Milliarden Dollar zu den größten Investoren dort. Taiwans Regierung sieht das nicht gern, aber da macht das Kapital eben einen Umweg über die US-Virgin-Islands, die mysteriöserweise zu einem der größten Investoren in China zählen.

Die Taiwanesen stecken in einem Dilemma: Einerseits ist China zum größten Kunden geworden, andererseits schwebt ständig das Damoklesschwert eines militärischen Krisenszenariums über der Straße von Taiwan. Umfragen und auch die jüngsten Wahlergebnisse zeigen, dass die Taiwanesen die Fortsetzung des gegenwärtigen Schwebezustands einer risikoreichen Eigenstaatlichkeitserklärung vorziehen. USA und UNO wären ohnehin dagegen.

Die Insel-Chinesen trösten sich mit dem Ausbau ihrer „Nation der Menschenrechte" als Vorbild für ganz China, und Festland-China duldet Taiwans Eigenständigkeit als „Provisorium". Können Provisorien endlos dauern? Ein kurzer Blick mit viel Symbolkraft in die Geschichte: 1644 hatte die Mandschu-Dynastie Beijing erobert. Ein Loyalist der Ming-Dynastie, „Rebellen"-General Zheng Chenggong („Koxinga"), zog sich nach Süden zurück, warf 1662 die Niederländer aus Formosa (Taiwan) hinaus und verschanzte sich dort. Sein Enkel musste allerdings Taiwan 1683 an die Mandschus ausliefern. „Koxinga" wird auf Taiwan als Widerstandsheld verehrt und in China als erster Sieger über die westlichen Kolonialisten.

K) Singapur: Asiens Musterschüler, Chinas Vorbild

Schon bei der Einreise lässt der Ordnungs- und Obrigkeits-
staat Singapur (4,5 Millionen Einwohner, kleiner als Berlin) mit
Bildtafeln keinen Zweifel aufkommen, wie es um gesetzesbre-
chende Besucher steht. Drogen: Galgen! Beamtenbestechung:
Zuchthaus! Ausspucken: Geldstrafe! Urinieren … Der Sauber-
keitswahn hat seine Wurzeln im Ausrottungsfeldzug gegen die
Malaria. Noch vor 200 Jahren war Singapur nichts als ein Ma-
lariasumpf gewesen. Als die Briten 1963 gingen, stellte sich der
lokale chinesische Gewerkschaftsführer Lee Kuan Yew die Aufgabe, aus dem Heer der Kulis einen lebensfähigen Staat zu machen. Und der Erfolg war total! Lee errichtete in diesem dritten
chinesischen Staat in Asien eine klassische konfuzianische
Erziehungsdiktatur zur Entfaltung einer modernen Marktwirtschaft. Und er wurde damit zum Vorbild der Reformer im 288-
mal größeren China. Reformpatriarch Deng Xiaoping unter-
nahm eine seiner ersten Erkundungsreisen ins Ausland nach
Singapur und blieb ein ganz besonders enger Freund von Lee
Kuan Yew.

Das Abenteuer der Staatsgründung, das als Billigproduk-
tionsstätte begann, entwickelte sich zu einem Hightech-Para-
dies. Singapurs Erfolgsrezept: Mut zur ständigen Umstruk-
turierung. Singapur erfindet sich jedes Jahrzehnt aufs Neue,
einem höheren Weltmarktsegment angepasst. So schaffte es
Singapur mit seinem computergesteuerten Containerhafen der
Superlative, zum Knotenpunkt des in Asien sprunghaft steigen-
den Welthandels zu werden. Die Effizienz ist durch nichts zu
übertreffen: 1.000 Container-Riesen liegen an den Kais, alle
drei Minuten legt einer an, legt einer ab. Singapurs höchstge-
rüstete kleine Streitmacht versucht, der wachsenden Piraten-
plage in der südostasiatischen Inselwelt Paroli zu bieten (alle

drei Tage ein Überfall) und wappnet sich gegen den befürchteten großen Terroranschlag auf diese Schlagader der Erdölversorgung.

Das Entwicklungsrezept des Staates Singapur: Er schafft die Rahmenbedingungen, leistet Startkapital, aber der freie Markt entscheidet dann über Erfolg und Misserfolg. Subventionierung ist undenkbar. Der Staat kauft sich zum Start jedes neuen Rahmenprojekts die besten und teuersten internationalen Experten ein. Neuestes Projekt: Singapur soll zum Weltzentrum der Biotechnologie aufsteigen. Internationale Pharma-Multis verlegen ihre Stammzellenproduktion und Klon-Experimente in den Biotech-Park „Biopolis". (Ironischerweise hatte schon Aldous Huxley 1932 in *Brave New World* den britischen Kolonialhafen zum Zentrum der Massen-Klonung von Menschen auserkoren.)

Einen Wermutstropfen gießt der strenge Wirtschaftswunderstaat in den Wohlstandskelch seiner Bürger: Der Nachwuchs fehlt. Bei durchschnittlich 55 Wochenstunden Arbeit finden die Karriere-Singles keine Partner mehr. Der Staat sorgt auch auf diesem Gebiet vor und hat ein Programm zum „Anbandeln" aufgelegt mit „Flirt-Kursen" oder Kennenlern-Rallyes. Auch soll das gesellschaftliche Leben Singapurs künftig nicht mehr so sittenstreng langweilig sein, damit in Zukunft nicht mehr jedes Wochenende ganze Flugzeuggeschwader nach Bangkok unterwegs sind.

Der konfuzianisch geprägte Rechtsstaat mit seinen zuweilen skurrilen Kampagnen (ein Hauch von „Großer Bruder") entmündigt zwar seine Bürger, sorgt aber mit seiner unerbittlichen Regulierung des öffentlichen und sogar privaten Lebens für ein stabiles, fast sozialistisch angehauchtes Gemeinwesen. Die vor einem halben Jahrhundert noch bitterarmen Bürger danken dem Patriarchen diese Fürsorge mit einem Ein-Parteien-Parlament, in welchem als Alibi zwei Oppositionsabgeordnete sitzen. Premierminister Lee junior bekennt sich stolz zum Disziplinierungsstaat – Demonstrationen von mehr als fünf Personen sind verboten – mit sehr selbstbewussten Argumenten, wie sie auch jeder Politiker in Beijing formulieren würde: „Bitte keine Belehrungen in Sachen Demokratie. Wer sagt denn, dass erfolgreiche Marktwirtschaft nur unter westlicher Demokratie gedeihen kann? Wir sind keine westliche Gesellschaft und wollen es auch nicht werden. Wir wollen besser werden." Dieses Singapur ist der Triumph des neuen, alten Konfuzianismus.

L) Bangalore: Call-Center der Welt

„Bald gibt es bei uns für jeden Bill Gates eine Antwort aus Indien."
Firmen-Slogan des Reliance-Hightech-Konzerns

Die Straße vom Flughafen der südindischen Metropole zum Firmensitz ist miserabel. In Indien versagt der Staat an allen Ecken und Enden. Umso tüchtiger sind Privatleute, besonders wenn sie der neuen Generation angehören. Hinter der Einfahrt zur Firma Infosys eröffnet sich eine andere Welt, als wäre sie gar nicht Indien, sondern ein Universitätscampus irgendwo in den USA. Infosys ist einer der neuen indischen Hightech-Riesen, die in der ganzen Welt Furore machen, gegründet 1981 von sieben Studenten, die sich in den Kopf gesetzt hatten, dem kalifornischen Silicon Valley Konkurrenz zu machen. Inzwischen ist ganz Bangalore ein indisches Silicon Valley und gilt als der am schnellsten wachsende Hightech-Markt der Welt. Neue Betriebe schießen wie Pilze aus dem Boden und holen sich Millionenaufträge aus Europa und den USA. 1500 westliche Firmen haben in Bangalore investiert. Den Indern wird ein natürliches Gefühl für die Computer-Logik nachgesagt. Ihr Talent für die digitale Welt wird mit der uralten, komplexen Vielgötter-Welt begründet, die das Erkennen abstrakter Zusammenhänge förderte. So stammt ja auch unser Zahlensystem aus dem indischen Kulturkreis.

Bangalore ist zum Call-Center der Welt geworden. In den Kommunikationszentralen geht es zu wie im Kommandostand von Cap Canaveral. Kompanien von Computer-Personal, aber auch Automaten bedienen in diesem Call-Center und denen anderer Firmen vielsprachig Anrufer aus allen Weltgegenden, die in der Regel gar nicht wissen, dass sie mit Indien verbunden sind. Indien kann die Geschäfts- und Bürozeiten der drei Zeitzonen Japan – USA – Europa nacheinander bedienen. Das spart zusätzlich Ausgaben. Diese indische Computer-Welt ist das neue digitale Reich, in dem die Sonne nicht untergeht. Bei „Infosys" inmitten eines Waldes riesiger Satellitenschüsseln werden die von der Firma in der ganzen Welt installierten Computersysteme rund um die Uhr an Terminals kontrolliert und bedient; darunter auch Direktbanken in Deutschland und Österreich, wie an einem der wandgroßen elektronischen Bildschirme zu erkennen ist. Indien hat die Welt in der Hand ...

Nationalflaggen in den wie Kompaniesoldaten aufgestellten Computerreihen signalisieren die „Sprachinseln". Ein britisches Spital hat aus Kostengründen seine gesamte Buchhaltung digital nach Bangalore ausgelagert, und wer in New York telefonisch einen Tisch im Restaurant bestellt, ist mit hoher Wahrscheinlichkeit mit Bangalore verbunden. Im Velankani-Tech-Park in Bangalore hat die Deutsche Bank ihr „digitales Büro" eingerichtet. Die Software-Spezialisten von „Velankani" gestalten komplette, für den Kunden maßgeschneiderte Buchführungssysteme. „Im digitalen Zeitalter ist der Standort egal", unterstreicht einer der Systematiker die Bankenzukunft. „Ein indischer Hochschulabsolvent kostet pro Jahr 10.000 Euro, ein deutscher 100.000."

Aber nicht nur Firmen lagern ihre Büro- und Kundenarbeit in das digitale Reich Indiens aus, westliche Krankenkassen haben aus Kostengründen das medizinische Niveau indischer Hightech-Kliniken entdeckt. Zahlreiche US-Krankenhäuser schicken die Bilder von Computertomographien per Email an Institute in Indien, wo sie über Nacht analysiert werden. Die Ergebnisse aus Bangalore finden sich am nächsten Morgen in der Mailbox des zuständigen Arztes.

Indiens Wirtschaftsboom benötigt bis 2010 160.000 ausländische Kräfte, die neben Englisch eine zweite Sprache sprechen, darunter Deutsch, für die Call-Center. Indiens Boom im Call-Center-Business eröffnet den indischen Frauen völlig neue

Möglichkeiten der Integration in die moderne Gesellschaft. Eine indische Kundenbetreuerin in einem der Call-Center: „Früher durften wir Telefonanrufern aus aller Welt nicht verraten, dass sie mit Indien verbunden sind. Heute ist das anders und die Globalisierung ist gut für die indische Frau."

„Als ich vor 24 Jahren in Indien meinen Hochschulabschluss gemacht hatte, war es das Ziel von uns allen Studenten, einen Job im Ausland zu ergattern", erzählt Kris Gopalakrishnan, der Gründer von „Infosys". „Heute erhalten wir im Jahr 10.000 Bewerbungen auch von auswärts, China, Frankreich, Deutschland. Sie wollen dorthin, wo die besten Zukunftschancen sind." Die Deutsch-Indische Handelskammer in Bangalore bestätigt: „Ja, es ist ein Phänomen. Immer mehr Europäer nehmen ein Jobangebot in Indien an. 30.000 sind es schon", darunter seit Neuestem auch österreichische Gastarbeiter als Piloten bei den wie Pilze aus dem Boden schießenden indischen Regionalfluggesellschaften (Jahreszuwachs 50 Prozent). Und der Österreicher Wolfgang Prock-Schauer (51) hat 22 Jahre AUA mit dem Chefsessel der privaten und schon größten indischen Fluglinie Jet Airways getauscht. „Wir haben bereits 20 ehemalige AUA-Piloten, die für uns arbeiten, wir leiden unter akutem Pilotenmangel", seufzt der österreichische Manager in Indien im Interview mit dem Wirtschaftmagazin *Gewinn*.

Vorsicht China!

X. Ein Blick in die Zukunft

Ein Blick in die Zukunft

„Der Kampf um das Weltklima wird in China gewonnen oder verloren.“

Serge Abou, EU-Botschafter in China

Weltgrößtes Pulverfass oder Stabilitätsanker der Welt? Asien, China sowie das Dreieck China – Japan – USA liefern Zukunftsexperten Material für abenteuerliche Spekulationen. Die folgenden Zukunfts-Szenarien orientieren sich an den Ausführungen von Karl Pilny in seinem Buch *Das Asiatische Jahrhundert.*

Vier Varianten über China:
- Die *negative* Variante: Chinas KP erweist sich trotz aller pragmatischer Anpassungsleistungen letztlich doch als reformunwillig und reformunfähig. Die innere Krise, die sich unter anderem im Werteverfall, in weit verbreiteter Korruption und dem Zerbröckeln der zentralen Staatsmacht ausdrückt, wird durch massive Landflucht noch angeheizt. Hunderte Millionen entwurzelter Bauern, für die in den nächsten Jahrzehnten keine Arbeitsplätze geschaffen werden können, verursachen Aufruhr wie in früheren Jahrhunderten. Chinas Führung leitet daher schon jetzt Gegenmaßnahmen ein – nicht durch Liberalisierung, sondern durch noch mehr Anziehen der Zügel.
- Die *„milde“* Variante: Chinas Großmachtträume lassen sich doch nicht so rasch verwirklichen. Der wirtschaftliche Aufstieg benötigt einen längeren Zeitraum, und China braucht deshalb ein freundlich gesinntes internationales Umfeld.
- Die *apokalyptische* Variante geht von der Unvermeidbarkeit eines Konflikts Chinas mit den USA aus, wenn Chinas Führung zur Absicherung ihrer Macht auf die nationalistische

Karte setzt und andererseits die USA gegenüber Asien in die wirtschaftliche und politische Defensive geraten. Wie würden die USA auf eine Besetzung Taiwans durch China reagieren? Auf einen Zusammenstoß zur See zwischen China und Japan wegen Erdölbohrungen in umstrittenen Gewässern? Wie würde China reagieren, wenn die USA einen militärischen Präventivschlag gegen das unberechenbare Nordkorea führen?

- Die *positive* Variante: Chinas Führung lässt, durch wirtschaftliche Stärke selbstsicher geworden, Demokratie gewähren. Das inkludiert eine demokratische, gewaltfreie Lösung und Aufarbeitung der Probleme der „Drei T": Taiwan, Tibet, Tiananmen.

Sowohl China als auch Japan gehen von einem schwindenden amerikanischen Einfluss in Asien aus. Daraus entwickelt sich unausweichlich die Frage, wer die Führungsrolle in Asien erbt. Die Akzeptanz in der japanischen Bevölkerung, sich einer chinesischen Hegemonie unterzuordnen, darf als gering bezeichnet werden. „Wenn es den beiden Ländern nicht gelingt, die Vergangenheit aufzuarbeiten und hinter sich zu lassen, werden die Toten der Vergangenheit immer wieder und im unpassenden Augenblick auferstehen. Ähnlich wie bei einem Go-(oder Shanxi-)Spiel, in dem mithilfe von Steinen versucht wird, ein Territorium abzugrenzen und den Gegner zu umzingeln, werden schon jetzt die Interessen positioniert."

Seit der Tsunami-Katastrophe im Indischen Ozean sei jedoch Politstrategen angeraten, bei ihren Zukunftsszenarien auch die Kräfte der Natur nicht außer Acht zu lassen. Eine Natur- oder Umweltkatastrophe kann als Schicksalsschlag alle Berechnungen ziemlich plötzlich zu wertlosem Papier machen.

Vorsicht China!

XI. Die Globalisierungswalze

A) Wetterleuchten für unsere Demokratie

„Die Globalisierung ist Realität. Aber sie kann zum Monster werden."
Horst Köhler, deutscher Bundespräsident,
im *Spiegel*-Interview, 13. Juni 2005

In seinem Buch *Weltkrieg um Wohlstand – Wie Macht und Reichtum neu verteilt werden* urteilt Gabor Steingart: „Die Globalisierungsbilanz ist gekippt. Asien trumpft auf. Die gelenkte Marktwirtschaft Chinas entwickelt sich zum ‚Master of the Universe'. Die Arbeitskraft der Europäer wird millionenfach entwertet, ihr Wissen abgesaugt. Die USA verzeichneten allein zwischen 1998 und 2005 einen Verlust an industriellen Arbeitsplätzen von 3,4 Mio. Noch dramatischer ist der Rückgang in Deutschland seit 1992 um 2,3 Mio. Der Westen kommt aber auch bei den Forschungsausgaben in Rückstand. Sie wachsen in China mit jährlich 20 Prozent doppelt so schnell wie die Wirtschaftsleistung. In Indien verlassen jährlich drei Mio. Studenten die Hochschulen."

Die renommierte Unternehmensberatung Boston Consulting Group scheut nicht vor Superlativen zurück in der Beurteilung der „asiatischen Herausforderung": „Eine Revolution überrollt die Weltwirtschaft. Unternehmen aus schnell wachsenden Entwicklungsländern, unter ihnen China und Indien, ausgestattet mit ambitionierten Führungsfiguren, niedrigen Kostenstrukturen, ansprechenden Produkten oder Dienstleistungen und modernen Produktionsanlagen wachsen jenseits der Landesgrenzen (der USA) und werden rund um die Welt Industriezweige und Märkte radikal verändern."

Die wirtschaftlichen Kräfteverschiebungen durch die Globalisierung haben einen Namen: BRIC – Brasilien, Russland, Indien, China. Unter den zehn größten Unternehmen der Welt, gemessen am Börsenwert, kommen drei aus China (Petrochina,

Industrial and Commercial Bank und China Mobile) und eines aus Russland (Gazprom). Die USA halten nur noch fünf Konzerne in der Liste. Einen Appell zum Umdenken richtete das „Centrum für angewandte Politikforschung" der „Aventis Foundation" in dem Report *Ordnungsprinzipien des 21. Jahrhunderts*:

„Vor dem Hintergrund der Globalisierung und ihrer revolutionären Kraft stellt sich die Frage nach der zukünftigen Gesellschaft auf dramatische Weise neu, ohne dass die gegenwärtige Generation darauf intellektuell und politisch angemessen vorbereitet ist. Wie wird die digital verknüpfte Weltzivilisation aussehen? Man spürt, dass die Globalisierung in ihren sozialen und psychologischen Folgen und Nebenwirkungen ähnlich umwälzende Konsequenzen haben wird wie die soziale Frage im Zeitalter der Industrialisierung im 19. Jahrhundert. Epochenwenden schüren Ängste und Angstaggressionen. Sind Demokratie und Sozialstaat überhaupt noch mit der beschleunigten Globalisierung vereinbar? Was muss getan werden, um Arbeit für möglichst viele zu organisieren? Welcher Begriff der Arbeit ist in Zukunft überhaupt relevant? Welche Auswirkungen hat dies auf das Geflecht der seit Hunderten von Jahren gewachsenen gesellschaftlichen Institutionen, auf Kirche, Gewerkschaften, Familie, Wirtschaft, kurz: auf alles, was den Kitt der Gesellschaft im Wesentlichen definiert?

Die Globalisierung hat bereits heute wichtige Parameter der Demokratie verändert. Politik verliert ihre Fähigkeit zur Beeinflussung der Ereignisse. Internationalisierung zehrt die demokratische Substanz der Nationalstaaten auf, wenn es nicht gelingt, die verlorenen Gestaltungsfähigkeiten der Staaten auf einer anderen Ebene wieder in einen demokratischen Rahmen einzuordnen. Bildung und Erziehung müssen zum essenziellen Instrument der Zukunftsgesellschaft werden."

B) Europas Epochenwende – Einmal Columbus und zurück

„Wir haben eine neue Welt, gewöhnen Sie sich daran."
Fu Chengyu, Chef des chinesischen Erdöl-
und Erdgaskonzers CNOOC 2006 auf dem
Hamburger Wirtschaftsgipfel „China meets Europe"

Europas Rundschau hinaus in die Welt vermittelt – mitten in der zweiten Globalisierung – ein mehr als verwirrendes Bild. Durch die erste Globalisierung – Columbus' Entdeckung der neuen Welt – waren die Europäer die Gewinner und die entdeckten Völker die Verlierer gewesen. Jetzt geht die Reise zurück: Wie üblich in stürmischen Epochenwenden wissen wir noch nicht, wo die Reise enden wird. Aus Europa fließen Know-how und Arbeitsplätze ab, die wir dann als preiswerte Produkte zurückkaufen – solange wir dazu in der Lage sind.

Der unzufriedene Bürger, der sich in Wendezeiten schwer zurechtfindet, gibt der mangelnden Problemlösungskompetenz seiner Politiker die Schuld, wenn zum Beispiel die Renten nicht mehr gesichert werden können. Hundert Jahre Ruf nach dem Staat werden heute vom Staat mit dem Ruf nach Eigenfinanzierung beantwortet, ein Offenbarungseid. Der Bedeutungsverlust der Politik unter den Hammerschlägen der Globalisierung – Stichwörter: transnationale Konzerne und Finanzkonglomerate, „Heuschrecken", soziale Defizite – kann zu einer bedrohlichen Krise der Demokratie ausarten.

Der Bedeutungsverlust Europas als Kontinent zeigt sich in widersprüchlichen Tendenzen. Seiner schwindenden politischen Autorität in der internationalen Arena – Stichwort: iranische Atomkrise – steht der internationale Ruf nach europäischen Friedenstruppen gegenüber sowie der Ansturm von Millionen Menschen aus der vierten Welt, welche die Globalisierung nutzend zu einer (neuen) Völkerwanderung Richtung unseres Kontinents ansetzen. (Unter dem gleichen Einwanderungsdruck stehen auch andere, in globalem Maßstab, „Wohlstandsinseln" wie die USA aus Lateinamerika oder Südafrika aus dem Sub-Sahara-Afrika.)

Europa steckt in der Globalisierungsfalle. Globalisierung und digitale Revolution erschüttern die wirtschaftlichen, politischen und gesellschaftlichen Strukturen der „alten" Welt wie ein Erdbeben. Jeder muss sich fragen: Ist mein Job in Gefahr? Welche Jobs bleiben für unsere Kinder? Im Kampf um die Welt von morgen jagt eine Hiobsbotschaft die andere. Nachrichten aus jüngster Zeit:

Die Deutsche Bank verlagert massiv Arbeitsplätze nach Indien und China und der Vorstandschef des deutschen Allianz-Versicherungsriesen mit 170.000 Mitarbeitern in 70 Ländern verteidigte sich gegen den Vorwurf der Streichung von 7.000 Arbeitsplätzen in Deutschland, während jeden Monat in Indien 4.000 neue Mitarbeiter aufgenommen werden: „Wir müssen am Kunden bleiben. In Indien gewinnen wir jeden Monat 400.000 neue Kunden. Von einem solchen Wachstum können wir in Deutschland nur noch träumen."

Oder: Das neue Selbstbewusstsein der neuen Global Player schlug bei dem Wirtschaftstreffen „China meets Europe" in Hamburg voll durch. Zitate chinesischer Wirtschaftsbosse als kalte Dusche für Europa:

„Nirgendwo ist es so schwierig wie in Europa, ein Unternehmen zu gründen. Wenn man hier einen Standort eröffnet, zu dem die Mitarbeiter 30 Minuten länger fahren müssen, kommen die Gewerkschaften und sagen Nein. Das ist unfassbar!"

„Die Löhne in Europa stehen in keinem Verhältnis zu der erbrachten Leistung. Bei den Lohnkosten für eine(n) Textilarbeiter(in) ist Deutschland mit 33 Euro Weltspitze. Im für chinesische Verhältnisse ‚teuren' Shanghai betragen sie 4 Euro." (In Vietnam oder Bangladesch weniger als 2 Euro.)

„China wird schon in wenigen Jahren die Hälfte der Produktionskapazität der Welt stellen. Das bedeutet aber auch, dass China die Hälfte der Weltenergie und die Hälfte der Rohstoffe benötigt. Chinesische Produkte werden immer besser, immer hochwertiger. Und wir lenken unsere Aufmerksamkeit auch auf Forschung und Entwicklung. Im Gegensatz zu anderen Ländern halten wir anderen keine Predigten darüber, was richtig und was falsch ist. Wir haben eine neue Welt. Gewöhnen Sie sich daran."

Der *Spiegel*-Autor Gabor Steingart schlägt Alarm: „Selbst Arbeitslose sind nicht gleich Arbeitslose. Die westlichen Arbeitslosen sind die Kernenergie von gestern, die chinesischen Arbeitslosen die Energiereserve von morgen. Die einen belasten die Volkswirtschaft, die anderen nützen der Volkswirtschaft, weil mit ihnen die Löhne gedrückt werden. Chinas Diktatur und Indiens Demokratie überbieten einander in der Skrupellosigkeit, mit der sie die Natur als Rohstoff- und Abfalllager benutzen. Die Arbeitskraft ist von allen handelbaren Gütern die freieste. Für sie interessiert sich kein Zollamt."

„Bei einem Auto von General Motors sind 1.500 Dollar Sozialkosten eingebaut. Das beinhaltet alle sozialen Verpflichtungen eines entwickelten Industriestaates, von der geregelten Arbeitszeit bis zum Mutterschutz. Das Auto aus China entstand zu den Bedingungen der kapitalistischen Urgesellschaft. Noch immer besitzen drei Viertel der Weltbevölkerung keine Arbeitslosenversicherung. Das Risiko von Krankheit und Alter tragen sie selbst und eben nicht die Produkte, die sie herstellen."

Uns stellt sich nun die Frage: Sind wir dagegen machtlos? Wenn wir uns so verhalten, wie bisher, gewiss!

Das asiatische Wirtschaftswunder entstand durch die Exporterfolge zur Befriedigung des Konsumhungers unserer (wie lange noch?) Wohlstandsgesellschaft. Das freut den europäischen Konsumbürger so lange, bis sein Job weg ist. Und wir vergessen, dass die nicht billige europäische Lebensqualität auch erwirtschaftet werden muss.

Noch ärger: Die gesellschaftliche Stabilität und der soziale Frieden geraten in Gefahr. Die Globalisierung hat bereits heute wichtige Maßstäbe der Demokratie verändert. Politik verliert ihre Fähigkeit zur Beeinflussung der Ereignisse, wenn ihre Lösungen nicht mit der Internationalisierung der Problemstrukturen Schritt halten (können). Internationalisierung wiederum zehrt die demokratische Substanz der Nationalstaaten auf, wenn es nicht gelingt, die verlorenen Gestaltungsfähigkeiten der Staaten auf einer anderen Ebene wieder in einen demokratischen Rahmen einzuordnen. Bildung und Erziehung müssen zum essenziellen Instrument der Zukunftsgesellschaft werden.

Zu den Eigentümlichkeiten von Staaten sogenannter „Abschiedsgesellschaften" gehört es, ihren Abstieg lange Zeit nicht in der ganzen Tragweite wahrzunehmen. (Einst war China, heute ist Europa das Musterbeispiel.) Europa als so genannte „Erinnerungsgemeinschaft" würgt an der Reformträgheit müde gewordener Gesellschaften. Es kommt mit dem Globalisierungstempo nicht mehr mit. Jetzt ist Feuer am Dach.

Der frühere britische Europaminister Alexander warnt: „China und Indien konkurrieren mit uns nicht nur am unteren Ende der Wertschöpfungskette. Die vielen Millionen Hochschulabgänger, welche chinesische und indische Universitäten jährlich hervorbringen, konkurrieren mit uns mehr und mehr bei Hightech-Gütern am oberen Ende der Wertschöpfungskette. Die Gefahr ist, dass Asien schneller lernt, als wir uns anpassen."

Globalisierung bedarf Gestaltung, hätte Gestaltung bedurft. Sie wurde versäumt. Was wir jetzt haben, ist ein Wildwuchs und der Triumph von Sozialdumping, Umweltdumping und

Gewerkschaftsverboten. Wilfried Stadler, Vorstandsvorsitzender der Investkredit AG, ist in dieser Beziehung ein Globalisierungskritiker: „Wir treten gegen Mitbewerber aus Ländern ohne jegliche demokratische, soziale und Umweltstandards an. Auf ein so ungleiches Spiel würde man sich im Sport nie einlassen. Gefordert sind faire Spielregeln. Jetzt ist die Situation wie bei einem Fußballspiel, bei dem sich die eine Mannschaft an die Grundregeln hält, die andere aber das Recht bekommt, Fouls zu begehen." Grotesk genug: Der derzeit stattfindende unlautere Wettbewerb auf globaler Ebene würde innerhalb der EU von der Wettbewerbsbehörde längst mit hohen Strafen belegt werden. Wir importieren Produkte, deren Herstellungsbedingungen in der EU verboten wären. Das ist eine ungerechte, unsoziale und unsolidarische Politik. Wir haben erste Anzeichen von schwindender Demokratieakzeptanz in Europa.

Zu den großen Fehlentwicklungen zählt also die europäische Wirtschaftspolitik mit ihrer Ideologie, bevorzugt die Großindustrie zu fördern. Kapitalsteuern wurden und werden gesenkt in der Hoffnung, dass die Betriebe nicht abwandern. Sie tun es dennoch. Gleichzeitig fehlt dem Staat das Geld für die wachsenden Gesundheits- und Pensionskosten einer leider abnehmenden und Gott sei Dank älter werdenden Bevölkerung.

Erst seit Kurzem schwört sich die EU auf die Förderung von Klein- und Mittelbetrieben ein, wo die Jobs zu Hause sind. Viele dieser Betriebe sind schon unter die Globalisierungswalze geraten, denn sie können nicht nach China fliehen. Ihnen fehlt dazu die Kapital- und Managementreserve. Die unvermeidliche Pleite des Neoliberalismus mit ihren sozialen Auswirkungen kann zu einer ernsthaften Bedrohung der demokratischen Systeme in Europa werden. Nur durch einen Kurswechsel kann die EU wieder das Vertrauen der Menschen gewinnen, die um ihre Jobs bangen.

Wie können wir überhaupt dem Globalisierungsdruck widerstehen? Sollen wir unsere Märkte durch neuen Protektionismus dicht machen? Erstens ist es dazu ohnehin zu spät und zweitens kann man geschlossene Märkte auch aufbrechen. Siehe das Vorgehen der westlichen Mächte im 19. Jahrhundert gegenüber Japan und China. Notbremsungen können außerdem erhebliche Begleitschäden verursachen.

Besser als Abschottung ist eine Vorwärtsstrategie, um Probleme aktiv anzupacken. Dazu zählt eine notwendige Explosion der Anstrengungen auf dem Gebiet von Bildung und Forschung. Industrien können sich durchaus auch neu erfinden, wie das Beispiel der Schweizer Uhrenindustrie unter dem Druck der japanischen Digital-Konkurrenz zeigt. Der Eintritt von Millionen Arbeitskräften in Asien in den Produktionsprozess der Weltwirtschaft hat das Verhandlungsgewicht der Gewerkschaften erheblich verringert. Der Anteil von Löhnen und Gehältern im Verhältnis zum Nationaleinkommen fiel auf den tiefsten Stand seit Jahrzehnten. Das Turbo-Kapital gewinnt. Der Anteil der Profite am Nationaleinkommen in der „Alten" Welt erreichte den höchsten Stand seit 75 Jahren. In diesem grenzenlosen globalen Arbeitsmarkt verliert auch die Politik zusehends ihre Gestaltungsmacht durch die sogenannten „Sachzwänge". Demokratie wird zur Kulisse, hinter der ein anderes Stück abläuft. Die Politik geht nicht ehrlich mit den Menschen um. Sie gibt ihre Schwäche nicht zu, dass sie nämlich nicht mehr viel zu bestimmen hat. Sie gibt nicht die Antworten, auf die wir warten, wie: Wo liegt die Macht?

Auf dem Spiel steht die demokratische Ordnung in der „Alten" Welt, wenn die Verzichtsspirale in den sozialen Abwehrkampf mündet. Zukunftsforscher John Naisbitt zeichnet ein düsteres Bild: „Der Massenwohlstand war nicht mehr als ein Wimpernzucken in der Geschichte der Ökonomie." Und der Autor Meinhard Miegel legt in seinem Buch *Epochenwende* den

Finger auf die Wunde: „Die unfrohe Botschaft für die Völker des Westens lautet: Ihr wart einmal etwas Besonderes. Ihr seid es nicht mehr. Was ihr könnt, können Hunderte von Millionen auf der ganzen Welt. Diese Feststellung trifft uneingeschränkt auf alle zu, die in den westlichen Ländern unterdurchschnittlich oder allenfalls durchschnittlich qualifiziert sind. Genügsamkeit, Bescheidenheit, Zurückhaltung und Selbstbeschränkung: Auf diesem Feld hat der Westen keine Erfahrung mehr. Die Disziplinen, die hier gefragt sind, hat er seit Generationen nicht mehr geübt. Das macht ihn hilflos."

Was können wir tun?

Gefordert sind Begleitprozesse, um die Härten der globalen Arbeitsmarktumstrukturierung zu mildern. Wichtigster Ausweg: Wissens- und Innovationsvorsprung halten. Experten sagen, wir müssen immer fünf Jahre voraus sein, bevor Asien das Gleiche nachmacht. Österreichs Bundespräsident Fischer auf dem Rückflug von Indien: „Niemand kann sich heute mehr abschotten. Europa hat in diesem harten Wettbewerb Chancen durch politische Stabilität und hoch qualifizierte Arbeitskräfte. Aber man darf nicht glauben, dass eine erfolgreiche Vergangenheit ausreicht. Permanente Anstrengungen und ein innovatives Bildungssystem sind gefordert." Österreichs damaliger Bundeskanzler Schüssel auf dem Heimflug von China: „Wir müssen unsere Kernkompetenzen sichern und ausbauen, dort, wo wir voran sind – als Marktnischenkaiser –, und wir müssen voll auf unsere Innovationskraft setzen. Wichtig ist, dass wir uns nicht zu Tode fürchten, sondern mitspielen. Und dass wir keinem Trend nachlaufen, den wir ohnehin nicht aufhalten können, sondern Trends überspringen und schauen, wo wir Pioniere sein können. Und schließlich müssen wir auf Transparenz, Fairness und gleiche Bedingungen bei der Globalisierung drängen."

Wirtschaftsstrategische Flexibilität ist gefordert, aber besonnene Wirtschaftsstrategen und so gut wie alle Politiker sind sich darin einig, dass Lohndumping kein wirklich zielführendes Herangehen an unsere Globalisierungsprobleme darstellt. Dazu Porsche-Chef Wiedeking: „Lohnkosten allein sind nicht das Problem, sondern Bürokratie, Überregulierung und zu wenig Investitionen in Bildung und Forschung. Vorsicht vor der Lohnspirale nach unten. Denn wo sollen da noch die Konsumenten herkommen, die europäische Produkte kaufen können."

Es mag wie Zynismus klingen, aber es gibt ein Licht am Horizont, einen Hoffnungsschimmer, allerdings erst nach einer Durststrecke von etwa hundert Jahren. Die Milliarden neuen Kräfte am globalisierten Arbeitsmarkt wollen nämlich irgendwann genauso gut leben, wie wir leben bzw. gelebt haben. Der österreichische Hongkong-Reeder Helmut Sohmen: „Wenn in China mehr Wohlstand kommt, werden auch das Streben nach Lebensqualität und soziale Belange ein größeres Gewicht erlangen. Auch die europäische Wirtschaft wird davon profitieren, wenn sich die asiatischen Massen mehr leisten können. Europa muss durch technische Innovation, Präzision und Qualität punkten."

Es vollzieht sich ein globaler Angleichungsprozess. Die Kostenvorteile schmelzen weg; erst in China, später in Indien.

C) „Heuschrecken"-Alarm aus China

2007 zeichnete sich am globalen Horizont ein neues, problematisches Phänomen der Weltwirtschaft ab: Die Macht von Staaten als Investoren in anderen Staaten. Die globale Geldschwemme hat nicht nur privaten Investitionsfonds weltweite Wirtschaftsmacht verschafft, sondern es haben auch Regierungen die Macht ihrer Fremdwährungsreserven entdeckt.

Der neue Trend ist der Aufbau von Staatsfonds, die „privat" in die Wirtschaft anderer Staaten investieren. Dort können sie Regierungseinfluss ausüben; eine besondere Groteske, nachdem die neuen „Empfängerländer" während der Privatisierungswelle des Neoliberalismus ihren Staatseinfluss in ihren nationalen Wirtschaften massiv abgebaut hatten. Beispiele für neue Staatsmacht durch Eigentümerkapital sind Russland und China mit ihren neu geschaffenen Staatsfonds von 200 Mrd. Dollar (China) und 122 Mrd. Dollar (Russland). Spitzenreiter sind allerdings die (diskreten) Vereinigten Arabischen Emirate mit 875 Mrd. Dollar.

„Wie können wir den Bürgern unsere Privatisierungspolitik erklären, wenn am Ende wieder ein staatlicher Anteilseigner steht?", klagt ein deutscher Finanzpolitiker. Es wächst die Furcht, dass Wirtschaftsbereiche wie Telekommunikation, Energie, Verkehr „schutzlos" der Fressgier von Staats-„Heuschrecken" ausgeliefert sind.

Deshalb zeichnen sich auf internationaler Ebene politische Turbulenzen ab, wegen der mangelnden Transparenz dieser sekretiven Staatsfonds und der mangelnden demokratischen Strukturen in diesen Staaten. EU-Währungskommissar Almunia hält es für „gefährlich", wenn „ein Fonds im Besitz eines Staates ist und nicht nur wirtschaftliche Ziele verfolgt". Staatsfonds müssen sich niemandem rechtfertigen und können jeden privaten Mitbewerber überbieten. Sie können auch an geschützte Patente herankommen. Als Eigentümer können sie so-gar versuchen, ihre eigenen Gesetzesbestimmungen in anderen Staaten durchzusetzen, wie das Beispiel der Kündigung kubanischer Kunden durch die österreichische BAWAG-Bank nach Übernahme durch den US-Fonds Cerberus zeigt.

Wie sollen Staaten reagieren, die ihre Interessen gefährdet sehen? Es mehren sich nationale Abwehrgesetze (ausländische Investitionsverbote in Unternehmen der „nationalen Sicherheit"), die den gerade geschaffenen Freihandel ad absurdum führen. In der internationalen Politik wachsen wieder Abwehr-reflexe gegen „fremdes Kapital".

D) Gute Nacht, Europa?

*„Asiatische Werte sind international, europäische Werte
sind europäisch."*

Mahathir bin Mohammad,
Premierminister von Malaysia

Die provokante Aussage des malaysischen „strong man" beim
„Asiatisch-Europäischen Gipfelgespräch" 1996 in Bangkok war
der schrille Ausdruck des neuen asiatischen Selbstbewusstseins.
Bedeutet der Aufstieg Asiens durch die Globalisierung für die
USA das Ende des „Amerikanischen Traumes", so bedeutet der
Globalisierungsschock für Europa die Marginalisierung. „In
den letzten Jahren war selbst das geringe Wachstum in Westeu-
ropa nicht auf eine Entwicklung vom Inneren heraus zurückzuführen", schreibt Karl Pilny in *Das Asiatische Jahrhundert,* „es
hing vielmehr von Exporten in den Boomregionen ab, und da
steht Asien tatsächlich an erster Stelle. Allein das Wachstum
Chinas war 2004 für ein Drittel des globalen Wachstums verantwortlich. Insofern hängt Europa bereits jetzt wirtschaftlich
stark von der Entwicklung in Asien ab. Am Ende des 21. Jahrhunderts dürfte Europa in der Tat nur noch als Wurmfortsatz
Asiens existieren. Dafür spricht vieles. Es ist gut möglich, dass
Europa dann zu einem nachindustriellen Disneyland herab-
sinkt, in welches die wohlhabenden Asiaten kommen, um sich
zu bilden, Kultur und Erholung zu genießen."
   Starke Worte, aber nicht viel anders, nur diplomatisch formuliert, sah es der britische Europa-Minister Douglas Alexander in einem Vortrag im Europäischen Universitätsinstitut in
Florenz im September 2005: „Die Globalisierung bringt viele
der alten Gewohnheiten ins Wanken, die den wirtschaftlichen
Erfolg Europas begründet haben ... Heute, wo sich der Welthandel mit Gütern alle zehn Jahre verdoppelt, geben nicht nur

europäische, sondern globale Kapitalströme den Ton an. Chinas Handel verdoppelt sich alle drei Jahre, während Indien einen ähnlich dramatischen Anstieg im Handel mit Dienstleistungen verzeichnen kann. Europa muss sich anstrengen und seine Anstrengungen bündeln."

Verantwortungsvolle Politiker sind berufen, den Menschen reinen Wein einzuschenken, dass nämlich die nicht billige europäische Lebensqualität auch erwirtschaftet und produziert werden muss.

In Europa muss die traditionelle Mittelklasse – die tragende Säule unserer Gesellschaft und das Lebenselixier einer modernen Marktwirtschaft – den Gürtel enger schnallen. In China, Indien und anderen Teilen des asiatischen Kontinents entsteht gerade eine. Für uns stellt sich die Frage: Was haben wir versäumt? Was können wir tun? Unsere Karten sind nicht die besten, und vielleicht können wir ohnehin nur noch alle Hebel in Bewegung setzen, um eine harte Landung Europas abzuschwächen beziehungsweise zu verhindern.

Die Rahmenbedingungen der Globalisierung sind für Asien wie maßgeschneidert. So ist das asiatische Wirtschaftswunder ein Exportwunder und wir machen China von Jahr zu Jahr reicher. Dieses Exportwunder war nur möglich, weil sich unsere Gesellschaft der Freihandelsideologie verschrieben hat. Wir haben asiatischen Importen Tür und Tor geöffnet. Der Konsument dankt es – bis er den Job verliert. Wir löffeln die Suppe aus, die wir uns eingebrockt haben.

Globalisierung ist wertneutral, der Globalisierungsprozess nicht. Verhindern oder gar rückgängig machen kann man die Globalisierung nicht. Auf alle Fälle hätte man sich aber rechtzeitig auf sie einstellen können. Die Globalisierung ist nicht nur eine Herausforderung, sie ist auch eine Chance. Im globalen Maßstab belebt das chinesische Wirtschaftswunder die Weltwirtschaft. China ist heute die Lokomotive der Weltkonjunktur, die sonst in Stagnation läge. Die andere Seite der Medaille: China huldigt einem Brachialkapitalismus, den wir für überwunden glaubten.

Europa würgt an der Reformträgheit alt und müde gewordener Gesellschaften (Stichwort: „wohlerworbene Rechte"). Unserem Kontinent geht langsam die Luft aus. Er kommt mit dem Tempo nicht mehr mit. Wird es gelingen, die Menschen bei uns zu überzeugen, dass ihnen bei Asiens Tempo die Zukunft davonläuft? Die notwendige Reformbereitschaft der Europäer ist gar nichts im Vergleich zu den Kraftanstrengungen, die in Asien für die Modernisierung nötig waren. Das asiatische Wirtschaftswunder ruht auf der Überzeugungs- und Durchsetzungskraft von Politikern, die man gemeinhin als „starke Männer" bezeichnet: Singapurs Lee Kuan Yew, Chinas Deng Xiaoping, Malaysias Dr. Mahathir und Thailands Thaksin – ein Thai-Chinese. Luxemburgs Ministerpräsident Juncker nannte zum Antritt seines EU-Vorsitzes das Dilemma unserer Politiker: „Wir alle wissen, was zu tun wäre, aber wir wissen nicht, wie wir danach noch Wahlen gewinnen könnten."

Ist der westliche Wohlfahrtsstaat notgedrungen vom Siegeszug auf dem Rückzug? Bei dem Weltwirtschaftsforum 2004 in Davos stand erstmals China auf der Tagesordnung. Wirtschaftskapitäne, die sogenannten „Global Players", sprachen über ihre Erfahrungen und versuchten, der Ratlosigkeit zu begegnen. Hier eine Auswahl der Statements:

Johann Schneider-Amann, Chef des gleichnamigen Bau-Riesen, dessen in China gefertigte Maschinen unter anderem Chinas Autobahnen aus dem Boden stampfen: „Die Löhne sind dort ein Dreißigstel. Dennoch bin ich überzeugt, dass Schlüsselsektoren wie Forschung, Engineering, Kreativcenter bei uns bleiben."

Jürgen Hambrecht, Chef des deutschen Chemie-Riesen BASF: „Wir müssen ebenso viel besser werde, wie sie teurer sind. Wer die Kosten nicht senken kann, muss den Wert steigern."

Josef Ackermann, Chef der Deutschen Bank: „Eine lineare Fortschreibung von Erfolgskurven führt in die Irre. Auch Japan hatte man vorausgesagt, dass es die USA überholen würde. Dann kam die Stagnation. China steht vor Problemen und Herausforderungen, die nicht leicht zu lösen sind."

Wolfgang Mairhuber, Chef der Lufthansa: „Wenn die Chinesen in drei Jahren einen Flughafen aus dem Boden stampfen und das bei uns 10 bis 15 Jahre dauert, haben wir es mit einem Bürokratie-Problem zu tun."

Die Globalisierung macht nationale oder regionale Außenpolitik zur Weltinnenpolitik: Asien empfängt Arbeitsplätze aus Europa, Afrika schickt Arbeitssuchende nach Europa, Südamerika wird zum Rohstoff- und Agrarlieferanten Chinas.

Hilflos schauen unsere Nationalstaaten den „Global Players" zu, wie sie auswandern. (Laut dem Schriftsteller Jiří Gruša ist dem Nationalstaat nur noch die Funktion eines „Swimming-Pools der Gefühle" übrig geblieben.) Der Umsatz mancher internationaler Konzerne ist so groß wie das Bruttosozialprodukt von Staaten wie Österreich. Die 65.000 transnationalen Unternehmen mit 850.000 Niederlassungen erzielen laut World Investment Report die Hälfte des Weltsozialprodukts. Die größten 200 unter ihnen mit 27 Prozent des Weltsozialprodukts beschäftigen allerdings nur 0,78 Prozent des Weltarbeitspotenzials. Die 20 größten der 50.000 transnationalen Unternehmen der Welt setzen mehr um, als die 80 ärmsten Staaten insgesamt erwirtschaften. Staaten sind erpressbar geworden für eine soziale Anpassungspolitik nach unten. Denn noch in diesem Jahrhundert werden 20 Prozent aller arbeitsfähigen Menschen auf der Welt ausreichen, um die Weltwirtschaft in Schwung zu halten, prophezeien Globalisierungsexperten wie Hans-Peter Martin.

Experten übertreffen sich in düsteren Nachrichten von der Globalisierungsfront. Siemens-Veteran Heinrich von Pierer: „Der Wettbewerb ist zum Sturm geworden, und der richtige Orkan steht uns noch bevor." In den USA ist die Einkommensdifferenz zwischen Arbeitern und Top-Managern von 1 zu 40 auf 1 zu 400 gestiegen. Das wird demokratiepolitisch zum Problem, wenn auch die Chancengleichheit nicht mehr gewährleistet ist.

Der 81-jährige Staatsgründer von Singapur und Globalisierungs-Patriarch Lee Kuan Yew schenkt uns im *Spiegel*-Interview Juli 2005 reinen Wein ein: „Die gemütliche Welt in Europa, die Sie sich nach dem Zweiten Weltkrieg geschaffen haben, ist zu Ende – ob Sie es wollen oder nicht. Dieses System zerbrach in dem Augenblick, wo sich über zwei Milliarden Menschen dem Wettbewerb anschlossen – eine Milliarde in China und eine Milliarde in Indien. Das Rezept für Europa: nur noch eine Woche Urlaub, härtere und längere Arbeit für den gleichen Lohn, neue Technologien, mehr Geld für Forschung und Entwicklung, um den Vorsprung vor China und Indien zu bewahren." Der strenge Konfuzianer kennt keine Sentimentalitäten: Wer über seine Verhältnisse lebt, muss die Zeche bezahlen.

Meinhard Miegel (*Epochenwende*) legt den Finger auf die Wunde: „Genügsamkeit, Bescheidenheit, Zurückhaltung und Selbstbeschränkung: Auf diesem Feld hat der Westen keine Erfahrung mehr. Die Disziplinen, die hier gefragt sind, hat er seit Generationen nicht mehr geübt. Das macht ihn hilflos."

E) Ist Ihr Job in Gefahr?

„Globalisierung heißt: Das Kapital erfährt in Sekundenschnelle,
wo es am profitabelsten andocken kann. Dorthin eilt es dann.“

Meinhard Miegel in *Epochenwende*

Im Kampf um die Welt von morgen jagt eine Hiobsbotschaft die andere. Globalisierung erschüttert die wirtschaftlichen Strukturen der „Alten“ Welt wie ein Erdbeben. Jeder muss sich fragen: Ist mein Job in Gefahr? Welche Jobs bleiben für unsere Kinder übrig? Von den 2,8 Mrd. Menschen im Arbeitsprozess des Globalisierungszeitalters verdient nahezu die Hälfte noch immer nicht mehr als zwei Dollar am Tag, davon 500 Mio. weniger als einen Dollar. Ein chinesischer Ingenieur verdiente 2002 zwar um 16 Prozent mehr als 2001, aber mit 8.000 Dollar im Jahr noch immer achtmal weniger als der US-Durchschnitt. Der Harvard-Ökonom Richard Freeman: „Bisher galt die alte Regel: ‚low costs – low tech‘. Das Besondere an China ist, dass es plötzlich ein riesiges Land gibt, das sowohl mit niedrigen Löhnen als auch im Hightech-Bereich konkurrieren kann.“

Wer bei uns kann diesem Globalisierungsdruck widerstehen? Professor Oded Shenkar evaluiert in *Das chinesische Jahrhundert* die Job-Risiken: Im Produktionssektor ist die Gefahr bei 50 zu 50. Deutlich besser liegen die Chancen bei Jobs, die einen persönlichen Kontakt mit Kunden oder ein soziales Netzwerk erfordern. Beispiele: Feuerwehrmann, Kellner, Rechtsanwalt. Immigranten können aber als Job-Konkurrenten auftreten. Jobs in den Bereichen von Transport und grenzüberschreitenden Dienstleistungen profitieren vom wachsenden Volumen des Welthandels, ebenso die Fremdenverkehrsbranche vom schnell wachsenden chinesischen Auslandstourismus, der jenen Japans schon überholt hat. Laut Welttourismusorganisation könnten es im Jahre 2020 100 Millionen Chinesen sein. (In der so genannten „Goldenen (Urlaubs-)Woche" rund um den 1. Oktober 2005 verzeichnete die chinesische Statistik 326 Millionen Binnenreisen, Einkäufe im Wert von umgerechnet 33 Milliarden Dollar – Jahresplus: 14 Prozent – und Einnahmen der Tourismusbranche von 6 Milliarden Dollar – Jahresplus: 8 Prozent). Und zu guter (schlechter?) Letzt: Die aufstrebenden asiatischen Volkswirtschaften brauchen qualifizierte Gastarbeiter aus der „Alten" Welt.

Henry Paulson, Chef des Bankhauses Goldman Sachs, fordert trotz unvermeidbarer Jobverluste einen rationalen Umgang mit der Globalisierung: Die Geschichte habe gezeigt, zu welchen negativen politischen Folgen eine Abschottung und Abkapselung, wie jene durch die Weltwirtschaftskrise der Dreißigerjahre, führt. Wenn China und Indien nicht wüchsen, gäbe es bei uns noch viel größere Probleme. Gefordert sei nun ein Begleitprozess, um die Härten der Arbeitsmarktumstrukturierung zu mildern, damit der freie Welthandel nicht die politische Unterstützung der Menschen verliere.

F) Bauern als Globalisierungsgewinner

„Trinken uns die Chinesen die Milch weg?"
Schlagzeile der *Bild*-Zeitung zur Lebensmittelteuerung
in Deutschland

Die globale Epochenwende hat weltweite Änderungen der Produktionsbedingungen eingeleitet. Das betrifft auch die Agrarmärkte, da sie in den Kreislauf von Steigerung der Nachfrage, Verknappung der Ressourcen und Anhebung des Preisniveaus eingebunden sind. Nicht nur die OECD, sondern auch immer mehr Unternehmensführer kündigen eine langfristige empfindliche Verteuerung der Nahrungsmittel an. Preistreibend bei Getreide und Zucker wirkt nicht nur die hohe Nachfrage aus China und Indien, sondern auch die Nutzung von Getreide und Ölsaaten zur Herstellung von Biotreibstoffen. Auch die Steigerung der Fleischproduktion hält mit dem wachsenden Konsum in China, Indien und Restasien nicht Schritt, weil sich dort immer mehr Menschen immer mehr leisten können und die Agrarfläche weltweit durch Industrialisierung, Urbanisierung und Wüstenbildung schrumpft. Der Pro-Kopf-Verbrauch der Chinesen an Schweinefleisch hat sich in den letzten 16 Jahren von 20 auf 40 Kilogramm verdoppelt. Der globale Landwirtschaftssektor profitiert daher von der Verknappung des Angebots. Der Chef des weltgrößten Lebensmittelkonzerns Nestlé, Peter Brack, warnt vor massiven Preissteigerungen: „Wir werden uns auf eine lang anhaltende Periode steigender Lebensmittelpreise einstellen müssen. Weizen, Zucker, Milch, Kakao haben sich schon jetzt weltweit massiv verteuert."

Der Verfasser eines OECD-Berichts zu diesem Thema, Loek Boonekamp, prognostizierte 2007: „Durch die Nachfrage nach Biotreibstoffen entsteht eine grundlegende neue Nachfrage nach landwirtschaftlichen Rohstoffen, die vor fünf Jahren noch nicht existiert hat." Jedenfalls gewinnen Lebensmittel in steigender Tendenz an (Markt-)Wert, was sich ihre Produzenten gutschreiben können.

Unsere Konsumgesellschaft hingegen wird sich langfristig auf erheblich teurere Lebenshaltungskosten einstellen müssen, denn es kann zum Beispiel nicht ohne Auswirkungen bleiben, wenn in Beijing Ministerpräsident Wen Jiabao jedem der 1,3 Milliarden Chinesen, „besonders den Kindern", täglich einen halben Liter Milch empfiehlt. Dazu reichen Chinas 9 Millionen Rinder nicht aus, hat sich doch schon der Fleischverbrauch der Chinesen in den letzten 20 Jahren mehr als verdoppelt. Zur Produktion von einem Kilogramm Rindfleisch bedarf es acht Kilo Getreide, zu einem Kilo Schweinefleisch drei Kilo und zu einem Huhn zwei Kilo. China beginnt, auf dem Weltgetreidemarkt kräftig zuzukaufen.

Verschärft wird die Preisproblematik durch die wenig flexible EU-Agrarmarktordnung, haben doch die Eurokraten diesen Globalisierungseffekt kräftig verschlafen. Anbaubeschränkungen und Milchproduktionsquoten werden bald der Vergangenheit angehören müssen. „Who will feed China?", fragte schon 1995 der Gründer des Worldwatch-Instituts, Lester Brown. Die Antwort liefern heute die Preisschilder in unseren Supermärkten.

G) Die Zeit drängt!

„Wir treten gegen Mitbewerber aus Ländern ohne jegliche
demokratische, soziale und Umweltstandards an. Auf ein
so ungleiches Spiel würde man sich im Sport nie einlassen."

Wilfried Stadler, Vorstandsvorsitzender
der Investkredit Bank AG, Wien

Wie können wir mit China fertig werden? Werden wir bald eine
Renaissance des Protektionismus erleben, weil China und andere den Bogen überspannen? Dazu kursiert in der Österreichischen Volkspartei das Strategiepapier eines Politikers, der
nicht genannt sein will. Daraus Auszüge:

- „Es gilt endlich einzusehen, dass ein fairer Wettbewerb unter
  den gegebenen Bedingungen nicht möglich ist. Sozial- und
  Umweltdumping sowie die Möglichkeit, die mit Billiglöhnen
  erzeugten Produkte durch Steuerbegünstigung in Übersee
  und Umleitung über sogenannte Steueroasen weitgehend
  unbesteuert auf den europäischen Markt zu bringen, zwingen immer mehr Unternehmen, ebenfalls ihre Produktion,
  zumindest teilweise, nach Übersee zu verlagern. Diese Entwicklung hat bereits bis hin zur Verlagerung hoch qualifizierter Forschungslabors und Computer-Dienste geführt,
  vor allem nach Indien."

- „Der Industrieboom in China ohne begleitenden Umweltschutz führt schon zu massiven Luftverschmutzungen in anderen Ländern bis hin nach Europa. Es kann nicht geduldet
  werden, dass die Industrie in Europa sich den vernünftiger-
  weise vorgeschriebenen hohen Umweltschutzauflagen stellen muss, die Produktionsstätten in Übersee für den Export
  nach Europa aber nicht."

- „Der derzeit stattfindende unlautere Wettbewerb würde innerhalb der EU durch die Wettbewerbsbehörde längst mit hohen Strafen sanktioniert werden, was international durch die von der EU mit der WTO abgeschlossenen Verträge offenbar nicht möglich ist. Diese ungerechte, unsoziale und unsolidarische Politik wird durch Fortwursteln nicht besser, sondern nur durch Umkehr. Ohne rasches Handeln droht die Massenarbeitslosigkeit zu einem Demokratie-Problem zu werden."

- „Notwendige Maßnahmen zur Erhaltung der Arbeitsplätze in Europa: erstens Antidumping-Zölle, zweitens Aufhebung des freien Kapitalverkehrs zwischen der EU und den sogenannten Steueroasen vor allem auf exotischen Inseln, drittens Maßnahmen gegen spekulative Kapitalfonds, viertens drastische Erhöhung der Forschungsausgaben, etwa durch die ‚Tobin Tax‘ auf Kapitaltransfers in die und aus der EU."

- „Wenn die Europäische Kommission und die nationalen Regierungen das Steuer nicht herumwerfen, ist zu befürchten, dass die unvermeidlichen Pleiten des Neoliberalismus mit ihren sozialen Auswirkungen zu einer ernsthaften Bedrohung der demokratischen Systeme in Europa werden, weil die Menschen den Regierungen keine Lösungskapazität mehr zutrauen. Daran könnte auch die EU, das größte Friedenswerk in der Geschichte unseres Kontinents, scheitern."

Im Februar 2007 übergaben die Chefs der österreichischen Sozialpartnerschaft, Wirtschaftskammerpräsident Christoph Leitl und ÖGB-Präsident Rudolf Hundsdorfer, beide auch internationale Führungsfunktionäre ihrer Organisationen, dem in Wien weilenden neuen UNO-Generalsekretär Ban Ki-moon das gemeinsame Konzept einer „Global Social Partnership", welches einen Sozialdialog auf globaler Ebene einleiten soll: „Globaler Wettbewerb muss globale Solidarität mit einschließen. Neben dem Freihandelssystem WTO braucht es auch einen ethischen und sozialen Orientierungsrahmen. Auf globaler Ebene könnten die Vereinten Nationen die ideale Plattform bieten."

Jedenfalls geht für Europa ein goldenes Zeitalter zu Ende. Es beginnt ein eisernes. Europa muss sich neuer Tugenden besinnen, sonst zerbricht der gesellschaftliche Zusammenhalt. Die Zeit drängt.

„Nicht die Armut gefährdet die Demokratie, sondern die Angst davor."

Hans-Peter Martin/Harald Schumann:
Die Globalisierungs-Falle

Zeittafel

21.–16. Jh. v. Chr.: Xia-Dynastie.
Beginn der chinesischen Zivilisation. Magnetkompass bekannt.

16.–11. Jh. v. Chr.: Shang-Dynastie.
Erste chinesische Schriftzeichen.

11.–221 v. Chr.: Zhou-Dynastie.
Chinesische Bronzen. Erziehungssystem.

um 500 v. Chr.: Konfuzius.

um 300 v. Chr.: Mencius.

221–207 v. Chr.: China als Kaiserreich vereint.
Erste Chinesische Mauer. Kaisergrab mit Terrakotta-Armee in Xian.

206 v. Chr.–220 n. Chr.: Han-Dynastie.
Handelsverbindungen mit dem Römischen Reich über die Seidenstraße. Papier bekannt.

581–618: Sui-Dynastie.
Beginn der Blütezeit Chinas.

618–907: Tang-Dynastie.
Chinas zivilisatorische Führung in der Welt. Wiederbelebung der Seidenstraße im Kontakt mit den Arabern. Schießpulver erfunden. Hauptstadt Chang-an (heute: Xian) Metropole der Welt. Nestorianische Christen in China.

960–1279: Song-Dynastie.
Höhepunkt der konfuzianischen Kultur. Druck mit beweglichen Lettern. Chinas Pro-Kopf-Einkommen liegt über jenem Europas. Hauptstadt Hangzhou.

1279–1368: Yuan (Mongolen)-Dynastie.
Mongolenherrschaft sinisiert. Hauptstadt erstmals das heutige Beijing. Reisen des Marco Polo.

1368–1644: Ming-Dynastie.
Chinesische Klassik, aber (noch unmerklicher) Anfang des Abstiegs. Bau der Verbotenen Stadt in Beijing.
Der Jesuit Matteo Ricci (1552–1610) als Mandarin am Kaiserhof. Sein Konzept, den Katholizismus der chinesischen Tradition anzupassen (wie einst der germanischen Tradition), wird vom Papst verworfen. Dieser historische Fehler verhinderte eine graduelle Anpassung Chinas an eine moderne Entwicklung.

1644–1911: Qing-Dynastie.
Größte territoriale Ausdehnung Chinas. Letztes Aufblühen, Erstarrung. Unter den beiden großen Kaisern Kang Xi (1661–1722) und Qianlong (1735–1795) letzte Entfaltung der Pracht und Herrlichkeit.

1793: Kaiser Qianlong lässt in der Sommerhauptstadt Chengde (Mandschurisch: Jehol) die britische Gesandtschaft unter Lord Macartney abblitzen: „Wir haben nicht den geringsten Bedarf an den Waren deines Landes … Du, König, solltest einfach in Übereinstimmung mit unseren Wünschen handeln, deine Loyalität stärken und ewigen Gehorsam schwören, um so sicherzustellen, dass dein Land an den Segnungen des Friedens teilhat."

1820: Beginn des Zeitalters der Demütigungen und der inneren Unruhen. Die „Ungleichen Verträge" werden wirksam.

1839–1842: Erster Opium-Krieg: Hongkong wird britisch.

1850–1864: Taiping-Revolution mit bis zu 20 Millionen Toten.

1856–1860: Zweiter Opium-Krieg. Mit dem Niederbrennen des alten Sommerpalastes bei Beijing durch französische und britische Truppen beweisen die Barbaren, dass sie Barbaren sind.

1861–1908: Regentschaft der Kaiserwitwe Cixi. China wird aufgeteilt „wie eine Melone": Die Europäer holen sich Küstenstädte, Sonderrechte und Einflusssphären, Russland holt sich den Norden, Japan holt sich Taiwan.

1900: Boxeraufstand.

1911: Sun Yat-sen proklamiert die Republik. Hauptstadt Nanjing.

1916–1928: Periode der Kriegsherren (warlords).

1921: Gründung der Kommunistischen Partei.

1928: General Chiang Kai-shek übernimmt die alleinige Macht.

1928–1936: Mao Zedongs Rote Armee zieht sich im Langen Marsch nach Yan-an zurück.

1937–1945: Krieg Japans gegen China.

1946–1949: Bürgerkrieg in China.

1949: Mao proklamiert in Beijing die Volksrepublik. Präsident Chiang Kai-shek zieht sich auf Taiwan zurück mit dem Anspruch, von dort ganz China zu vertreten.

1958–1960: „Großer Sprung vorwärts". Dörfer werden „Volkskommunen" mit bis zu 30 Millionen Hungertoten.

1966–1969: „Große Proletarische Kulturrevolution". Absturz ins blutige Chaos.

1976: Maos Tod, Verhaftung der „Viererbande".

1978: Deng Xiaoping ergreift die Macht. Beginn der Reform- und Öffnungspolitik.

1989: „Tiananmen-Massaker". Blutige Niederschlagung der Studentenunruhen.

1997: Rückkehr von Hongkong mit 50 Jahren Selbstverwaltung.

1999: Rückkehr von Macau. Ende der Epoche des europäischen Kolonialismus in Asien.

2002: Hu Jintao übernimmt das Amt des Generalsekretärs der Kommunistischen Partei Chinas.
Ausbruch der SARS-Epidemie.

2003: Hu übernimmt das Amt des Staatspräsidenten.

2004: löst Hu seinen Vorgänger Jiang Zemin auch im Amt des Vorsitzenden der Zentralen Militärkommission (Oberbefehl) ab. Erster (vor der Öffentlichkeit) konfliktfreier Machtwechsel in der Geschichte der chinesischen KP.

2005: Erste direkte Charterflüge zwischen China und Taiwan.
Lenovo kauft die PC-Sparte von IBM.

2006: Eröffnung der Eisenbahnlinie nach Tibet.
Inbetriebnahme des Drei-Schluchten-Dammes am Yangze.

2007: 17. Kongress der Kommunistischen Partei Chinas, der mit 70 Millionen Mitgliedern größten Partei der Welt.